조국의
하늘을 날다

조국의 하늘을 날다
— 백범의 아들 김신 회고록

김신 지음

2013년 12월 31일 초판 1쇄 발행
2023년 11월 30일 초판 9쇄 발행

펴낸이 한철희 ▎펴낸곳 돌베개 ▎등록 1979년 8월 25일 제406-2003-000018호
주소 (10881) 경기도 파주시 회동길 77-20(문발동)
전화 (031) 955-5020 ▎팩스 (031) 955-5050
홈페이지 www.dolbegae.co.kr ▎전자우편 book@dolbegae.co.kr

편집 이경아·최양순
본문디자인 이은정·박정영
마케팅 심찬식·고운성·조원형 ▎제작·관리 윤국중·이수민 ▎인쇄·제본 한영문화사

ISBN 978-89-7199-583-9 03910

책값은 뒤표지에 있습니다.

조국의 하늘을 날다

백범의 아들 김신 회고록

김신 지음

돌베개

책을 펴내며

지난 긴 세월 수많은 사람들을 만나고 무수한 사건을 겪었다. 돌이켜보면 내가 살아온 날들의 많은 부분은 전쟁과 고난의 시기였다. 제2차 세계대전과 중일전쟁, 항일 독립 전쟁, 중국의 국공國共 내전, 그리고 한국전쟁. 그 사이 맞이한 광복의 기쁨은 잠시였고, 전쟁과 분단으로 우리 민족은 깊은 상처를 입어야 했다. 1922년생인 내가 속한 세대에게 역사란 고난의 다른 이름 그 자체였다.

그러나 고난 속에서도 나는, 아니 우리는 희망을 잃지 않았다. 전쟁의 폐허 속에서 맨주먹으로 피땀 흘려 모든 것을 다시 일으켜 세웠다. 정말 열심히 일했고 부지런히 배웠으며 꾸준히 전진해 왔다. 그래서 많은 외국 사람들이 우리의 현대사를 가리켜 산업화와 민주화의 기적이라고 일컫는다. 그러나 그것은 기적 아닌 기적이었다. 국내에서, 만주에서, 상하이에서, 충칭重慶에서, 연해주에서, 시베리아에서, 미국에서 일신의 안위를 돌보지 않고 자주독립을 위해 분투한 선열들의 정신, 바로 그 정신이야말로 우리가 이루어 낸 기적 아닌 기적의 밑바탕이었다.

나는 독립운동가의 아들로 태어나 선열들이 분투하시는 모습을 가까이서 보고 경험했다. 한 치 앞도 보이지 않는 캄캄한 밤길을 걷는 막막한 심정 속에 불안과 외로움에 떨어야 했던 소년 시절과 청년 시절. 그래도

의로움이 무엇인지 몸소 보여 주신 많은 어르신들과 선배들이 있었기에 나 또한 자부심을 느끼면서 가느다란 희망의 끈을 놓지 않을 수 있었다.

독립운동가의 가족이 대부분 그렇듯이 우리 가족도 따뜻한 가족애를 맘껏 누려 보지 못했다. 늘 죽음이 가까이 있었고, 언제 잡힐지 모르는 긴장과 불안이 따라다녔다. 내가 젖먹이일 때 돌아가신 어머니에 대한 기억도 없고, 잠시 잠깐 뵐 수 있었을 뿐인 아버지에 대한 애틋한 기억도 별로 없다. 광복 후에도 아버지를 모신 것은 채 2년이 못 되었다. 나를 지극정성으로 아껴 주신 할머니도 이역만리 피난길에서 잃어야 했고, 형님도 광복을 보지 못한 채 일찍 세상을 떠났다.

광복 후에도 우리 가족은 늘 조심하며 얇은 얼음장 위를 걷는 심정으로 숨죽여 살아야 했다. '백범 김구의 가족'이라는 사실은 때로는 크나큰 자랑이자 자부심의 원천이었지만, 늘 나와 가족의 어깨 위에 무겁게 드리워진 버거운 숙명이기도 했다. 그것은 언제나 사私보다는 공公을 우선시하며 어긋남 없이 살아가야 한다는 삶의 지침 그 자체이기도 했거니와, 일거수일투족이 때로는 감시받고 때로는 크게 주목받을 수밖에 없는 굴레이기도 했다.

그래서 내 삶의 이야기를 책으로 펴내고자 마음먹으면서도 무척 조심스러웠다. 그럼에도 용기를 내어 이렇게 한 권의 책에 내 삶을 펼쳐 보인 까닭은 다른 데 있지 않다. 독립운동가의 가족이 겪어야 했던 남다른 삶의 이야기가 작게라도 어떤 의미를 지닌 이야기로 많은 분들에게 다가갈 수 있지 않을까 하는 기대 때문이다. 또한 대한민국 공군 창설과 초기 발전에 참여하며 한국전쟁에 참전하고 참모총장을 지내면서, 그리고 주 중화민국 대사로, 교통부 장관으로 일하면서 내가 겪은 일들이 우리 현대사의 한 자락을 조금이나마 더 밝혀 주지 않을까 하는 기대도 있다.

이 자리에서 한 가지 특기하고 싶은 것은, 내가 중국 공군에서 훈련받다가 광복을 맞이해 귀국하려 했을 때, 아버지가 계속 훈련받을 것을 명하셨다는 사실이다. 그 결과 나는 당시로서는 미 공군에서 정식 비행 훈련을 마친 사실상 유일한 한국인이 될 수 있었다. 항공 전력의 중요성을 절감하고 항공 분야의 가능성을 이해하신 아버지의 혜안 덕분이었다. 나는 당시로서는 매우 드물게 항공 분야의 전문성을 갖춘 사람이었고, 그것이 이후 내 삶의 축이자 기반이 되었다. '독립운동가 김구'가 아니라 한 분의 아버지에게 내가 무한히 감사드려 마땅한 지점이 아닐 수 없다.

나는 조국의 하늘을 지키는 대한민국 공군의 자부심으로 살아왔다. 자랑스러운 공군 전우들, 선후배들, 특히 복무 중 순직하여 조국 하늘의 영령이 되신 분들께 말로는 다할 길 없는 고마움과 존경을 드린다. 이 책에서 발생하는 인세 수입 전부를, 공군 순직 조종사 유자녀들을 돕기 위해 설립된 하늘사랑장학재단에 기부하고자 한다.

기록으로 남기기 위해 최대한 기억을 가다듬고 관련 자료도 상고相考했으나 뜻하지 않게 착오가 생긴 부분도 없지는 않을 것이다. 한 사람의 기억과 이야기와 역사 사이에는 늘 틈새가 있게 마련일 터이지만, 이런 점에 대해 제현諸賢의 양해를 구하는 바다.

2013년 가을
김신

추천의 말

김신 장관은 아버지 백범白凡 선생의 뜻에 따라 조국의 하늘과 이 나라 자유민주주의를 지켰다. 백범 김구 선생의 아드님이신 김 장관의 회고록을 읽으면서 나는 깊은 감명을 받았으며, 특히 할머니와 함께 임시정부와 광복군을 따라다니면서 고생하던 어린 시절부터 지금까지의 파란만장한 인생길을 깨알처럼 정확하게 그리고 솔직하게 기술한 데 대해 깊이 감탄했다.

김신 장관은 어머니가 아버지의 독립운동과 항일전쟁 뒷바라지 때문에 고생 끝에 일찍 돌아가시고, 어릴 때는 할머니가 돌봐주셨으며, 아버지를 가끔 뵙기는 해도 함께 지낸 일은 거의 없었으며, 해방 후 경교장에 계실 때 비로소 함께 숨 쉬며 함께 침식을 하게 되었다.

김구 선생은 이 나라가 남북으로 갈라져 정부를 세우게 되면 양쪽이 오래도록 피를 흘리게 될 것이므로, 반드시 통일 정부를 세워야 한다고 결심하고 평양을 방문했다. 당시 김신 장관은 아버지를 직접 모시고 평양을 다녀왔으며 그 상황과 내용을 이 책에 상세히 기록했다.

평양을 다녀온 다음 해인 1949년 6월 26일 엄청난 충격적인 사건이 일어나고 말았다. 하늘이 무너지듯 백범 선생이 암살당하시고 말았다. 선생이 돌아가시던 날 하늘도 울고 땅도 울고 온 국민이 땅을 치고 통곡했다.

나는 국회의장 시절 강신옥姜信玉 법사위 백범김구선생 암살진상조
사소위원회 위원장과 함께 이 사건의 배후를 조사했으며, 그 보고서가
지금도 국회에 보관되어 있다. 두말할 것도 없이 천인공노할 이 암살
사건은 권력형 암살이었다. 암살자 안두희는 나중에 장은산 육군 포병
사령관의 지시로 행동했다고 자백했다. 포병사령관 배후에 엄청난 권
력이 있었다는 것을 우리 모두는 짐작하고 있다.

지금 김신 장관은 온 겨레의 아버지인 백범 선생의 애국애족 정신
과 대의를 위한 희생정신을 자라나는 이 나라 젊은이들에게 가르쳐 주
기 위해 백범기념사업에 몰두하고 있다. 이번에 출간되는 이 회고록에
는 백범 선생의 정신이 그대로 나타나 있다.

김신 장관도 이승만 정권 시절에 끊임없이 감시당하고 중상모략에
시달려야만 했다. 김신 장관은 한국전쟁 당시 전투기를 몰고 매일같이
출격하여 북의 남침을 저지했으며, 공군을 창설하여 이 나라 자유민주
주의 수호를 위해 생명을 바쳐 헌신했다. 그럼에도 제 발 저린 이승만
정권은 그를 믿지 못하고 두려워하며 심지어 그를 없애려고 공작까지
했다.

민족의 혼이 담긴 이 회고록은 정치학자들은 물론 우리나라 독립운
동사를 연구하는 학자, 나아가 온 국민이 읽어야 할 책이라는 확신을
가지면서 여기에 추천의 말을 싣는다.

전前 국회의장 이만섭

제3부
전쟁의 비극, 혁명의 소용돌이 속에서 / 137

일러두기

1. 저자의 구술 내용과 관련 자료를 대조·검토하는 과정을 거쳤으나, 사실 관계의 오류가 일부 있을 수 있습니다.
2. 이 책이 다루는 시기는 저자가 출생한 1922년부터 『백범일지』 중국어판 출판 기념식이 열린 1994년 까지입니다.
3. 중국 인명·지명 등 고유명사는 중국어 발음으로 표기하는 것을 원칙으로 했고, 일부 교명校名·기관 명·근현대 이전(1911년, 신해혁명 이전) 인물(예: 공자) 등은 우리말 발음으로 표기했습니다.

상하이에서, 난징에서, 충칭에서 또 그 밖의 이역異域에서

조국의 광복을 위해 분투하신 선열들을 삼가 기립니다.

조국의 하늘을 지키다가 산화하신 대한민국 공군 선열들을 깊이 추모합니다.

제1부

이산離散의 땅에서 자라는 나무

1장

망명지사亡命志士의 젖먹이 아들

할머니의 지극한 보살핌

나 김신金信은 1922년 9월 21일 중국 상하이上海에서 아버지 김구金九와 어머니 최준례崔遵禮 사이의 둘째 아들로 태어났다. 당시 아버지는 47세였다. 위로 누이 세 명이 태어났지만 모두 어린 나이에 병을 얻어 운명하고 말았다. 아버지는 1919년 3월 29일 황해도 안악安岳을 떠나 4월 13일 중국 상하이에 도착했다. 어머니는 1920년 8월에 인仁 형님을 데리고 상하이로 오셨다. 인 형님은 나와 네 살 터울이다. 1922년에는 곽낙원郭樂園 할머니도 상하이로 오셔서 함께 지냈다.

나를 낳을 당시 어머니는 극도로 쇠약한 상태였다. 하지만 할머니께서 허드렛일하시는 것을 가만히 누워서 지켜볼 수만은 없었다. 할머니는 안 그래도 몸이 약한 며느리가 출산을 하게 되니 안쓰러운 마음 그지없고, 며느리 그러니까 내 어머니는 늙으신 시어머니가 일하시는 모습에 송구한 마음 그지없었다. 할머니 손을 덜어 드리고자 어머니는 산후 조리도 채 끝나지 않은 몸으로 손수 세숫물을 들고 계단을 내려

어머니의 묘비 사진 왼쪽부터 나, 아버지, 할머니, 그리고 형님이다. 비석의 비문은 김두봉 선생의 작품으로, 순 한글로 썼다. 태어나신 날은 ㄹㄴㄴㄴ해(단기 4222년, 서기 1889년) ㄷ달(3월) ㅊㅈ날(19일), 돌아가신 날은 대한민국 ㅂ해(대한민국 임시정부 6년, 1924년) ㄱ달(1월) ㄱ날(1일).

오셨는데, 이때 그만 계단에서 미끄러지고 말았다. 이 사고로 갈비뼈가 부러지면서 폐를 찔렀고, 어머니는 급히 상하이 훙커우虹口에 있는 외국계 폐 병원에 입원하셔야 했다. 그즈음 어머니는 할머니에게 이렇게 말씀하셨다고 한다.

"저 아이는 어머님이 못 기릅니다. 고아원에 보내야겠어요."

김순애(김규식 선생의 부인) 여사가 나를 포대기에 싸 안고 병원에 데리고 가 주셔서 어머니는 나를 보실 수 있었다. 하지만 나는 어머니의 임종을 지키지는 못했다.

1924년 1월 1일, 할머니와 김순애 여사가 형님과 나를 데리고 급히 병원엘 갔지만, 어머니는 이미 숨을 거두신 상태였다. 어머니는 마지막으로 아들을 한 번 더 보고 싶다고 말씀하셨지만 뜻을 이루지 못하셨다. 마지막 순간 어머니의 절절한 마음을 그 누가 짐작이나 할 수 있겠는가. 김의한金毅漢 선생과 정정화鄭靖和 여사 부부가 어머니의 마지막 순간을 지켰다. 홍커우는 일본인 지역이어서 아버지는 병원을 방문하기가 어려웠다. 당시 나는 어머니 말대로 중국의 고아원에 보내졌고, 이후로도 두 차례 더 보내졌다. 할머니는 그때마다 기회를 봐서 나를 집으로 데려오셨다. 내가 고아 신세를 면한 것은 전적으로 할머니 덕이다.

어머니는 힘들어하시는 할머니께 나의 양육을 단념하라고 자주 말씀하셨다. 형은 제 발로 걸어 다닐 정도는 되었으니 괜찮지만, 나는 젖먹이라 키우기 힘들다는 것이었다. 할머니가 어린 나를 키우려면 너무도 힘드실 것을 걱정하신 것이다. 어미가 자식 아끼는 마음이 세상 그 어떤 마음보다 크고 강한 법이라고 한다면, 그렇게 나를 고아원에 보내라 말씀하신 어머니의 심정은 그 얼마나 처절했을까. 어미 없는 젖먹이 막내를 지켜보는 아버지의 심정이 어땠을까. 우리 집 바로 옆에 박은식朴殷植 선생 가족이 살고 계셨다. 박은식 선생의 며느리, 즉 박시창朴始昌 선생의 부인은 최중호崔重鎬 선생의 따님 최윤신崔允信 여사였다. 그 최윤신 여사의 어머니께서 가끔 찾아와 도와주기는 했지만, 늘 도움을 받을 수도 없는 노릇이었다.

이글거리는 잉걸불을 볼 때면 할머니 생각이 간절해지곤 한다. 할머니는 하나밖에 없는 아들 때문에 무진 고생을 하셔서 그런지 손자들에 대한 애정이 남달랐다. 내가 한밤중에 깨어 울 때마다 당신의 말라붙은 젖을 물려 재우곤 했다. 그래도 보채면 나에게 더운 물이라도 먹이기 위해 숯불을 피워 물을 데웠다. 물을 데우고 나면 바로 물을 부어

숯불을 끄셨다. 숯을 아껴야 했기 때문이다. 내가 다시 깨어나 보채면 할머니는 다시 숯불을 피웠다. 젖은 숯에 불을 다시 붙이는 것은 여간 힘든 일이 아니었다.

할머니가 나에게 먹인 물은 그냥 물이 아니었다. 당시 중국에서는 맹물을 그냥 먹을 수 없었다. 중국에서 맹물이란 곧 흙탕물이었다. 중국 사람들은 강물을 길어다 큰 독에 붓고 백반을 넣어 깨끗하게 만든 뒤 끓여 먹었다. 상하이에는 그런 물, 즉 개수開水를 파는 개수점이 많았다. 개수점에서는 동전을 한 닢 주면 큰 주전자에 개수를 채워 황당黃糖, 즉 누런 설탕 한 봉지와 함께 주었다. 할머니는 개수에 황당을 타서 나에게 먹이셨다.

나라 잃은 백성의 현실

내가 태어날 무렵 상하이의 독립운동가들이 처한 현실은 냉혹하기만 했다. 일본의 공작에 넘어가 변절하는 사람들도 생겨났다. 극도의 빈곤과 배고픔을 견디지 못하고 떠나는 사람도 늘었다. 1919년 임시정부가 수립될 즈음까지만 해도 독립운동가들의 형편은 그리 나쁘지만은 않았다. 1907년 안창호安昌浩·양기탁梁起鐸 선생과 함께 신민회新民會를 조직하고, 1911년 '105인 사건' 주모자로 옥고를 치른 뒤 만주를 거쳐 상하이로 망명한 안태국安泰國 선생. 그분이 1920년 병사하셨을 때 만국공묘에서 열린 장례식에 모인 사람들의 옷차림을 살펴보면, 제법 잘 차려입었다.

그러나 망명객들의 형편은 급격히 어려워져 갔다. 일본은 1920년

안태국 선생 장례식에 모인 사람들
아버지는 사진 오른쪽 중간에 다른 사람들보다 옅은 색 양복을 입고 수염을 기른 모습으로 서 계신다.

10월 청산리싸움에서 독립군에게 대패한 다음부터 독립군과 항일 단체를 없애고자 더욱 혈안이 되었다. 앞날이라고는 보이지 않는 캄캄한 암흑. 그 속에서 상하이를 떠나 행상이라도 해서 먹고살기 위해 중국 국적을 얻는 이도 생겼다. 또 일본군의 감시를 피하기 위해 개성환명改姓換名, 즉 성과 이름을 바꾸기도 했다.

이런 상황 속에서 독립운동 인사들과 단체들은 사분오열했다. 임시정부를 지키는 사람들은 머리가 돌았거나 삶을 포기한 이들이라는 말이 나돌 정도였다. 언젠가 할머니가 독립운동을 그만둔 사람의 모친 생신 잔치에 다녀오신 적이 있었다. 그 집안 형편이 나아서 잔치가 제법 호화로웠던 모양이다. 할머니는 잔칫집에서 돌아오신 뒤 아버지께 말씀하셨다.

"딴 사람은 자식도 잘 기르고 집도 잘 보살피는데 너는……. 임시정부는 희망이 있다는 얘기냐, 없다는 얘기냐? 나를 그리 고생시키더니, 네 자식들도 고생시킬 셈이냐?"

그러자 아버지께서 대답하셨다.

"전 죽어도 임정 문밖엔 안 나갑니다."

할머니는 아버지의 대답을 듣자마자 소리치셨다.

"그게 지금 어미더러 들으라고 하는 얘기냐? 당장 종아리 걷지 못해!"

당시 아버지는 오십 줄에 들어섰지만 종아리를 걷을 수밖에 없었다. 임시정부를 끝까지 지키겠다는 아들의 뜻 자체를 미워해서가 아니었다. 어린 손자들을 키우며 살림까지 도맡아 갖은 어려움을 겪으시다 보니, 더구나 앞날이 도저히 보이지 않다 보니 회한과 분노를 억누르기 힘드셨을 것이다.

때마침 안중근安重根 의사의 어머니 조趙마리아 여사가 집에 찾아오셨다. 안 의사의 어머니는 1895년 아버지가 신천信川 청계동淸溪洞의 안태훈安泰勳 진사 댁에 의탁하신 인연으로, 할머니와 잘 아는 사이였다. 안 의사의 어머니는 우리 집 형편이 어려운 것을 아시고 때때로 먹을 것을 싸들고 찾아오셨다. 그날도 먹을 것을 갖고 오셨는데, 아버지가 할머니께 종아리 맞는 것을 보고 깜짝 놀라며 말씀하셨다.

"아니, 자식이 오십이 넘었는데도 종아리를 때리십니까?"

할머니는 안 의사의 모친께서 극구 말리자 못 이기는 척 물러서셨다. 안 의사 어머니는 어이가 없었던지 아버지에게도 물으셨다.

"아니 그 나이가 되도록 종아리를 맞으니, 젊었을 때는 얼마나 많이 맞으셨습니까?"

그러자 아버지가 이렇게 대답했다고 한다.

"글쎄, 기록을 안 해서 잘 기억이 안 납니다."

평양 대성학교大成學校에서 공부하며 웅변 잘하기로 소문났던 옥관빈玉觀彬. 그는 1911년 '105인 사건'으로 복역하고 흥사단과 임시정부 일에도 참여했다. 그러나 변절한 뒤 일본 측과 내통하며 임시정부의 정보를 제공했고, 사업을 크게 하면서 일본군에 재물을 헌납하고 독립운동가들을 비방했다. 그러면서 상하이 실업계와 교민 사회에서 유지 행세를 했다.

옥관빈의 사촌 형 옥성빈玉成彬은 숭실학교에서 공부하고 대성학교에서 영어를 가르치다가 '105인 사건'으로 재판을 받고 상하이로 왔다. 그 뒤 옥관빈과 동업하며 1920년대 중반부터 상하이 프랑스 조계 공부국工部局 경찰의 조선인 담당 형사로 정탐 업무를 맡았다. 프랑스 조계 공부국은 1932년 4월 29일 윤봉길 의사 의거 이후부터 일본 측이 독립운동가들을 감시, 색출하는 데 협조했다.

1925년 상하이 일본 영사관에 폭탄을 던지고 한국노병회韓國勞兵會 특별회원으로 있던 이성구李成九 선생은, 1933년 프랑스 조계의 한 약방 앞에서 옥성빈과 만나기로 약속했다. 그리고 약속 장소에 도착하는 순간 잠복한 일본 경찰에 체포당했다. 이성구 선생은 압송당해 재판을 받고 복역하던 중 혹독한 고문의 후유증으로 경성 감옥에서 순국했다.

옥관빈은 1933년 8월 1일, 옥성빈은 1933년 12월 18일에 남화한인청년연맹南華韓人靑年聯盟의 무정부주의 계열 청년들에게 저격당해 사망했다. 독립운동을 포기하고 장사에 나서거나 한 경우는 어느 정도 이해할 수 있다 쳐도, 일본의 공작에 넘어가 동지들을 배신하는 일은 용납할 수 없었다. 독립운동이란 작은 힘으로 큰 것을 때리는 것 아닌

가. 막강한 일본을 상대로 끝까지 독립운동을 할 수 있었던 것은 그런 정신 때문이다. 무식하다고 해도 좋고 비현실적이라고 해도 좋았다. 올바른 길이라고 생각했기 때문에 임시정부의 얼마 남지 않은 사람들은 끝까지 버텼다.

우리가 상하이 융칭팡永慶坊에 살 때, 마을 뒤편에 쓰레기장이 있었다. 할머니는 낮에는 차마 가지 못하고 밤에 나가 쓰레기를 뒤지셨다. 쓰레기 가운데 중국 사람들이 채소를 다듬다가 버린 찌꺼기가 있었다. 할머니는 그 찌꺼기를 모아다가 소금에 절여 음식을 만드셨다. 살기 위해서는, 아니 일본과 맞서 싸우기 위해서는 어쩔 수가 없었다.

할머니의 기도

힘들게 생활을 꾸리던 할머니는 귀국하기로 결심하셨다. 그런 결심을 할 수 있었던 것은 황해도 안악에 아는 분이 계셨기 때문이었다. 안악은 우리 식구가 상하이로 옮겨 오기 전에 정착했던 곳이기도 했고, 아버지와 교분이 있는 김홍량金鴻亮, 김용진金庸震, 김용제金庸濟 선생 등 김씨 집안이 큰 영향력을 지닌 곳이었다. 아버지는 1908년에 김용제 선생의 초빙으로 김씨 집안이 세운 안악의 양산학교楊山學校에 오셔서 교사 생활을 하셨다.

김씨 일가 분들이 의견이 맞지 않아 가끔 다툴 때마다 아버지가 중재를 잘하셔서 평판이 좋았다. 아버지는 1917년부터 1919년 중국으로 망명하실 때까지 김씨 집안의 동산평東山坪 농장에서 감독관으로 지내셨다. 이때 아버지는 소작인들에게 도박을 못하게 하고 술도 많이 못

할머니와 함께 귀국할 즈음

이 사진은 ‘죽어도 고국강산’이라는 제목의 기사와 함께 ≪동아일보≫ 1925년 11월 6일자에 실렸다. 다음은 기사 일부다. "백골이나 고국강산에 묻히겠다고 하여 상해를 떠나기로 작정하였다는데, 조선에 간대도 갈 곳이 없으므로 앞길이 매우 암담하다고 사람들이 매우 근심하는 중이다."

마시게 했으며, 사람들을 계몽하고 학교를 세워 교육시키는 일에 앞장
서셨다. 말썽 많던 동산평 농장을 일신시키는 등 많은 도움을 주었기
에 아버지는 김씨 집안과 관계가 매우 돈독하셨다.

내가 할머니를 따라 국내로 돌아온 것은 1925년 11월경, 네 살 때
였다. 이후 나는 어머니가 교사로 일하신 적도 있는 안악의 안신학교安
新學校에 입학했다. 안신학교는 1902년 귓담길 교회 부속학교로 출발한
안악읍 최초의 사립학교였다. 김씨 집안은 우리에게 초가집 하나를 마
련해 주었고, 나의 학비도 내지 않도록 조치해 주었다. 이렇게 귀국해
안악에 살면서 할머니는 자주 눈물을 흘리셨다. 상하이에 두고 온 큰
손자 때문이었다.

"지금 네 형은 상하이 어느 구석에 있는지, 밥이나 제대로 먹는
지……. 밥이 넘어가질 않는구나."

할머니는 밥을 드시다 말고 이렇게 말씀하시면서 눈물을 흘리셨다.
결국 할머니는 당신께서 큰손자를 키우겠다고 아버지에게 계속 편지
를 보내셨다. 마침내 1927년 9월에 형님도 안악으로 왔다. 학교에서
형님과 나는 아버지도 없고 어머니도 없는 아이였다. 형님은 1931년
3월 안신학교를 졸업하고 평양에 있는 기독교 계통의 숭실학교에 입학
했다. 안신학교에 새로운 선생님이 올 때가 있었다. 새로 온 선생님은
나에게 왜 월사금을 안 내냐고 다그치곤 했다.

"할머니, 학교에서 월사금 가져오라고 한다."

나는 할머니한테 달려가 울면서 말했다. 그럴 때마다 할머니는 김
씨 집안 사람들을 만나 확인해야 했다.

"월사금은 안 내는 것으로 알고 있는데 어떻게 된 겁니까?"

오히려 당황하는 쪽은 김씨 집안 사람들이었다.

"선생이 새로 왔나? 그거 잘 몰라서 그렇게 된 겁니다. 신경 쓰지 마세요."

갓난아기가 세상에 태어나 제일 먼저 배우는 말이 '엄마' 또는 '아빠'다. 그러나 나는 어릴 적부터 '아빠'는 물론이고 '엄마'라는 단어조차 상상할 수 없었다. 내가 태어나 입 밖으로 꺼낸 첫 번째 말은 '할머니'였다. 내 어린 시절 기억의 대부분은 할머니에 대한 것일 수밖에 없다. 상황이야 어쨌든 할머니는 손자 교육 때문에 걱정이 태산 같았다. 할머니가 선생님을 만날 때마다 하시는 말씀이 있었다.

"병신 안 될 정도로만 때려서라도 우리 애들 사람 좀 만들어 주세요."

학교에서 종아리 맞은 날이면 다른 집은 아이 아버지가 선생님에게 항의하는 판이었지만, 할머니는 선생님을 붙잡고 이렇게 통사정을 하셨다. 할머니의 부탁은 어김없이 이루어졌다. 나는 다른 아이들이 한 대 맞을 것도 꼭 두세 대씩 맞아야 했다.

안신학교 옆에는 일본 사람이 세운 심상소학교尋常小學校가 있었다. 심상소학교를 나와야 나중에 조금이라도 행세하거나 작은 직책 하나라도 맡을 수 있었다. 반면에 안신학교는 밖으로 내세울 수는 없었지만 민족 학교였다.

일왕日王이 아들을 낳았다고 해서 학생들이 일본 국기를 들고 나와 일본 노래를 불러야 했던 적이 있다. 히로히토裕仁의 아들 아키히토明仁(1933년 12월 23일생) 탄생 축하 행사였다. 그런데 상급생들이 가사를 바꿔 부르자고 제안했다. 가사에 '옛날 덴지天智 천황 폐하께서'라는 부분이 있었다. 그러나 우리는 상급생들이 일러준 대로 그 부분에 입에 올리기 힘든 욕지거리를 넣어서 목청껏 불렀다.

"바카야로!"

일본 경찰이 사색이 되어 쫓아와 욕을 해대며 법석을 피웠다. 겁이 덜컥 났다. 모르고 따라 불렀다고 발뺌을 해야 했다. 안신학교는 늘 감시를 받았다. 우리 가족도 마찬가지였다. 아버지가 독립운동을 한다는 것은 숨길 수 있는 일이 아니었다. 상하이에서 오는 편지는 모두 검열을 당했다. 평소에도 경찰이 집에 자주 들렀다.

"할머님, 어떻게 지내십니까? 건강하십니까?"

경찰들은 안부를 묻는 척하며 감시했다. 명절이나 일본 경축일에는 떡을 보내오기도 했다. 일본 경찰은 회유하는 말을 잊지 않았다.

"애들 공부시키는 데 걱정이 많겠습니다. 애들 학교 마치면 우리가 일본으로 데려가 제국대학에도 보낼 수 있으니까, 할머니 아무 걱정 마세요."

아버지에게 편지가 오면 일본 경찰의 회유는 심해졌다. 아들을 데려오기만 하면 총독부의 높은 자리를 줄 테니 돌아오라는 편지를 쓰라고 말하기도 했다. 할머니는 들은 척도 하지 않으셨다. 일본 경축일에는 집집마다 일장기를 달아야 했다. 그러나 우리 집은 달지 않았다.

"다른 사람은 다 국기를 달잖아요? 할머님도 달아야 합니다."

한두 번도 아니고 계속 그렇게 찾아와서 괴롭히니 어느 날 할머니가 나에게 말씀하셨다.

"너, 신문지에다가 먹으로 동그랗게 해 가지고 대문에 붙여라."

나는 할머니 말씀대로 신문지에 먹으로 동그라미를 그려 대문에 붙였다. 일본 경찰이 그걸 보고는 자신들이 직접 일장기를 가져와 달아 놓기도 했다.

할머니는 독실한 기독교인이었다. 주변에 의지할 사람이 많지 않았기 때문에 교회에 더욱 열심히 다니셨다. 나도 할머니를 따라 주일학교에 다녔다. 지금도 그때 불렀던 찬송가를 가끔 부르며 할머니를 추억하곤 한다. 한번은 내가 할머니께 물었다.

"할머니는 어떤 기도를 하세요?"

"일본 놈이 빨리 망해서 독립되는 걸 기도한다."

할머니의 기도는 아버지의 소원과 다르지 않았다. 예배 갈 때 할머니는 나에게 헌금하라고 동전 3전을 주셨다. 우리 집은 끼니 잇기도 빠듯했지만 다른 집 아이들은 눈깔사탕을 자주 사 먹었다. 아이들이 볼이 미어터지도록 사탕을 물고 빨며 입가에 설탕물이 주르르 흐르는 모습을 보면 어린 마음에도 가슴이 쓰라렸다. 나는 2전만 헌금하고 1전으로 눈깔사탕을 사 먹었다.

동네에서 제법 사는 집안 아이들은 사과나 바나나 같은 과일도 자주 먹었지만 나는 그런 모습을 지켜볼 도리밖에 없었다. 어린 마음에도 좀 달라고 말하기는 싫었다. 어찌나 먹고 싶었던지 다른 아이들이 바나나를 먹고 버린 껍질을 주워 먹기까지 하였고 사과를 깎고 버린 껍질도 맛있게 먹었다. 내가 태어나 처음 먹은 과일은 정확히 말하면 과일 껍질인 셈이다.

한겨울이면 너무 추워서 할머니는 방 안에 숯 화로를 들여놓곤 하셨다. 연기가 빠진 다음에 들여놓아야 하는데 손자가 추워할까 봐 빨리 들여놓는 바람에, 할머니가 숯이 내뿜는 연기에 중독되신 적이 있었다. 이웃 살던 최창한崔昌漢 선생의 부친이 문을 활짝 열어 놓고는 할머니를 안고 밖으로 황급히 나가셨다. 그분은 할머니 입에 동치미 국물을 흘려 넣으셨다. 천만다행하게도 할머니는 정신을 차리셨다. 형과 나는 두려움에 떨어야 했다.

수학여행에서 평생의 꿈을 세우다

안신학교 4학년 때인가 5학년 때인가, 학교에서 4박 5일 일정으로 평양으로 수학여행을 떠나기로 했다. 수학여행비는 3원이었다. 할머니께 3원은 매우 큰돈이었다. 나도 형편을 잘 알았기에 미련 없이 수학여행을 포기했다. 못 가는 학생은 나 하나뿐이었다.

안신학교는 남녀 공학이었다. 내 짝은 김용대金庸大 선생의 딸 김덕량金德亮이었다. 김덕량은 내가 돈이 없어 못 간다는 사실을 자기 아버지에게 전했다. 한밤중에 김용대 선생이 우리 집을 찾아오셨다. 할머니는 초롱불 아래서 바느질을 하고 계셨다. 기름을 아끼기 위해 소금을 섞어 태우는 데다가 크기도 매우 작아 방 안은 어둠침침했다. 나는 그 희미한 불빛에 의지해 책을 읽고 있었다. 김용대 선생이 말을 꺼내셨다.

"초롱불이 작으면 아이 눈이 상합니다."

"그래도 아껴야 하니 어쩌겠습니까? 그런데 이 밤에 무슨 일이시우?"

김용대 선생은 다른 아이들 다 가는데 신이만 못 가면 안 된다며 3원을 내놓으셨다.

평양에 도착해 모란봉, 낙랑박물관 같은 곳도 구경하고 미림美林 비행장의 일본군 항공대, 일본 육군 77연대 같은 군사 시설도 구경했다. 일본은 위용을 자랑하기 위해 일부러 학생들에게 그런 시설을 보여 주었다.

가장 인상 깊은 곳은 바로 미림 비행장이었다. 당시 일본 항공대 주력 항공기는 쌍엽기였다. 학생들이 견학을 오자 항공대에서는 비행 모습도 보여 주었다. 속도가 빠르지 않아 비행기에 탄 조종사들의 모습을 눈으로 똑똑히 다 볼 수 있었다. 펄럭이는 머플러에 커다란 안경을 쓴 비행사의 모습이 그렇게 멋있을 수가 없었다. 놀라움과 충격 그 자체였다. 나는 결심했다. 비행사가 되리라!

내가 공군 참모총장이 됐을 당시 공군 본부는 여의도에 있었다. 이때 나는 매년 한 번씩 초등학교 학생들을 2, 30명씩 초대해 수송기에 태운 뒤 인천 상공까지 갔다가 여의도로 돌아왔다. 부하들은 왜 이런 일을 하느냐 물었다. 옛날에 내가 경험해 봤기에, 아이들에게도 평생 잊지 못할 꿈을 심어 주고 싶어서라고 답했다.

1980년대 초 대한항공 여객기를 타고 미국으로 향하던 중, 문득 기장이 누굴까 궁금했다. 승무원에게 묻자 왜 그런 걸 물으시냐 되물었다. 그래서 나는 비행사 중에는 공군·육군·해군 출신도 있는데, 지금 조종사는 어디 출신인지 궁금하다고 했다. 승무원은 기장이 공군 출신이라고 답했다. 이번에는 조종사의 이름을 물어 아무개 기장이라는 답을 들었다. 나는 명함을 건네주며 부탁했다.

"내 이름은 여기 있고, 내가 승객으로 타고 있으니까, 이걸 기장에게 갖다줄 수 있어요?"

잠시 뒤 기장이 내게로 왔다. 기장은 옛날 서울에서 초등학교 다닐 때 '공군의 날' 행사에서 비행기를 타 본 적이 있다고 말했다. 기장은 그날부터 조종사의 꿈을 키웠고, 공군 조종사로 복무하다가 제대한 뒤에 대한항공에 들어갔다고 말했다. 내가 한 일이 열매를 맺었구나 싶어서 기뻤다.

조종사가 되겠다고 결심한 또 다른 계기는 일본 공군이 1937년 난징南京을 폭격하는 장면을 목격한 일이었다. 이후 우한武漢, 창사長沙,

광저우廣州, 류저우柳州, 충칭重慶 등으로 이동할 때마다 일본군의 무차별 폭격을 목격했다. 비행기 몇 대에 수많은 목숨이 달아나는 것을 보자 피가 끓었다. 나도 공군이 되어 일본을 폭격해 앙갚음해야겠다고 생각했다. 내가 서남연합대학西南聯合大學에 다닐 때 많은 학생들이 붓대를 놓고 총대를 둘러멜 시기라며 군대에 지원했다. 나는 주저 없이 공군에 지원했다.

돌이켜 보면 내가 처음 조종사가 되겠다는 꿈을 꾼 것은 김용대 선생 덕분이었다. 황해도의 큰 부자였던 김용대 선생은 한국전쟁이 일어나자 사실상 무일푼으로 가족을 데리고 월남했다. 월남한 김용대 선생은 어느 날 가족을 데리고 사천에 있는 공군 기지로 나를 찾아오셨다. 당시로서는 모든 능력을 동원해 김용대 선생 가족이 부산으로 피난할 수 있도록 도왔다. 그리고 자식들이 일자리를 얻을 수 있도록 신경을 썼다. 은혜를 베풀어 준 분에게 조금이라도 도움을 드릴 수 있어서 얼마나 기뻤는지 모른다.

중국으로 탈출하다

아버지는 1928년부터 하와이 등에 있는 해외 교포들에게 편지를 보내 도움을 호소하셨다. 많은 동포들이 임시정부를 위해 힘을 모았다. 당시 하와이 동포들은 농장에 일하러 간 노동 이민자들이었다. 하루 종일 뙤약볕에서 일하며 받은 피땀 어린 돈을 다시 쪼개어 임시정부로 보냈던 것이다.

1932년 1월 8일, 이봉창 의사가 도쿄에서 관병식觀兵式을 마치고 돌아오는 일왕을 향해 수류탄을 던졌다. 같은 해 4월 29일에는 윤봉길 의사가 상하이 훙커우 공원에서 열린 일왕의 생일을 기념하는 축하식장에 폭탄을 던졌다. 이 의거가 아버지 김구의 주도로 이루어졌다는 사실이 알려지면서 상황은 급변했다. 중국인들과 중국 정부는 놀라움을 감추지 못했다. 윤봉길 의사의 의거에 고무된 중국 정부는 일본 눈치를 보기는 했으나 임시정부를 돕기 시작했다.

아버지에게는 큰 걱정이 하나 생길 수밖에 없었다. 일본이 형과 나를 볼모로 잡아 강제로 친일파를 만들지 않을까 하는 걱정. 아버지는 식구들을 중국으로 오게 해야겠다고 결심하셨지만 방법이 막막했다. 아버지는 우리 가족이 몰래 도망치는 게 아니라 정식 허가를 받는 방법을 택하셨다.

우리 식구들은 경찰서에 정식으로 여행 신청을 했다. 경찰서 측은 다시 해주에 있는 도청에서 허가를 받아 왔다. 할머니는 출국을 위해 집과 살림살이까지 모든 것을 정리하셨다. 그러나 총독부 경무국이 출국을 막았다. 할머니는 크게 화를 내셨다.

"이놈들! 오늘은 된다, 내일은 안 된다, 이게 무슨 짓들이냐! 너희가 남의 나라를 빼앗고 오래갈 줄 아느냐!"

할머니는 화를 내다가 혼절까지 하셨다. 1933년 11월 초의 일이다. 일본 경찰은 우리가 돌아갈 집도 없다고 하자 안신학교 옆에 있는 기와집으로 이사하게 하고는 계속 감시했다. 결국 비밀리에 탈출하는 방법밖에 없었다. 우리는 김선량金善亮 목사, 최창한 선생, 그리고 몇몇 분의 도움을 받아 탈출 계획을 세웠다. 마침 최창한 선생이 공부하기 위해 1933년 말 난징으로 떠났다가 뜻을 이루지 못하고 1934년 1월 초에 안악으로 돌아와 있었다.

할머니와 나는 1934년 3월 19일 김선량 목사와 함께 자동차 편으로 신천信川으로 가서 기차를 탄 다음, 미리 타고 있던 최창한 선생과 만나 평양에 도착한 뒤 여관에서 하룻밤을 묵었다. 다음 날 김선량 목사가 숭실학교 기숙사에서 김인 형님을 데리고 왔다. 할머니와 형님, 나 그리고 최창한 선생은 기차를 타고 만주 안둥安東(지금의 단둥)으로 넘어가 펑톈奉天(지금의 선양)으로 향했다. 기차 안에서 일본군이 할머니에게 어딜 가는 길이냐 물었다.

"아이들 아버지가 펑톈에서 장사를 하는데, 아이들 보고 싶다 해서 데려가는 길이오."

펑톈에서 우리에게 도움을 줄 사람과 겨우 연락이 닿아, 3월 21일 아침 다롄大連에 도착했다. 다롄에서도 검문을 당했지만 형님이 "어린 동생과 할머니를 웨이하이웨이威海衛의 친척 집에 맡기러 간다"고 말해 위기를 면했다. 다롄에서 21일 저녁에 떠나는 배를 타고 다음 날인 22일 오후 웨이하이웨이에 내려, 안중근 의사의 동생 안정근安定根 선생의 사위인 조세훈趙世塤 씨의 안내로 여관에 숨었다.

그날 밤 배를 타고 출발해서 상하이 황푸탄黃浦灘 부두에 도착했다. 그 뒤 상하이 프랑스 조계 신톈샹리新天祥里에 있는 안공근安恭根 씨 집에서 하룻밤 숨어 있다가, 다음 날 기차를 타고 자싱嘉興에 도착해 엄항섭嚴恒燮 선생 집으로 갔다. 나는 이제 얼굴도 기억할 수 없는 아버지를 만날 수 있다는 사실에 서서히 흥분하기 시작했다. 아버지가 가까운 곳에 계시다는 생각만으로도 가슴이 벅차올랐다.

2장

난징 시절과 중일전쟁 발발

윤봉길 의사의 의거와 고난의 길의 시작

아버지를 만나기 위해 자싱嘉興에 도착한 1934년 무렵, 임시정부가 처한 상황은 위태롭고 급박하기만 했다. 1932년 4월 29일 윤봉길 의사의 의거 이후 아버지와 임정 요인들을 붙잡으려는 일본의 노력은 점점 더 집요해져 갔다. 아버지가 윤봉길 의사 의거를 비롯해 여러 일을 계획한 것은 임시정부를 다시 일으키기 위해서였다. 임시정부는 1920년대 중후반에 들어서면서 붕괴 위기를 맞았지만, 1927년 3월 국무령제를 집단 지도체제인 국무위원제로 개편하면서 겨우 조직을 유지해 나갈 수 있었다.

　조직이 어느 정도 안정되나 싶더니, 이후로는 일제의 방해 공작 때문에 위기를 맞았다. 조선총독부는 상하이로 첩자를 파견해 갖가지 공작을 폈다. 일제에 매수당하는 사람, 미국으로 몸을 피하는 사람도 생겨났다. 이도 저도 아닌 사람은 중국에 숨어 행상을 하며 생계를 이어가고, 만주에 있던 사람들은 만주로 돌아갔다. 이런 상황에 대해 이동녕李東寧 선생은 다음과 같이 말했다.

"그 많은 사람들이 다 흩어지고 몇몇 사람만 남았다. 이제 성공 여부를 막론하고 일단 발을 들여놨으니까 계속하는 것이다."

아버지는 윤봉길 의사 의거 계획에 관해 이동녕 선생에게도 자세히 얘기하지 않으셨다. 뭔가 큰 사건을 일으켜 세상을 놀라게 할 것이라는 정도로만 말씀하셨다. 이동녕 선생은 "백범이 알아서 책임지고 하라"고 말했다. 아버지는 일본 요인 암살을 목적으로 하는 한인애국단韓人愛國團을 만드셨다. 임시정부와 같은 줄기지만 겉으로는 분리된 것처럼 보이게 한 것이다. 아버지는 거사 직전까지 철저하게 비밀을 지키셨다.

일본은 4월 30일 새벽부터 대대적인 수색을 시작했다. 아버지는 김철金澈, 안공근, 엄항섭 선생과 함께 당시 상하이 YMCA 외국인 간사로 있던 조지 피치 박사 집으로 피신하셨다. 아버지는 한국 사람들이 마구 잡혀 들어가자 주체가 누구인지 발표하기로 했다. 그때 안공근 선생은 지도부가 위험해지니 일단 미루자고 주장했다. 그러나 아버지는 아무 상관없는 사람들까지 잡혀 가는 것을 지켜볼 수가 없으셨다. 마침내 엄항섭 선생에게 발표문 초안을 쓰도록 해서, 5월 10일 피치 부인의 도움을 받아 미국 통신사를 통해 한인애국단 명의의 성명서를 발표했다.

피치 부인은 성명서 발표 준비를 위해 이곳저곳에 전화를 했다. 그런데 그 전화를 프랑스 쪽에서 감청하고 있었다. 일본 측도 이를 파악하고 전기 수리공 등으로 위장해서 피치 박사의 집을 염탐했다. 성명서 발표로 말미암아 근거지가 노출된 이상 피치 박사 집에 계속 머물 수는 없었다. 1932년 5월 14일, 피치 박사가 운전하는 차에 피치 부인과 박찬익朴贊翊, 엄항섭, 안공근 선생 그리고 아버지가 타고 프랑스 조계와 중국 지역의 경계까지 갔다. 네 분은 피치 박사 부부를 뒤로한 채 중국 지역으로 넘어가 기차 편으로 자싱으로 향했다.

9년 만에 만난 아버지

국민당 정부는 천궈푸陳果夫 선생에게 아버지 일행을 돕게 했다. 천궈푸 선생과 선생의 비서 샤오정蕭錚은 추푸청楮輔成 선생과 연락을 취해, 아버지 일행이 자싱에 머물 수 있도록 조치해 주었다. 당시 상하이 법과대학 교장이던 추푸청 선생은 저장浙江의 유력 집안 출신 엘리트이자 중국 국민당의 유력 인사였다.

추푸청의 맏아들 추펑장楮鳳章은 미국 유학을 다녀와 면사綿絲 공장을 운영하다가 제지 공장에서 기술 책임자로 일했다. 당시에는 폐쇄되었던 면사 공장에 이동녕·이시영李始榮 선생, 김의한 선생과 엄항섭 선생의 가족 등이 이미 피신해 있었다. 아버지도 자싱에 도착한 뒤 먼저 그곳으로 피신하셨다. 추푸청 선생 일가 모두가 임시정부 요인과 그 가족들에게 거처를 마련해 주며 도왔다.

1934년 4월 나와 형, 그리고 할머니가 국내에서 탈출해 몸을 숨긴 곳도 자싱이었다. 우리가 숨은 곳은 2층 건물에 정원이 꽤 넓은 집이었다. 우리가 도착하고 얼마 안 있어 아버지가 할머니와 나를 만나러 난징에서 오셨다. 당시 난징은 국민당 정부의 수도여서 상대적으로 일본의 손길이 덜 미쳤다. 형님은 우리와 같이 자싱에 왔다가 바로 난징으로 가서 머물고 있었기 때문에, 아버지가 찾아오셨을 때는 나와 할머

추푸청 선생의 건국훈장 추서식　1996년 9월 30일 중국 저장성 자싱 시嘉興市 자싱빈관嘉興賓館에서 열렸다. 1948년 세상을 떠난 선생을 대신하여 손자 추치위안褚啓元 씨가 훈장을 받았다. 나는 당시 추서식에 참석해 각별한 추모와 존경의 뜻을 표했다.

니밖에 없었다.

　아버지가 찾아오자 할머니는 급하게 나를 부르셨다. 아버지를 다시 뵙는 날이 9년 만에 온 것이다. 내가 겨우 걸음마를 뗄 무렵 헤어졌기 때문에, 태어나서 아버지와 처음 대면하는 순간이나 마찬가지였다. 아버지가 계시는 방으로 들어갔다. 얼굴이 검고 검버섯도 좀 피어 있는 사람이 서 있었다. 아버지는 내 머리를 쓰다듬으면서 말씀하셨다.

　"이놈, 많이 컸구나!"

　태어나자마자 엄마라는 말보다 아버지라는 말보다 할머니라는 말을 가장 먼저 배워야 했던 나의 운명. 가족간에 누려야 하는 따스한 감정마저 좀처럼 누리거나 드러낼 기회가 없는 운명. 개인적인 고충은 철저히 숨기고 욕망도 억눌러야 하는 독립운동가와 그 가족들의 운명.

1934년에 다시 만난 가족
난징에서도 아버지를 자주 뵙기는 어려웠고 한밤중에 잠깐 들렀다 가시고는 했다. 그나마 이렇게 사진한 장이라도 찍을 수 있었다는 것이 지금 생각하면참 다행이다.

그것은 너무도 가혹했다.

당시 아버지에게 걸린 현상금은 60만 대양大洋이었다. 대양은 은전銀錢을 뜻하는데, 1대양을 동전 300개와 바꿀 수 있었다. 일본 역사상 초유의 일이었다. 처음엔 20만 대양이었지만 외무성, 조선총독부, 상하이 주둔군 사령부 등이 공동으로 60만 대양이라는 엄청난 현상금을 내걸었다. 이런 상황을 잘 모르셨던 할머니는 아버지가 찾아왔을 때 단호하게 말씀하셨다.

"이제 네가 책임지고 아이들을 키워라."

아버지는 그럴 수 있는 상황이 아니었다. 아버지가 할머니를 찾아온 것도 사실은 매우 위험한 일이었다. 어마어마한 현상금이 걸리자 일본 앞잡이 노릇을 하는 한국 사람뿐만 아니라 중국인, 심지어 서양인들까지 아버지를 잡으러 돌아다니고 있었다.

난징에서의 신산辛酸한 도피 생활

할머니와 나는 자싱에서 몇 달을 지낸 뒤 난징으로 향했다. 자싱에서 난징으로 가려면 기차를 타야 했다. 항저우杭州로 갔다가 다시 상하이로 나온 후에 난징으로 가는 긴 여정이었다. 할머니와 나는 난징의 김홍일金弘壹 장군 집에 머물렀다. 김홍일 장군은 중국군 상하이 병공창兵工廠 주임, 제19집단군 총사령부 참모처장 등으로 활동하고, 나중에 광복군 총사령부 참모장이 되었다. 김홍일 장군은 생활 형편이 임정 사람들보다는 좀 나은 편이었다. 나는 김홍일 장군의 아들 김용재金勇哉 씨와 우정을 쌓았다.

1933년 5월 아버지가 장제스蔣介石와 만나 중국 중앙육군군관학교 뤄양洛陽 분교에 한인 특별반을 설치하기로 합의하셨다. 이에 따라 1934년 2월부터 1935년 봄까지 90여 명의 한인이 군사 교육을 받았다. 아버지는 1934년 12월 난징에서 군관학교 소속 한국 학생들을 중심으로 한국특무대독립군韓國特務隊獨立軍을 조직하셨다. 난징 무장잉木匠營 가오강리高崗里 1호에 본부를 둔 특무대독립군에는 군관학교 학생 외에 난징 중앙대학의 한국 학생들도 참여했다.

1935년 2월부터 아버지는 난징 둥관터우東關頭에 있는 건물 2개 동에서 한국특무대예비훈련소를 운영하셨다. 이후 예비훈련소는 1936년 봄까지 운영됐다. 아버지는 이때 예비훈련소 교육생들을 군관학교에 입교시키려 하셨지만, 일본 측의 항의를 염려한 중국 측이 입교시켜 주지 않았다.

둥관터우에 모이는 한국 청년 패에서 김인 형님은 젊은 축에 속했다. 이재현李在賢, 김원영金元英, 나태섭羅泰燮 같은 분들이 기억난다. 군관학교 한국 학생들 가운데는 일본군에 포섭당한 첩자도 있었다. 어느 날 한국 학생 한 명이 철봉에 매달려 도는데, 주머니 속에 있던 돈이 떨어졌다. 중앙은행에서 발행한 5원짜리 지폐 뭉치였다.

당시에는 지역마다 사용하는 돈이 달랐다. 저장 성浙江省, 장쑤 성江蘇省 등 몇 군데에서는 중앙 정부의 돈이 통했고, 후베이湖北와 후난湖南, 광둥廣東, 광시廣西, 푸젠福建 등에서는 군벌들이 각기 다른 돈을 발행했다. 무기도 군벌에 따라 프랑스식, 미국식, 영국식 등으로 달랐다. 군벌들은 겉으로는 청천백일기青天白日旗 아래 뭉치는 것 같아도 속으로는 각자의 이익을 챙기기에 바빴다.

군벌들은 세금도 대부분 자신들 주머니 속으로 챙겼다. 항일 전쟁을 하면서 군벌들이 조금씩 가까워졌지만, 그 전에는 각 성省이 별도의 나라나 마찬가지였다. 군벌들은 첩을 열 명 넘게 두는 것이 예사여서 돈이 많이 필요했다. 그렇다고 무작정 돈을 많이 찍어 내기도 곤란하니 세금을 개인 용도로 쓴 것이다. 심지어 20년 치 세금을 한꺼번에 다 거둬 가는 경우마저 있었다.

여하튼 5원만 해도 작은 돈이 아니었다. 그걸 뭉치로 떨어뜨렸으니 엄청난 액수였다. 문제의 한국 학생은 신분이 탄로날까 봐 그날 밤으로 달아났다. 이렇게 한국 사람들이 있는 곳에는 일본 첩자들이 꾀었다. 군관학교에 다닌 한국 학생들 가운데 일부는 나중에 북한 인민군 간부가 됐다. 1948년 내가 아버지를 모시고 평양에 갔을 때, 김일성이 주최한 만찬에 참석한 적이 있었다. 만찬장 뒤쪽에 서 있는 군인들 가운데 아는 얼굴들이 제법 있었다. 난징 시절 안면을 익힌 사람들이었다. 반가운 마음에 아는 척을 했지만 아무도 응대해 주지 않았다.

할머니와 나는 자싱에서처럼 난징에서도 아버지와 떨어져 살았다. 다만 자싱에서와 달리 아버지는 이따금 할머니를 보러 오셨다. 할머니와 나는 난징에서 여러 곳을 전전했다. 우리는 김홍일 장군 집을 나와 난징 제일공원 체육관 근처에 있는 샤오정蕭錚 선생의 별장에서 지냈다. 그러나 드나드는 사람들이 많아 몸을 숨기기에는 적합하지 않았다. 난징 위수사령관衛戍司令官 구정룬谷正倫은 아버지에게 신신당부했다.

"우리가 당신들을 도와준다고 일본이 여러 가지로 위협하고 있습니다. 각별히 조심해야 합니다."

할머니와 나는 마루제馬路街에 있는 작은 집으로 거처를 옮겼다. 누추했지만 몸을 숨기기에는 좋았다. 아버지와 연락하려면 친화이허秦淮河 근처에 있는 여관을 찾아갔다. 여관에는 안경근安敬根 선생이 중국 사람으로 위장한 채 오래 머물고 있었다. 할머니가 그분에게 무슨 일이 있어서 아버지를 만나려 하신다고 전하면, 그분이 또 다른 사람에게 연락하는 식으로 서너 번 사람을 거쳐 아버지에게 연락이 닿았다. 연락이 닿으면 아버지가 한밤중에 잠깐 들렀다 가시곤 했다.

할머니는 불편한 노구로 혼자서 힘들게 집안일을 하셨지만, 함부로 사람을 쓸 수도 없었다. 자칫 일본군이 아버지 소재를 파악하는 단서가 될 수도 있기 때문이었다. 보다 못한 아버지는 김의한 선생의 부인 정정화 여사에게 할머니를 도와 달라고 부탁하셨다. 정정화 여사는 1935년 9월경 아들 김자동金滋東을 데리고 우리 집을 찾아와 1년 가까이 함께 지내며 할머니를 도와드렸다. 할머니는 정정화 여사가 당신을 도와 집안일 하는 것을 무척 미안해하셨다.

"이제 그만 돌아가시게. 내가 도대체 뭐라고 너희 젊은 부부를 갈라놓느냔 말이지. 이건 말도 안 되는 얘기야."

결국 할머니는 정정화 여사에게 남편 김의한 선생 곁으로 돌아가라며 막무가내로 등을 떠미셨다. 정정화 여사도 그런 할머니를 이길 수는 없었다.

중일전쟁 발발과 확전擴戰 속에서

난징 시내 제일공원 옆에 비행장이 있었다. 명나라 때 궁이 있던 자리여서 명고궁明故宮 비행장이라 불렀다. 명고궁 비행장에는 주로 독일제 비행기가 많이 뜨고 내렸다. 융커스라는 이름의 독일 비행기는 베를린을 떠나 소련 상공을 통과해 신장新疆을 거쳐 난징까지 왔다. 융커스는 주로 여객기로 쓰였으며, 매주 한 번 난징과 베를린 사이를 비행했다.

명고궁 비행장은 전쟁과 함께 군용 비행장이 됐다. 중국 국민은 장제스 위원장이 50세 생일을 맞이했을 때 십시일반으로 돈을 모아 전투기 68대를 헌납했다. 이를 헌기 축수獻機祝壽라 불렀다. 장제스의 50회 생일 축하 행사는 샤오링웨이孝陵衛에서 치러졌다. 전국에서 몰려온 보이스카우트 대원들이 분열 의식을 했다. 장제스는 일반 장군 복장이 아니라 대원수 복장을 하고 단상에 등장했다. 나도 보이스카우트 대원으로 행사에 참가했다. 그때 처음으로 장제스의 모습을 봤다. 1936년 10월 31일이었다.

공군은 두 개 편대로 나누어 첫 번째 편대는 '중'中 자 모양, 뒤에 나오는 편대는 '정'正 자 모양으로 축하 비행을 했다. '중정'中正은 장제스의 본명이다. 장제스는 공군이 쓰는 안경을 착용하고 헌납 비행기에 올라탔다. 장제스가 탄 비행기는 호크Hawk 기종으로 바퀴는 고정식이었다. 당시 중국 공군의 비행기는 일본의 것에 비해 성능이 떨어졌다. 그나마 나중에는 연료 보급이 제대로 되지 않아 비행기를 활용하지도 못했다. 상황이 이러니 일본군은 중국 공군을 깔봤다. 일본군이 청두成都를 폭격할 때, 아예 폭격기 한 대가 청두 비행장에 내려 비행장에 게양한 중국 기旗를 모두 뜯어낸 뒤에 유유히 다시 이륙하기까지 했다.

장제스는 중국인들이 일본에 대한 위기감을 느끼기 훨씬 전부터 일본의 침략에 대비하고자 했다. 그러나 군벌들은 잘 협조하지 않았다. 장제스는 이 문제를 해결하기 위해 장쭤린張作霖의 아들 장쉐량張學良, 서북쪽 군벌 펑위샹馮玉祥, 옌시산閻錫山 등과 의형제를 맺었다.

그러나 1936년 12월 12일에 장쉐량이 장제스를 감금한 시안사변西安事變이 일어났다. 장제스에 대한 불만이 쌓이고 쌓였기 때문이었다. 장제스는 장쉐량의 군인들에게 좋은 대우를 해 주지 않았다. 장제스는 자신의 직속 중앙군은 각별히 챙겼지만 만주군滿洲軍, 서북군西北軍, 사천군四川軍 등은 아무래도 상대적으로 홀대했다.

장쉐량의 만주군은 차별 대우를 받는 와중에 장제스로부터 공산당을 토벌하라는 명령을 받았다. 안 그래도 불만이 컸던 만주군은 '왜 중국 사람끼리 싸우라고 하느냐. 싸우려면 일본 놈하고 싸워야지' 하는 생각을 품었다. 이러한 분위기 속에 중국공산당이 지하조직을 통해 군 내부에 침투해 있었다. 공산당은 장쉐량에게 '같은 민족끼리는 싸울 수 없다'는 논리를 폈다. 그러자 장쉐량은 결국 장제스를 감금하기에 이르렀다. 중국공산당은 감금당한 장제스에게 앞으로 내전內戰 대신 일본과 싸우는 데 협력하겠다는 약속을 받아 냈으니, 그 결과가 바로 국공합작國共合作이다.

시안사변이 지나간 뒤, 1937년 7월 7일에는 베이징 남서쪽 교외 루거우차오蘆溝橋에서 일본군이 중국군을 공격한 루거우차오 사건이 일어났다. 중일中日전쟁이 발발한 것이다. 이후 7월 28일 일본군은 베이징과 톈진天津 등 화베이華北 일대에 대한 총공격에 나섰다. 마침내 8월 13일에는 상하이를 공격해서 11월 초에 점령했고, 12월 13일에는 난징을 점령했다. 당시 일본은 두세 달이면 중국을 석권하리라 예상했다. 그러나 중국군의 저항은 거셌고, 전선이 확대되면서 전쟁은 장기화되어 갔다.

난징에서의 학교생활

나는 난징에서 소학교를 1학년부터 다시 다녔다. 국내에서 5학년을 마쳤지만 난징에서는 말이 통하지 않았고 글도 몰랐기 때문이다. 그런데 말과 글은 잘 몰랐지만 수학은 그런 것과 상관이 없었다. 시험을 칠 때면 동급생은 물론 상급반 학생들도 나에게 수학을 가르쳐 달라 하곤 했다.

내가 다닌 학교는 다중차오소학大中橋小學으로, 김자동과 같이 다녔다. 신분을 숨겨야 했기에 이름을 관신關信이라 했고, 일본 교포로 위장했다. 다중차오소학에서는 교과 과정보다는 중국어를 익히는 데 집중했다. 교과 과정은 이미 국내에서 마쳤기에 말만 통하면 됐던 것이다. 나는 다중차오소학을 2년 만에 졸업하고 안후이중학安徽中學에 들어갔다.

내가 중학교에 다닐 때 일본군은 난징 시내에 무차별 폭격을 가했다. 난징을 폭격하는 비행기는 주로 제주도에 있는 일본 해군 항공대 비행기였다. 일부는 타이완臺灣에 있는 비행장에서 날아오기도 했다. 일본군 비행기 날개에는 일장기가 그려져 있었다. 이 문양이 색깔만 다를 뿐 마치 고약을 종이에 붙여 놓은 것같이 생겼다고 해서 중국에서는 일장기를 '고약기'膏藥旗라 불렀다.

나는 일본 비행기가 폭격하는 것을 생생하게 목격했다. 일본군 항공 편대는 세 대가 3개조를 이루어 모두 9대가 하나의 편대가 됐다. 그리고 편대가 다시 3개조를 이루어 모두 27대가 대大편대를 이루었다. 폭격당한 중국 사람들은 이제는 전후방이 따로 없다는 사실을 깨달았다. 폭격이 시작되자 아버지는 우리가 걱정이 돼서 아침 일찍 찾아와 안부를 물으셨다.

"어머님, 괜찮으십니까?"

할머니는 아무렇지도 않다는 듯 짤막하게 대답하셨다.

"괜찮다."

아버지는 여전히 걱정스런 마음으로 물어보셨다.

"간밤에 어떠셨습니까?"

할머니는 이번에도 대수롭지 않게 대답하셨다.

"집이 들썩들썩하기는 하더라."

할머니는 폭격을 대수롭지 않게 여길 만큼 담력이 크셨다. 우리가 류저우柳州에 있을 때도 시 중심에 공습경보가 울린 적이 있었다. 나는 걱정스런 마음으로 말씀드렸다.

"다들 나가는데 할머니도 같이 가시지요."

할머니는 눈도 깜짝 안 하시며 말씀하셨다.

"난 안 간다. 너나 가라."

그러나 할머니 말씀을 따를 수는 없었다.

"할머니를 놔두고 어떻게 혼자 갑니까?"

할머니는 끝내 고집을 꺾지 않으셨다. 할 수 없이 할머니를 남겨 두고 혼자 피신을 하기도 했다. 내가 다닌 안후이중학은 폭격을 피해 안후이 남쪽 툰시屯溪라는 곳으로 옮겼다. 학교가 툰시로 옮겨 갈 때 나는 혼자 학교를 따라 피난 갔다. 그때는 이미 중국 사람들과 말이 통할 때여서 홀로 지내는 데 별 어려움이 없었다. 잠시 동안만 피해 있으려고 간 것인데, 전쟁이 길어지자 생각보다 오래 그곳에 머물러야 했다.

3장

아! 나의 할머니

아버지 김구, 저격을 당하다

난징이 일본군에 점령되기 한 달 전인 1937년 11월, 임정 사람들은 일단 둥관터우에 모였다가 우한武漢 쪽으로 이동하기로 했다. 우리 가족은 임정 사람들과 같이 움직이지 못했다. 아버지는 우한으로 이동하기로 결정이 났을 때 나를 툰시에 그냥 놔두고자 하셨다. 아버지는 할머니를 설득하셨다.

"신信이는 난징에서 떨어져 있고, 자기 발로 걸어 다니고 말도 통하기 때문에 다음에 오라고 하면 언제든 올 수 있습니다. 그러니 먼저 몸을 피하세요."

할머니는 뜻을 굽히지 않으셨다.

"우리 신信이가 안 오면 나는 안 가겠다."

아버지는 할머니의 고집을 꺾지 못하고 나를 급히 부르셨다. 그래서 다른 사람들이 난징에서 탈출해 남쪽으로 길을 떠날 때 나는 거꾸로 난징으로 거슬러 올라갔다. 나와 할머니 그리고 아버지와 안공근 선생 가족은 양쯔 강의 샤관下關이라는 곳에서 영국 배를 타고 우한으로 갔다. 그리고 우한에서 며칠 있다가 기차를 타고 창사長沙로 갔다. 창사에서는 7개월 정도 머물렀다. 창사로 갈 때는 그동안 함께 다닌 안공근 선생 가족하고 같이 가지 않았다. 나중에 알았지만 당시 안공근 선생은 아버지와 갈등이 있었다.

안공근 선생은 상하이에서 안 의사의 부인이자 자신의 형수인 김아려金亞麗 여사를 데리고 오지 않았다. 이 때문에 아버지는 '국가를 위해 살신성인한 의사의 부인을 왜적의 점령지에 두고 오는 것은 있을 수 없는 일'이라며 크게 화를 내셨다. 나는 안공근 선생이 김아려 여사를 일부러 데려오지 않았으리라고는 생각하지 않는다. 상하이 현지에서 어떤 사정이 있지 않았을까 짐작한다. 이후로 안공근 선생 집안과 조금씩 틀어지기 시작해, 창사와 광저우로 옮겨 갈 때 결국 함께하지 않았다.

창사에서는 마위안링麻圓嶺이라는 곳에 머물렀다. 마위안링에 모여 살기 전에는 모두 흩어져 살았다. 피난민들이 우한과 창사로 워낙 많이 모여들어 함께 살 곳을 구하기가 힘들었기 때문이다. 할머니와 나는 창사에 도착해 처음에는 시장 근처 집에서 단둘이 살았다. 그러다가 마위안링에 집을 하나 얻어 이사했다. 집 근처에는 상야의원湘雅醫院이 있었다.

창사에서는 여러 당파의 통합 논의가 활발해졌다. 1938년 5월 7일 남목청楠木廳에서 아버지의 한국국민당, 지청천池靑天(중국 망명 때의 이름은 이청천李靑天)의 조선혁명당, 조소앙趙素昻의 한국독립당 재건파 등이 통합을 논의했다. 남목청은 청나라 때 높은 관리가 쓰던 2층 목조 건물로, 당시에는 조선혁명당 본부로 사용되었다. 그런데 회의를 하던 도

중 조선혁명당원 이운환李雲煥이 뛰어들어 총을 쏘았다.

아버지 김구, 현익철玄益哲, 유동열柳東說, 지청천 선생이 차례로 총격을 당했다. 현익철 선생은 현장에서 절명하고 말았으며, 지청천 선생은 경상에 그쳤다. 아버지와 유동열 선생은 중상을 입었다. 중국 경찰이 이운환을 체포하고 배후 인물로 강창제姜昌濟와 박창세朴昌世를 검거했지만, 혼란 중에 석방되고 이운환은 도망쳤다. 단순히 처우 불만이 이유였다는 말도 있지만, 통합 논의를 막기 위한 정치적 테러였다고 생각한다.

가슴에 총탄이 박힌 아버지의 상태는 심각했다. 의식불명으로 한 달간 입원하셔야 했다. 처음 병원에 실려 가셨을 당시 의사는 사실상 치료를 포기했다. 살아날 가망이 전혀 없다고 판단하고 아버지를 그냥 응급실에 방치해 두었다. 그런데 수 시간이 지나도 아버지는 숨을 쉬고 계셨고, 이를 확인한 의사는 그제야 치료를 시작했다. 당시 장제스는 소식을 듣고 측근인 후난 성湖南省 성장省長 장즈중張治中에게 모든 힘을 다해 김구를 살려 내라고 명령을 내렸다. 장즈중은 아버지가 입원하신 샹야의원으로 와서 위문했다.

아버지는 장제스의 도움으로 죽음에서는 벗어났지만 총알은 빼내지 못했다. 어느 날 몸속에 있던 총알이 혈액의 흐름을 막아 몸에 마비가 왔다. 다행히 시간이 흐르면서 아버지는 거동을 할 수 있었고, 일상생활을 하는 데도 별 문제가 없을 정도가 되셨다. 아버지가 남기신 휘호 가운데 글씨가 많이 흔들린 것들이 있다. 휘호를 쓰실 때 피격을 받고 부상을 당한 후유증으로 손이 떨린 경우다.

나는 아버지가 병원에 계실 동안 한 번도 가 보지 못했다. 병원에 드나들면 할머니께서 아버지가 총에 맞았다는 사실을 아시게 될까 봐

두려웠던 것이다. 병원에는 가지 않았지만 아버지에 대한 소식은 모두 전해 들었다. 그러나 할머니가 충격을 받으실까 봐 말씀을 드릴 수가 없었다.

원로들도 꼼짝 못한 호랑이 할머니

아버지가 어느 정도 움직일 수 있게 되자 할머니께 찾아오셨다. 할머니는 아버지를 반갑게 맞이하기는커녕 심하게 나무라셨다.

"왜놈 총에 맞아 죽어야지 자기 동포의 총에 맞는다는 게 말이 되느냐? 무슨 일을 그렇게 잘못했기에 동포의 총에 맞았단 말이냐!"

할머니는 모든 사실을 알고 계셨던 것이다. 할머니는 엄격하고 강인한 분이셨다. 자싱에 있을 때 할머니 생신이 다가오자 여러 부인이 할머니를 기쁘게 해 드리려고 많은 선물을 들고 찾아왔다. 할머니는 안색이 굳어지며 말씀하셨다.

"이것이 무어냐?"

여러 부인은 눈치를 보며 대답했다.

"할머님께서 고생을 많이 하시는데, 마침 생신이고 해서 가져왔습니다."

할머니는 대뜸 고함을 치셨다.

"지금 우리가 이렇게 밥 굶지 않고 호사하는 게 누구 덕이냐? 윤봉길 의사의 피를 빨아먹고 살고 있는 거 아니냐. 어떻게 이런 것들을 들고 올 생각을 할 수가 있느냐!"

할머니는 호통과 함께 선물을 모두 문밖으로 집어 던지셨다. 부인들은 그저 덜덜 떨고 있을 수밖에 없었다. 그나마 할머니를 잘 알고 있는 정정화 여사가 다시는 그런 일을 하지 않겠다고 싹싹 빈 후에야 할머니의 화가 어느 정도 가라앉았다. 이후로 부인들은 할머니를 '호랑이 할머니'라고 불렀다. 할머니와 나는 창사에 도착해서도 아버지와 같이 지낼 수 없었다. 할머니는 아버지에게 단호하게 말씀하셨다.

"나랏일을 해야지 어디서 나와 같이 있으려고 하느냐!"

할머니의 대쪽 같은 성격을 잘 아는 아버지는 할머니가 충칭에서 숨을 거두실 때까지 가끔씩 들렀을 뿐, 함께 살지는 못하셨다. 창사에서 임정 사람들은 할머니가 혼자 집안일 하시는 것을 보고 많이 도와주었다. 그중에서도 김붕준金朋濬 선생의 큰딸 김효숙金孝淑 여사가 많은 도움을 주었다. 김붕준 선생은 안타깝게도 한국전쟁 때 납북되어 북에서 돌아가셨다. 김효숙 선생의 남편은 광복군에서 활동한 송면수宋冕秀 선생이다. 김효숙 선생의 동생 김정숙金貞淑 선생도 여성 광복군으로 활동했고, 김정숙 선생의 남편 고시복高時福 선생도 마찬가지였으며, 이분들의 오라버니인 김덕목金德穆 선생도 그러했다.

김효숙 여사를 떠올릴 때면 만감이 교차한다. 내가 타이완에서 대사로 있을 때도 김효숙 여사를 만난 적이 있다. 여사가 타이완을 방문한 이유는 통일교를 전파하기 위해서였다. 당시 총통부 비서실장이 광둥 중산대학中山大學을 나온 사람인데, 김효숙 여사는 같은 중산대학 출신이라는 것을 연줄로 통일교를 타이완에 전파해 보려 애썼다. 그러나 중국 정부는 그런 것을 좋아하지 않았다. 심지어 공산 계통이 위장한 것 아닌가 하는 의심까지 품었다. 내가 김효숙 여사를 불러 알아듣게 얘기했다.

"중국 사람들은 지금 통일교같이 기존 종교와 성격이 다른 종교는 좋아하지 않으니까 돌아가는 게 좋겠습니다."

내 말을 들어서인지, 아니면 종교를 전파하는 데 어려움이 있었는지는 잘 모르겠지만 김효숙 여사는 얼마 있지 않아 한국으로 돌아갔다. 내가 교통부 장관으로 있을 때는 김효숙 여사가 교통부 산하 용산 철도국의 도서관에서 일했다. 당시 김효숙 여사는 나를 볼 때마다 할머니 전기傳記를 빨리 써야 하지 않겠냐는 말을 하곤 했다. 자신은 할머니 전기를 쓰기 위해 자료를 따로 수집하고 있다고 했다. 그러나 김효숙 여사는 할머니의 전기를 완성하지 못하고 미국 LA에서 2003년에 별세했다.

할머니는 학교도 안 다녔고 글도 잘 모르셨지만 배운 사람들보다 말을 더 조리 있게 하셨다. 그래서 배운 사람들도 할머니 앞에서는 꼼짝을 못했다. 원로의 위치셨던 이동녕 선생, 이시영 선생 등도 할머니 앞에서는 꼼짝 못했다. 할머니는 원로들에게도 전혀 기죽지 않고 할 말을 다 하셨다.

"영감들, 그만 놔두고 다들 나가시오. 젊은 사람들이 들어와서 일하게 놔두란 말이오. 영감들이 뭐 하러 이러쿵저러쿵 자꾸 간섭하는 거요?"

할머니는 원로들이 젊은 사람들이 하는 일에 끼어들 때면 이렇게 나무라기도 하셨다. 원로 분들은 그저 미소만 지을 뿐 결코 화를 내지 않았다.

할머니와 내가 창사에 처음 도착했을 때는 날씨가 무더웠다. 나는 샹장湘江 강에서 밤낮으로 수영을 즐겼다. 창사에 있을 때만큼은 몸과 마음이 비교적 편했다. 그러나 편한 생활은 그리 오래가지 않았다. 창사도 위험해졌다. 장즈중 후난 성 성장은 창사를 불태우라는 명령을 내렸다. 일본군이 쳐들어왔을 때 아무것도 얻을 수 없도록 초토작전焦土作戰을 편 것이다. 초토작전은 중국 사람들에게 훨씬 더 큰 피해를 주었다. 나중에 장즈중은 상당한 질책을 받았다.

우리 가족은 또다시 피난을 떠나야 했다. 1938년 7월 창사에서 광저우로 이동할 때는 기차를 탔다. 일반 여객 기차가 아니었기 때문에 가다 서다를 수없이 반복했다. 나는 기차 안이 더울 때면 지붕 위로 올라갔다. 매우 위험한 일이었지만 그때 내 나이 열일곱, 혈기 왕성한 시기여서 개의치 않았다.

그런데 기차 지붕 위에서 깜박 잠이 든 적이 있었다. 내가 한참 동안 보이지 않자 할머니는 기차 구석구석을 모두 뒤지고 다니셨다. 나는 그런 사실을 까맣게 모른 채 한참을 잔 후 지붕에서 내려왔다. 내가 나타나자 할머니는 야단을 치기는커녕 내 모습을 보고 껄껄껄 웃으셨다. 내 얼굴이 새카매졌기 때문이었다. 터널을 통과할 때 지붕 위에서 기차 연기를 뒤집어썼던 것이다.

1938년 7월 17일 광저우에 도착하니 당시 중국군이던 채원개蔡元凱 선생이 자동차를 몰고 마중을 나왔다. 평남 영원寧遠 출신인 채원개 선생은 나중에 광복군에서 활동했고, 해방 후에는 국군 사단장을 지냈다. 선생은 할머니와 아버지 그리고 나를 태우고 아세아여관으로 갔다. 당시 광저우로 내려간 분들 가운데 이준식李俊植, 김붕준, 송면수, 김효숙, 김정숙, 양우조楊宇朝 선생 등이 기억난다. 이준식 선생은 임시정부가 광저우로 이동했을 때 중국군 장교로서 채원개 선생과 함께 동산백원東山栢園 청사를 마련하는 데 큰 도움을 주었다. 송면수 선생은 나중에 광복군 OSS 대원으로 활동했다.

일찍 미국 유학을 떠나 공부하고 온 양우조 선생은 한국독립당에서 주로 활동하며 임시정부 의정원 의원과 선전위원회 선전위원 등을 지냈다. 양우조 선생의 부인 최선화崔善嬅 여사는 이화여전을 나왔는데, 학식이 높은 엘리트 여성이었다. 홍사단에 참여하면서 임시정부를 돕기 시작했고, 광복 후 1950년대 중반부터 이화여대에서 강의했다. 양우조 선생은 홍콩과 광둥에 재산을 좀 가지고 있어서 형편이 나은 편이었던 것으로 기억한다.

아세아여관은 호텔 수준의 시설을 갖추고 있었다. 심지어 샤워실까지 따로 있었다. 아세아여관에는 청년들도 많았다. 임시정부 국무총리를 지낸 노백린盧伯麟 선생의 차남으로, 중국군 제13군에 소속되어 항일전에 참전하고 광복군으로 활약했던 노태준盧泰俊 선생이 기억난다. 아세아여관에는 마위안링에서 같이 살던 사람들도 꽤 있었지만, 다른 곳에 있던 새로운 사람들도 많았다.

아세아여관 동북쪽으로 주장珠江 강이 흘렀는데, 우리가 도착했을 때는 날씨가 무더워 나는 그곳에서 수영을 했다. 나는 수영을 하러 갈 때 동전을 조금 준비해 가서 음식 파는 배가 지나가면 먹을 것을 사 먹었다. 한번 수영하러 가면 오랫동안 주장 강에서 시간을 보냈다. 수영하는 동안만은 힘들고 어려운 처지도 잊을 수 있었다.

끝없이 이어지는 피난길

장제스는 이미 1937년 말에 충칭重慶으로 수도를 옮길 것을 천명했다. 그는 수도를 옮기면서 배도陪都라는 말을 썼다. 임시 수도, 즉 전시 수도라는 뜻이었다. 임시정부의 이동을 되짚어 보면 1932년 5월 상하이에서 항저우杭州로 판공처를 옮겼고(아버지는 자싱으로 피신), 1935년 11월 항저우에서 전장鎭江으로 옮겼다. 당시 임정 요인들은 난징에 주로 거주했다. 1937년 11월에 전장에서 후난 성 창사長沙로 옮겼는데, 창사로 옮기기 전까지 난징이 주요 거점이었다. 아버지도 주로 난징에서 활동하셨다.

다시 1938년 7월에 창사에서 광둥성 광저우廣州로 옮겼는데, 시내에는 필수 요원 10여 명만 상주하고 대부분은 광저우에서 서쪽으로 25킬로미터 떨어진 포산佛山에 자리 잡았다. 광저우와 포산 시절은 잠시였고, 다시 1938년 10월 광시 성 류저우柳州로 이동했다. 그리고 이듬해인 1939년 5월 쓰촨 성 충칭 바로 아래 있는 치장綦江으로 옮겼다. 마지막으로 1940년 9월 충칭에 자리 잡았다. 아버지는 1938년 10월 말에 이미 충칭에 도착해 계셨고, 나는 할머니와 함께 1939년 초에 도착했다.

임시정부 26년 역사 가운데 상하이 시기가 13년이고, 1932년 윤봉길 의사 의거 이후 8년여간 항저우, 전장, 창사, 광저우, 류저우, 치장 등으로 이동했으며, 1940년 충칭에 자리 잡아 광복 때까지 5년이었다. 창사에 있을 때도 당파간의 통합을 위한 회담을 가졌고, 치장에서도 7당 회의, 5당 회의 등을 열어 통합을 시도했지만 좀처럼 이루어지지 않았다. 충칭에서 공산주의자 김약산金若山 계통과 통합을 시도할 때, 중국 정부가 '우리도 공산당과 합작하는데 너희도 합작하면 무조건 도와주겠다'고 해서 가까스로 통합을 이룰 수 있었다.

할머니와 내가 광저우 근처 포산에 머물 때 살던 집은 절간 비슷한 곳이었다. 다른 집은 사람들이 몰려도 그 집만은 한산했다. 나중에 알고 보니 그곳은 이른바 흉택凶宅이었다. 백의白蟻, 즉 흰개미가 득실거

렸기 때문이다. 흰개미가 얼마나 나무를 갉아먹었는지 중국 사람들은 흰개미가 은전銀錢을 갉아먹는다는 말까지 했고, 우리는 실제로 그 말을 믿을 정도였다. 아무튼 모르는 게 약이라고, 우리는 흰개미가 살고 있다는 것을 몰랐기 때문에 언제 무너질지도 모르는 집에서 아무렇지도 않게 잘 지냈다.

광저우와 포산 간에는 기차가 있어 왕래하기가 쉬웠다. 나는 임시정부와 연락할 때는 광저우로 가서 연락한 뒤에 포산으로 돌아오곤 했다. 이렇게 지내다 류저우로 갈 때는 시장西江 강에서 화륜선을 타고 이동했다. 화륜선은 바닥에 철판을 댄 목선이라고 생각하면 된다. 불을 때 증기기관을 움직여서 그 힘으로 가는 배였다. 화륜선 자체에는 배를 움직이는 사람들 외에는 태우지 않았고, 승객들은 화륜선에 연결된 약 20명쯤 탈 수 있는 목선에 탔다. 화륜선 한 척이 목선을 서너 척씩 끌고 가기도 했다.

꼬불꼬불한 시장 강을 거슬러 올라가다 보니 배는 무척 느렸다. 게다가 중간에 공습이 있으면 강변에 숨어 있다가 출발해야 했기 때문에 시간은 더욱 많이 걸렸다. 한 달 넘게 걸린 여정이었으니, 젊은 사람들은 그럭저럭 견딜 만했지만 연세 드신 분들은 고생을 많이 했다. 류저우에는 배를 댈 만한 곳이 없어서 류저우 근처에 내려 차를 타고 류저우로 이동했다. 선발대가 먼저 들어가 여기저기 빈집들을 수소문해서 거처를 정했다. 우리는 류저우의 여러 곳에 흩어져 살았다.

그중 한곳에 임시정부 원로들이 모여 살았다. 이동녕 선생, 이시영 선생, 차이석車利錫 선생, 송병조宋秉祚 선생, 조완구趙琬九 선생 등이 기억난다. 류저우에는 임시정부 계통이 아닌 각계 원로들도 많이 모여 있었다. 나는 할머니와 함께 별도로 조그만 집을 하나 얻어 살면서 임시정부의 연락 업무를 맡았다. 연락 업무를 하자면 여기저기 뛰어다녀야 하고 중국말도 해야 했기 때문에 나에게 적합한 업무였다.

1939년 2월 류저우에서 한국광복진선청년공작대韓國光復陣線靑年工作隊가 조직되었다. 이 조직은 광복군의 전신이라고도 할 수 있는데, 특히 청년들의 항일 의식을 고취하는 선전 활동을 많이 했다. 나는 이 조직에서 활동하고 싶었지만 아버지가 말리셨다.

"당분간은 할머님을 모시는 데 힘써라."

내가 잘못되기라도 하면 할머니를 모실 사람이 없었으므로 그런 말씀을 하신 것이었다. 나는 무척 아쉬웠지만 아버지의 말씀을 따랐다.

류저우에서 충칭으로 가는 길

할머니와 나는 다른 임정 사람들보다 일찍 류저우에서 충칭으로 향했다. 아버지는 할머니가 고령에 몸도 편찮으시니 한시라도 빨리 곁에서 모시고자 하셨다. 아버지는 1938년 10월 말에 충칭에 도착해 계셨다. 우리는 트럭으로 이동했는데, 몸이 많이 불편하셨던 할머니는 운전석 옆자리에 앉으셨다. 할머니는 인후염을 앓고 계신 데다 갑상선이 부어오르는 증상이 심했다. 광시 지방 풍토 때문이었다. 광시 지방 사람들은 암염巖鹽을 주로 먹었는데, 바다 소금과 달리 암염에는 요오드가 들어 있지 않았다. 그래서 이 지역 사람들은 요오드 부족으로 갑상선이 부어오르는 병에 잘 걸렸다.

류저우에서 충칭으로 가는 길은 험난했다. 허츠河池라는 곳을 거쳐 류자이六寨를 통해 두산獨山까지 갔는데, 일본군 기병대가 구이린桂林과

류저우를 거쳐 두산까지 빠르게 쳐들어왔다. 전쟁이 급작스럽게 확산되자 중국 사람들은 혼란에 빠져 피난 가기 바빴다. 우리가 두산과 두윈都匀을 거쳐 구이양貴陽에 도착했을 때, 피난 떠난 중국 사람들이 홍수같이 밀려들었다. 우리는 구이양에서 김철남金鐵男 선생 집에 이틀 묵고, 다시 쭌이遵義로 향했다. 할머니의 몸 상태가 좋지 않아 그곳에서도 하루를 묵었다.

쭌이에서 충칭으로 들어갔는데, 당시 하염없이 비가 내렸다는 기억밖에 남아 있지 않다. 중국 글에 촉견폐일蜀犬吠日, 즉 '쓰촨의 개는 해를 보면 짖는다'는 표현이 있다. 쓰촨 지역 개들은 평소에 구름과 안개와 비 때문에 해를 볼 일이 별로 없기에 갑자기 해가 나면 놀라서 짖는다는 뜻이다. 쭌이를 지나는 길은 특히 험난했다. 산을 올라야 하는데 72괴拐, 즉 72구비를 돌아야만 꼭대기에 올라갈 수 있었다. 내려갈 때도 마찬가지였다. 현지 사람들은 그 지역을 72괴조사애拐吊死崖라 불렀다. '목매달아 죽는 72구비 절벽'이라는 뜻이다.

험한 길을 지나 충칭에 거의 도달했을 때 마지막으로 양쯔 강을 건너야 했다. 강을 건너기 전 추치먼儲奇門이라는 곳이 있는데, 그곳 부둣가를 마토우碼頭라 불렀다. 아버지는 그곳 마토우 여관에 머물고 계셨다. 할머니는 여관에서 아버지와 함께 잠시 머물다 손가화원孫家花園 쪽에 있는 김홍서金弘敍 선생 부부의 거처에서 지내셨다. 그러나 할머니는 남의 집에서 계속 신세를 지니 마음이 좋지 않다고 자주 말씀하셨다. 결국 할머니와 나는 김홍서 선생의 집을 나와 다시 단둘이 살았다.

충칭에 도착하고 몇 달 지나지 않아 할머니의 병세가 극도로 악화됐다. 아버지는 의사 유진동劉振東 선생을 부르셨다. 유진동 선생은 상하이 퉁지대학同濟大學을 졸업하고 루산盧山의 폐병 요양원에서 근무하다가 전쟁이 일어난 뒤 쓰촨의 완 현萬縣이라는 곳에서 일하고 있었다. 그러나 유진동 선생이 충칭에 도착했을 때는 이미 할머님이 돌아가신 뒤였다. 유진동 선생은 치료 대신 염습殮襲을 해야 했다.

이후 유진동 선생은 충칭에서 병원을 열어 정착하고, 임정에 가담한 뒤 나중에 광복군에서 군의처장을 지냈다. 유진동 선생은 광복 후에 귀국했다가 다시 중국으로 들어가 난징에서 의사 생활을 했다. 그러다 한국전쟁이 터지자 중국 정부는 양쯔 강 이북에 있는 조선인들은 중국 국적을 가져야 하고, 양쯔 강 이남의 조선인들은 본인이 원하면 조선 국적으로 있을 수 있다고 선포했다.

당시 많은 조선인은 왜 자신들이 중국 국적을 가져야 하냐며 평양 쪽과 연락을 취해 북한으로 갔다. 더구나 중국공산당은 국민당과 각별한 관계였던 임시정부 쪽 사람들을 좋아하지 않았다. 유진동 선생도 1957년에 북한으로 들어갔다. 유진동 선생은 김일성과 지린吉林 위원 중학毓文中學 동창이기도 해서 김일성이 특별히 생활비도 보내 주었다. 그러나 주변 사람들은 유진동 선생이 김일성과 친분이 있다는 것을 좋아하지 않았다. 결국 유진동 선생은 평양에서 함경북도 쪽으로 이주해야 했고, 1961년 그곳에서 숨을 거두었다.

할머니와 형님의 죽음 앞에서

"난 아무래도 힘들 것 같다. 나중에 우리나라가 독립이 되거든 상하이에 가서 네 어머니 묘소를 찾아 유골을 모셔라. 만일 너무 오래돼서 뼈가 다 없어지고 흙이 됐다면, 머리가 있던 부근의 흙이라도 잘 싸서 한국에 가져다 묻어라. 그리고 나도 똑같이 해 주어라."

할머니는 돌아가시기 전에 내게 이렇게 말씀하셨다. 그 말씀이 곧 유언이었다. 1939년 4월 26일, 할머니가 돌아가실 때 곁을 지킨 사람은 아버지와 나뿐이었다. 할머니는 돌아가실 때까지 "신아! 신아!" 하며 내 이름을 부르셨다. 할머님이 운명하시는 순간은 아버지가 말을 해 주셔서 알았다. 아버지는 그런 장면을 많이 보셨기 때문에 직감적으로 마지막 순간임을 알 수 있었다. 아버지는 울음을 터뜨리셨다.

"이 불효자 때문에 어머니가 평생 고생만 하시다 여기서 이렇게 돌아가시고 말았습니다."

그토록 강인한 아버지도 모친의 죽음 앞에서는 맥없이 무너져 내리는 한 인간이었다. 아버지는 두 손으로 땅을 마구 치며 통곡하셨다. 효자, 효녀를 만드는 것은 어쩌면 환경인지도 모른다. 아버지의 평생 소원은 조국의 광복이었고, 그러한 소원은 아버지를 불효자로 만들었다. 한참을 통곡하던 아버지는 고개를 들어 나를 쳐다보며 말씀하셨다.

"네가 나 대신 효자 노릇을 했구나."

할머니는 허상산和尙山에 묻히셨다. 장례식에 임시정부 사람들이 많이 참석하지는 못했다. 아직 도착하지 않은 사람도 많았고, 막 도착해서 여러 가지로 혼란스러운 상황이었기 때문이다. 장례식에는 먼저 와 있던 사람들 일부와 김약산 계통 인사들의 부인들, 그리고 김홍서 선생 정도만 참석했다. 전시戰時였기에 상여를 꾸민다거나 해서 한국식으로 장례를 치를 여유도 없었다. 묏자리도 몇몇 노인이 대략 이쯤에 모시면 되겠다고 해서 그렇게 했다.

형 김인은 할머님이 돌아가시고 난 뒤에 충칭으로 달려왔다. 형님은 일본군 점령 아래 있던 상하이에서 김동수金東洙, 이하유李何有 등과 함께 지하공작을 했다. 그러다 일본의 감시망이 좁혀 오자 일단 홍콩으로 빠져나갔다가 충칭으로 온 것이다. 형님은 상하이로 돌아가기가 어려워지자 충칭 사핑바沙坪壩에 있는 중앙대학中央大學에 다녔다. 나는 할머니가 돌아가신 뒤 딱히 머물 곳이 없어 치장綦江에 있는 관음사觀音寺라는 절에서 잠시 숙식했다. 당시 관음사는 전지공작대 청년들의 근거지였다.

1938년에 조직된 한국청년전지공작대韓國靑年戰地工作隊는 일본군의 기밀을 탐지하고, 일본군에 몸담고 있는 한국 사람들을 선무宣撫 포섭하는 공작을 펼쳤다. 전지공작대는 광복군 창설 후인 1941년 1월 광복군에 편입되었다. 전지공작대를 이끈 나월환羅月煥 선생은 중국군 헌병대에서 근무했는데, 무정부주의 계통이었다. 전지공작대의 이하유·이재현李在賢(일명 이해평李海平) 선생도 무정부주의 계통이었다. 그분들은 관음사를 빌려 청년들을 모아서 행동을 같이했다. 당시 충칭의 무정부주의 계열 청년들은 공산주의 계열보다 임시정부 쪽과 가까웠다.

김인 형님은 충칭으로 돌아와 안중근 의사의 바로 아래 동생인 안정근安定根 선생의 딸 안미생安美生 여사와 결혼했다. 당시 안정근 선생 부부는 충칭 난안南岸에 살고 있었다. 형님과 형수는 딸 김효자金孝子를 낳았다. 형님이 병중에 낳은 딸이다. 형님은 충칭에서 폐병에 걸렸다.

당시 충칭은 민가와 공장에서 내뿜는 석탄 연기가 자욱하고, 저기압 분지盆地라는 지형적 특성에 습기까지 많았다. 충칭에 있던 한국 사람들은 폐병으로 목숨을 잃는 경우가 많았다. 형님이 몸져눕자 형수가 생활을 꾸려 나갔다. 형수는 영어에 능통해 충칭의 영국 대사관 신문처新聞處(공보처)에 취직해서 일했다.

형님의 병세는 나아질 기미가 보이지 않았다. 마지막으로 기대를 걸어 볼 것은 페니실린밖에 없었다. 그러나 일본군의 봉쇄로 물자 수송이 어려워 페니실린을 구하기 힘들었고, 가격도 매우 비쌌다. 형수는 아버지에게 페니실린을 구해 달라 부탁했지만, 아버지는 정색을 하며 말씀하셨다.

"여기 와 있는 동지들 중에 그 병을 앓다 죽은 사람이 많은데, 어떻게 내 아들만 살릴 수 있단 말이냐."

형수는 아버지의 매정한 대답에 마음속으로 많이 원망했을 것이다. 형님은 안타깝게도 광복을 다섯 달 앞둔 1945년 3월 29일, 27세를 일기로 충칭에서 눈을 감았다. 피난 중에 겪은 할머니와 형님의 죽음은 내 영혼을 송두리째 뒤흔들어 놓았다. 한동안 대낮에도 캄캄한 밤중에 있는 것 같은 기분이었다. 그러나 슬퍼하고만 있기에는 너무나 많은 사람의 죽음이 사방에 널려 있었다.

피난 중에 숨을 거두면 그냥 길옆에 묘를 쓰는 일이 많았다. 창사長沙에서 이운환의 총에 맞아 돌아가신 현익철 선생도 길옆 언덕에 모실 수밖에 없었다. 아버지가 창사를 떠날 때 차가 그 앞을 지나자 차를 세우셨다.

"저기 가서 우리 현 동지 묘소에 참배라도 해야 할 거 아니냐."

아버지가 현익철 선생이 묻힌 언덕에 올라가려 하자 주위 사람들이 말렸다. 아직 몸이 완전히 회복되지 않은 상태여서 큰일 날 수 있다는 것이었다. 할머니의 유언은 약 10년이 지난 후에나 겨우 지킬 수 있었다. 아버지는 1948년 평양에 갔다 오신 뒤 나에게 심각한 표정으로 말씀하셨다.

"중국 돌아가는 꼴을 보니 안 되겠다. 묻힌 곳을 네가 제일 잘 아니, 빨리 가서 유해를 모셔 오너라."

당시 중국은 국민당과 공산당의 내전으로 극심한 혼란 상태였다. 더구나 중국이 공산당 손에 넘어가는 것은 시간문제였다. 아버지는 그렇게 되면 왕래하기 힘들 것이라고 판단하셨다. 나는 1948년 아버지의 명을 받고 할머니와 어머니, 그리고 형님의 유골과 이동녕 선생, 차이석 선생의 유골을 수습해 왔다. 그러나 수습해야 할 유골은 많이 남아 있었다. 다시 가려 했지만 1949년 초 공산당이 베이징北京을 점령하면서 왕래할 수 없게 되었다.

세월이 흐르다 보니 허상산에 한국 사람들이 묻혀 있는 장소를 아는 사람은 나밖에 없었다. 나는 중국과 다시 왕래할 수 있게 되자, 여러 번 드나들며 충칭 시 당국에 우리 동포들을 위한 위령비를 세웠으면 좋겠다고 요청했다. 그런데 곰곰 생각해 보니 위령비를 허상산에 세우면 거리도 멀고 교통이 불편해 한국 사람들이 찾아가기 힘들겠다는 생각이 들었다. 그래서 임시정부 청사 위쪽 평평한 곳에 위령비를 세우는 것으로 방향을 바꿨다. 중국 정부 측은 허락해 주었지만 여러 현실적인 문제 때문에 아직도 실행하지 못하고 있어 안타까울 뿐이다.

중대부중 김신강金申江 학생

할머니가 돌아가시고 나서 나는 임시정부 내무부 직원으로 등록되었다. 신익희申翼熙 선생이 내무부장을 할 때였다. 당시 내무부에는 직원이 여럿 있었는데, 신건식申健植 선생의 딸 신순호申順浩 씨, 김준엽金俊燁 씨와 결혼한 민필호閔弼鎬 선생의 딸 민영주閔泳珠 씨, 그리고 내가 1922년생 동갑이었다.

나를 내무부 직원으로 등록한 이유는 임정 안에 중국말을 잘하는 사람이 드물기 때문이었다. 당시에는 3·1절 행사, 광복군 행사 등을 할 때 중국 손님을 접대하는 일이 많아서 중국말을 잘하는 직원이 필요했다. 중국 손님 접대 외에 중국말이 안 통하는 원로들을 위한 심부름도 했다. 차이석 선생이 해외 동포들이 보내 준 은행 수표를 주면, 그것을 중국 돈으로 바꿔 오는 일도 내가 맡았다.

할머니가 돌아가신 뒤 잠시 관음사에서 무정부주의 계열 청년들과 숙식하다가 우스예샹吳師爺巷의 임정 청사 회의실에서 숙식했다. 그렇게 청사에서 지낼 때면 아버님은 나를 불러 편지 심부름 같은 것을 시키기도 하셨다. 임정 원로 분들이 흩어져 있었기 때문에 심부름할 일이 많았다. 임정에서 잔심부름을 도맡아 하면서 할머니를 잃은 슬픔을 겨우 다스릴 수 있었다.

내가 임정 청사의 1층 회의실에서 숙식할 때 아버지는 2층에서 생활하셨다. 아버지의 사무실은 침실도 겸하고 있었다. 차이석 선생의 사무실도 마찬가지였다. 충칭에 폭격이 심해진 다음부터는 충칭 교외 투차오土橋로 거주지를 옮겼다. 김약산 계통은 충칭 시내에서 떨어진 손가화원에 이미 터를 잡고 있었기에 옮길 필요가 없었다. 물론 나중에는 그곳도 폭격을 당했지만 말이다.

나는 임시정부 일을 보다가 충칭에서 좀 떨어진 칭무관青木關이라는 곳에 있는 중앙대학 부속 고급중학에 입학했다. 충칭이 밤낮으로 폭격을 당했기 때문에 시내 모든 학교가 시 외곽 이곳저곳으로 흩어졌다. 1939년 입학할 때 중학교 2학년으로 들어가, 고등학교 3학년까지 5년을 다녔다. 왕대로 엮어 흙과 횟가루를 바르고 초가집식으로 지붕을 올린 임시 건물을 지어 교사校舍로 사용했다. 교사를 사이에 두고

충칭 근처 중앙대학 부속 고급중학 시절　나는 맨 뒷줄 왼쪽에서 두 번째에 서 있다. 잦은 병치레로 몸이 그야말로 젓가락처럼 말랐던 시절이다.

남학생 숙소와 여학생 숙소도 지었다.

칭무관에는 중국 교육부도 내려와 있었다. 만주, 화베이, 산둥 등 중국 각지에서 피난 온 유망流亡 학생들도 많았다. 중국 교육부와 교섭한 결과 한국 사람들은 중국 학교에서 공부할 수 있었다. 중국 정부는 일본과 싸우는 한국 사람들을 동지로 여겨 한국 학생들을 중국 학생들과 동등하게 대우했다. 중대부중에 들어갈 때 한국 사람은 나 하나였다. 그 뒤 2, 3년 아래인 한국 학생들이 들어왔다. 중국군 방공총감부防空總監部 과장을 역임한 김철남金鐵男 선생의 아들 김정평金正平도 이때 들어왔다. 1943년 내가 졸업할 때쯤에는 한국 학생이 10여 명 정도 됐다.

내가 중대부중에 다닐 때, 중국공산당은 공산주의청년단共産主義青年

團에서 훈련시킨 학생들을 국민당 계통 학교에 침투시키기도 했다. 공산당 측 학생들은 유망 학생으로 위장해 숨어 들어왔기 때문에 쉽게 노출되지 않았다. 공산당은 충칭에서 당 기관지이자 선전지인 《신화일보》新華日報를 무료로 배포했다. 《신화일보》는 저우언라이周恩來가 1938년 1월 우한武漢에서 처음 발행한 신문이었다. 저우언라이는 '우리도 같이 항일을 하는데, 공산당 신문을 배포해도 좋지 않겠느냐'며 국민당 정부를 설득했다. 공산당이 국민당보다 한 수 위였다고나 할까.

국민당의 학생 및 청년 조직은 삼민주의청년단三民主義靑年團이었다. 중국 정부는 여름이 되면 삼민주의청년단 캠프를 열어 학생들을 모아 훈련시켰다. 중대부중 학생들은 모두 삼민주의청년단에 들어갔다. 여름이면 베이베이北碚라는 곳에서 야영을 했다. 특히 체육 활동을 자주 했는데, 각종 운동을 골고루 했다. 나는 수영을 잘했기 때문에 상장을 여러 번 받았다. 나중에 상장을 가지고 충칭에 계신 아버지를 찾아뵈었더니 무척 좋아하셨다.

당시 학교에서 먹는 밥을 학생들은 '바바오판'八寶飯이라 불렀다. 본래 바바오판은 여러 재료를 넣고 쪄 내는 별미 음식으로, 우리나라의 약식과 비슷하다. 그러나 당시 우리가 먹은 밥에는 껍질을 벗기지 않은 낟알과 돌, 심지어 쥐똥도 들어가 있었기 때문에 웃지 못할 농담으로 '바바오판'이라 불렀던 것이다.

학교에서 먹는 밥은 군대에 보급하고 남은 것이라서 이미 상해 있을 때도 많았다. 그러나 먹을 것이 그것밖에 없으니 어쩔 수 없었다. 반찬은 주로 자차이搾菜라 부르는 짭짤하고 아삭한 채소 절임과 고추를 먹었다. 쓰촨 고추는 무척 매웠다. 그 매운 고추를 소금에 절여 놓았다가 먹으니 고추 하나면 밥 한 그릇을 다 먹을 수 있었다.

학생들은 식사 전에 간단한 군대식 예절을 갖췄다. '차렷' 구령에 따라 자리에서 일어나 부동자세를 취하고, 교장 선생님이 안쪽에 앉은 다음 '앉아' 구령이 들리면 자리에 앉았다. 학생들이 자리에 앉으면 교장 선생님이 먼저 젓가락을 들고 음식을 먹었다. 학생들은 그때서야 다 같이 음식을 먹기 시작했다. 한 달에 한 번 정도 돼지고기나 닭고기가 나오는 날이면 전쟁이 벌어졌다. 교장 선생님이 젓가락을 움직이기가 무섭게 젓가락 다툼이 벌어졌다.

나는 큰 외투 하나로 사계절을 버텼다. 그 때문에 학교에서 꽤 유명했다. '저 한국 학생은 옷이 없다'고 소문이 났다. 외투 안쪽에는 두루마기를 입었다. 신발은 일본군이 신던 구두를 신었는데, 너무 커서 늘 덜컹거리며 돌아다녔다. 그러나 조금도 부끄럽지 않았다. 모두 전쟁을 겪고 있었고, 또 유망流亡 학생들은 다 비슷한 생활을 했기 때문이다.

학교 다닐 때는 김신강金申江이라는 이름을 썼다. 형님의 영향을 받아서였다. 형님은 김인金仁이라는 본명 대신 형님이 태어난 황해도 안악 동산평東山坪에서 따온 김동산金東山이라는 가명을 썼다. 나는 내가 태어난 상하이의 다른 이름인 신강申江을 가명으로 삼았다. 졸업 직전에야 학교 측에 본명인 김신金信으로 고쳐 달라 요청했다. 지금도 중국 동창들은 나를 김신강으로 알고 있다.

방학이 되면 학생들은 근처에 있는 가족에게 돌아갔지만, 나는 특별히 갈 데가 없었다. 나는 텅 빈 학교에서 어슬렁거리다 마지못해 충칭으로 갔다. 칭무관에서 충칭으로 가는 일은 쉽지 않았다. 버스가 있기는 했지만 버스비를 아끼려고 나는 친구들과 험한 길을 걸어서 갔다. 새벽에 일어나 짚신 몇 켤레 둘러메고 길을 떠났다. 그렇게 아낀 버스비로는 도중에 고기를 사 먹었다. 그렇게라도 하지 않으면 고기 먹을 기회가 없었다. 고기 먹는 김에 술도 사 먹었다. 중국술이 워낙 독해 취해서 잠들었다가 밤중에 깨는 일이 많았다. 그러면 우리는 다시 밤길을 걸어 충칭으로 향했다.

충칭에 도착해 아버지를 찾아가면, 아버지는 금방 나에게 다시 학교로 돌아가라고 하셨다. 아버지와 같이 있어 봤자 내가 도와 드릴 일도 딱히 없었고, 아버지는 아버지대로 무척 바쁘셨다. 치장綦江에 가기도 했지만 그곳도 사정은 별반 다르지 않아서 잠시 머물 수밖에 없었다. 할머니가 돌아가신 다음부터 나는 완전히 외톨이 신세였다. 정말 지독하리만큼 외롭게 지냈다. 내 주위에는 정말이지 아무도 없었다. 전란 속의 끝 모를 피난살이, 할머니와 형님의 죽음, 그리고 외로움이 나의 청소년기와 청년 초기 그 자체였다.

병마에 시달리다

나는 중대부중에 다닐 때 중앙대학 부속 병원에서 맹장 수술을 한 적이 있었다. 유망 학생들은 수술비가 무료였다. 수술을 앞두고 긴장한 나에게 의사 선생님이 말했다.

"당신 몸은 건강하니까 아무 문제없다."

그렇게 말하더니 나에게 이렇게 묻는 것이었다.

"돌봐주거나 찾아올 가족은 있느냐?"

내가 그럴만한 가족이 없다고 답하자 의대 학생들에게 수술 과정을 설명하며 수술을 시작했다. 지금 생각해 보면, 수술하다가 내가 잘못되더라도 항의할 가족이 없다는 것을 확인하고 실습용 수술을 한 것이다.

그렇게 의대 강의를 겸해 수술을 하다 보니 수술 시간이 길어졌다. 시간이 길어지니 목이 많이 말랐다. 물을 달라고 했더니 의사 선생님은 물은 안 된다며 약솜에다 물을 묻혀 혀만 조금 축여 주었다. 수술을 마치고 보니 수술 자리가 보통 사람보다 두세 배나 컸다. 얼굴 살도 쪽 빠져 뼈만 남았다는 말을 들어야 했다. 이후 탈장 수술도 한 번 했다. 여름만 되면 학질(말라리아)을 앓다가 가을이 되어 모기가 사라질 때쯤 겨우 해방됐다.

나는 중대부중을 졸업하고 윈난 성 쿤밍昆明에 있는 서남연합대학西南聯合大學에 진학했다. 서남연합대학은 1938년 5월부터 1946년 5월까지 8년간 이어진 전시戰時 연합대학으로, 중국 최고의 명문인 베이징대, 칭화대淸華大, 난카이대南開大 등이 연합한 대학이었다. 전시의 열악한 상황이었지만 교수진은 명실상부한 중국 최고의 학자들이었다. 서남연합대학에서 공부한 인연으로, 나는 오늘날 베이징대, 칭화대, 난카이대 등에서 동문 대접을 받는다.

서남연합대학에 다닐 때는 빈대와 이 때문에 고생했고, 장티푸스에 걸리기도 했다. 고열에 시달리다 머리카락과 눈썹이 빠지면서 거의 죽다가 살아났다. 뒷날 미국으로 전투기 조종법을 배우러 갔을 때, 신체검사를 하기 위해 공군 병원에 가니 의사가 이것저것 물었다.

"수술한 적 있습니까?"

"맹장 수술과 탈장 수술을 했습니다."

"큰 병을 앓은 적 있습니까?"

"말라리아를 앓았습니다."

"몇 번이나 앓았습니까?"

"100번 정도는 앓은 것 같습니다."

내 대답에 의사가 깜짝 놀라며 혹시나 하는 표정으로 질문했다.

"말라리아 외에 큰 병을 앓은 적이 있습니까?"

"예, 장티푸스를 앓은 적이 있습니다."

의사는 기가 막힌 듯 말했다.

"어떻게 지금까지 살아 있습니까?"

나는 빙그레 웃음 짓는 것으로 대답을 대신했다. 병에 자주 시달릴 때 곁에서 나를 돌봐 준 사람은 아무도 없었다. 그나마 서남연합대학에 다니면서 장티푸스에 걸렸을 때는 한국인 의사 김좌경金佐卿 선생이 돌봐 주어 죽을 고비를 넘길 수 있었다. 선생은 나를 뜨거운 물에 집어넣고 마사지를 해 주었다. 땀을 내지 못하면 죽기 때문이었다. 윈난雲南은 더운 지방이라 방에 깔아 놓은 볏짚에 땀이 뚝뚝 떨어졌다. 선생이 그걸 보더니 이제 살았다고 하시며 음식 먹을 때 조심하라고 주의를 주었다. 위가 극도로 약해져 기름진 음식을 먹다가 잘못되면 재발할 가능성이 있기 때문이었다.

그런데 엎친 데 덮친다고 병이 회복되어 트럭을 타고 충칭으로 돌아가는데, 트럭이 산악 지대를 지나다 빗길에 미끄러져 길옆 경사면에 세게 부딪쳤다. 오도 가도 못하고 있는데 산 위에서 횃불이 내려오는 게 보였다. 산적들이었다. 트럭에 탄 사람들 모두 옷과 시계 등을 빼앗겼다. 산적들은 내 옷도 빼앗으려 했다. 나는 산적들에게 말했다.

"난 학생인데 돈도 없고, 지금 겨우 병이 나아서 집에 가는 길입니다. 제발 살려 주세요."

산적들은 내 간청을 무시하고 옷을 벗기려 했다. 그때 나는 지퍼가 달린 점퍼를 입고 있었는데 지퍼 달린 옷을 처음 봐서 그런지 내 옷을 벗기지 못했다. 그래서 옷은 내버려 두고 내 회중시계를 빼앗아 갔다.

우리는 옷과 소지품을 빼앗긴 채 그곳에서 밤을 보냈다. 날이 밝자 차들이 한두 대씩 지나가기 시작했다.

우리는 지나가는 차를 보며 살려 달라 소리쳤다. 그러나 그 일대에 산적이 자주 출몰한다는 것을 알기 때문에 차들은 멈춰 서려 하지 않았다. 그렇게 한참을 있다가 군용 차량 몇 대가 오는 것을 보고 살려 달라고 하자, 군인들이 총을 메고 나와서 무슨 일이냐 물었다. 강도를 당했다고 하자 우리를 군용차에 태워 루 현瀘縣이라는 곳까지 데려다주었다. 나는 그곳에서 배를 타고 허츠河池에서 내려 다시 충칭으로 향했다. 충칭에 가 봤자 딱히 머물 데가 있는 것도 아니었지만 말이다.

제2부

창공에 띄운 민족의 꿈

4장

조종사가 되기 위한 첫걸음

공군군관학교에 들어가다

나는 서남연합대학에 입학해 3개월 동안 선수반先修班에서 공부한 뒤에 정과正科에 들어갈 수 있었다. 대학에 들어가 윤봉길 의사 의거 때 도움을 주었던 분들을 만났다. 내가 그분들을 알고 있었던 것은 의거 이후 아버지가 그분들 이야기를 해 주셨기 때문이다. 그분들 중에 자량자오查良釗, 자량젠查良鑑 형제가 있었다.

자량자오 선생은 윤봉길 의사 의거 후 아버지가 상하이에서 탈출하기 전에 만난 중국 측 저명인사였다. 내가 서남연합대학에 입학했을 때 그곳 교수로 있었다. 그 사실을 안 아버지는 나에게 당신의 명함을 주며 말씀하셨다.

"쿤밍에 가거든 자량자오 씨를 찾아가거라."

아버지가 준 명함을 살펴보니 '돈아豚兒가 학교를 그쪽으로 가는데, 아무것도 모르니 잘 돌봐 달라'는 간단한 내용이 적혀 있었다. '돈아'는 '돼지 새끼'라는 뜻이다. 중국에서는 다른 사람에게 자식을 부탁할 때 자신과 자식을 낮추는 그런 표현을 썼다. 아버지가 누군가에게 나를 부탁한 것은 그때가 처음이었다.

자량자오 선생의 동생 자량젠 선생은 미시간대학 법학 박사로, 나중에 타이완 사법 행정부 부장을 지냈다. 1943년 충칭 법원장, 1945년 상하이 법원장을 지냈고, 1930년대 중반에도 상하이에서 판사와 법원 서기장으로 일했다. 김용金庸(진융)이라는 이름으로 유명한 역사 무협 소설 작가이자 언론인 자량융査良鏞도 이분들과 일가다. 자량융은 서남연합대학에 합격했지만 입학하지는 않았고, 1944년 충칭의 중앙정치학교에 입학했다가 그만두었다. 저장浙江 하이닝海寧의 자査 씨 가문은 예로부터 뛰어난 인재와 관리를 배출한 명문가였다.

내가 장티푸스에 걸렸을 때는 정과에 들어갈 무렵이었다. 앞서 언급한 대로 김좌경 선생의 도움으로 장티푸스를 치료하고 충칭으로 돌아와 몇 달을 보내고 나서 공군에 들어가기로 결심했다. 사실 나는 중대부중을 졸업하고 공군에 들어가기 위해 시험을 치렀으나 합격하지 못해 서남연합대학에 들어갔다.

이번에는 시험에 합격했다. 나는 충칭 양쯔 강 근처에 있는 산후바珊瑚覇 비행장에서 공군기를 타고 다시 쿤밍으로 갔다. 쿤밍의 우자바巫家壩라는 곳에 공군군관학교空軍軍官學校가 있었다. 우리식으로 말하면 공군사관학교였다. 원래 중국 공군군관학교는 저장 성浙江省 항저우杭州 젠차오筧橋에 있었는데, 장제스 군대가 후퇴하면서 쿤밍으로 옮겼다.

다른 곳이 아닌 쿤밍으로 옮긴 것은 쿤밍에 미군이 들어와 있기 때문이기도 했다. 미국은 중국을 돕기 위해 공군에서 제대한 군인들을 쿤밍으로 보냈다. 그들의 정식 명칭은 미 자원항공대AVG(American Volunteer Group)였다. 민간인 형식으로 중국에 들어올 수밖에 없는 것은 중일전쟁에 미국이 공식적으로는 개입할 수 없었기 때문에 민간인으로 구성된 항공대를 보낸 것이다.

미 자원항공대의 별칭은 '플라잉 타이거즈'Flying Tigers였다. 우리는 그 별칭을 옮겨 비호대飛虎隊라 불렀다. 비호대 사령관은 클레어 첸놀트 장군이었다. 그는 비행기를 배에 실어 일단 인도로 들어간 뒤 비행을 해서 윈난으로 이동했다. 미국은 일본이 바닷길을 차단하고 있는 상황에서 공중으로 물자를 수송하는 데도 한계가 있다고 판단했다. 결국 육로를 뚫기로 하고, 인도 동북쪽 아셈 지역에서 히말라야의 험난한 산길을 뚫었다. 나는 서남연합대학 시절 그 개통식을 목격했다. 쿤밍은 중국이 미국에게 원조를 받는 유일한 젖줄이었다.

일본도 물자를 수송하기 위해 육로를 개척했다. 미군 잠수함 때문에 배로 물자를 수송하기가 힘들어진 것이다. 일본군은 구이린桂林을 점령하고 창사, 형양衡陽, 광저우, 류저우 쪽으로 보급선을 넓힌 끝에 구이저우 성貴州省 두산獨山까지 보급선을 확보하는 데 성공했다. 상황이 이렇다 보니 서남연합대학을 비롯한 대학교 학생들은 '군사제일'軍事第一, '승리제일'勝利第一이라는 구호를 외치며 총을 들어야 했다. 나는 이러한 분위기 속에서 공군에 지원했다.

당시 쿤밍 비행장에는 한국인으로 중국 공군 소속인 장성철張聖哲 씨가 있었다. 이분은 소련에서 공군 훈련을 받고 중국으로 들어왔다. 당시 장성철 씨는 술버릇이 있어 비행을 그만두고 지상에서 보급과 수리를 하는 수리창 책임자로 근무했다. 장성철 씨의 아내는 중국군 방공총감부 과장을 지낸 김철남 선생의 여동생이었다. 김철남 선생의 아들 김정평이 나의 중대부중 후배임은 이미 얘기했다.

쿤밍 비행장에서는 비행을 위한 훈련을 별도로 받지 않고, 기초 군사 훈련만 6개월 가까이 받았다. 조종사가 되기 위한 꿈은 생각보다 더디게 이루어져 갔지만, 흔들린 적은 단 한 번도 없었다.

군벌 통합에 힘쓴 장제스

내가 1930년대 중후반 난징에 있을 당시 장제스 정부는 신생활운동新生活運動을 통해 힘을 길렀다. 특히 중국인에게 큰 문제였던 아편 중독을 해결하기 위해 강력한 정책을 펼쳤다. 아편을 피우면 무조건 구속해서 아편을 끊게 했고, 그래도 끊지 못하고 계속 피우다 세 차례 이상 걸리면 총살을 시킬 정도였다.

신생활운동 덕분에 중앙 정부가 통치하던 난징이나 상하이 같은 곳은 상대적으로 군대와 정부의 부패가 적었다. 그러나 다른 지역들은 군벌들이 각자 세력을 이루고 있어 신생활운동이 제대로 펼쳐지지 못했다. 그나마 아편에 대해서만큼은 대부분의 지역에서 강하게 처벌했다. 우리가 이동했던 우한武漢, 창사長沙, 광둥廣東 지방에서도 아편에 관한 처벌은 철저하게 지켜졌다.

장제스 군대는 난징, 상하이, 장쑤江蘇, 저장浙江, 안후이安徽, 그리고 산둥山東의 일부를 통치했는데, 중앙 정부의 영향력은 지역마다 달랐다. 광둥과 광시廣西 지역은 장제스 정부에 반대하는 분위기가 강한 편이었다. 일본은 그런 상황을 이용해 중국 내부를 분열시키려고 옌시산閻錫山, 펑위샹馮玉祥 같은 군벌에게 무기 등을 원조해 주었다.

산둥은 한푸쥐韓復渠가 장악했고 만주는 장쭤린張作霖의 아들 장쉐량張學良이 통치했는데, 중화민국 기旗는 올렸지만 자기 군대는 별도로 운용했다. 충칭에도 중앙 정부의 힘이 완전히 미치지는 못했다. 특히 충칭 시내로 진입하는 항구 지역인 자오텐먼朝天門 일대는 일종의 무법지대였다. 여름에는 강물이 많이 불었기 때문에 사공들은 자오텐먼에 바로 배를 댔다. 겨울에는 물이 쫙 빠져서 강 아래 모랫바닥에서부터 걸어와야 했다.

그런데 충칭 시내로 올라가는 돌층계 양쪽에 아편관阿片館이 꽉 들어차 있었다. 사람들은 그곳에 드러누워 아편을 빨았다. 중앙 정부가 철저히 금하는 아편을 충칭에서는 돈을 뜯어내기 위해 눈감아 주었다. 아편관 주변에는 아편귀자阿片鬼子들이 줄지어 서 있었다. 중국에서는 아편에 중독되어 비쩍 마른 사람들을 아편귀자라 불렀다.

이뿐만이 아니었다. 군벌들은 심지어 세금도 20년 치를 당겨서 받아먹고, 대낮에 돌아다니다가 예쁜 여자가 있으면 잡아다 능욕을 하기도 했다. 어느 날은 군벌에게 딸을 빼앗긴 지역 유지가 당시 성장이던 류샹劉湘에게 진정서를 올렸다.

"당신들은 백성을 보호하고 사랑해야 하는 부모관父母官(백성을 직접 다스리는 주나 현의 지방 장관에 대한 존칭. 백성의 어버이와 같은 관리라는 의미)인데, 어째서 남의 집 규수를 막 잡아가 욕보이는 일을 보고만 있느냐?"

류샹은 진정서를 받고 무언가 조치를 취해야겠다는 생각이 들었다. 당시 쓰촨 지역 전체를 류샹이 직접 관리하지는 않았다. 워낙 큰 지역이어서 구역을 넷으로 나누어 사단장을 네 명 두었다. 많은 병력을 거느리고 사실상 군벌과 마찬가지인 사단장을 잡아다 처벌하는 것은 쉬운 일이 아니었다. 더구나 류샹 자신도 비리를 많이 저질러 온 터였다. 고민하던 류샹은 진정서에 대한 답으로 다음과 같은 글을 써서 보냈다.

"자고이래自古以來 영웅호색英雄好色이라."

예로부터 지금까지 영웅은 여색女色을 좋아한다는 뜻이다. 이처럼 형편없는 군벌들이었지만 장제스가 중앙군을 이끌고 충칭으로 들어오자 쓰촨 지역 군벌들은 힘을 합쳐 항일 전쟁을 펼쳤다. 쓰촨 지역 군대는 전투에 능한 편이었지만 중국 사람들은 쓰촨 군인들이 총을 두 자루 갖고 다닌다고 장난 삼아 얘기했다. 총 한 정은 진짜 총, 다른 한 정은 아편 총이라는 뜻이었다.

아편을 하기는 했지만, 여하튼 싸움만큼은 잘했다. 특히 쓰촨은 산악 지대가 많았기 때문에 산악 전투에 능했다. 한국전쟁 때 백인엽白仁燁 수도사단장이 중공군中共軍들을 붙잡았는데, 통역을 좀 해 달라고 나를 부른 적이 있었다. 가 보니 포로 가운데 상당수가 쓰촨 출신이었다. 한국에 산악이 많으니까 쓰촨 사람들을 많이 참전시켰던 것이다.

아무튼 장제스의 중앙군이 쓰촨 지역에 들어와 실권을 쥐자 장제스는 아편관을 모두 없애라는 명령을 내렸다. 그러자 아편관은 순식간에 사라졌다. 중앙 정부가 온 뒤 충칭은 예전 난징과 비슷한 체제로 바뀌면서 서서히 질서가 잡혀 갔다.

일본의 충칭 폭격

일본군은 충칭에 엄청난 폭격을 퍼부었다. 난징을 폭격할 때는 제주도와 타이완에서 비행기를 이륙시켰지만, 전선이 넓어지자 충칭은 우한에 있는 비행장을 이용해 폭격했다. 충칭은 겨울에는 비가 자주 내렸지만 봄이 되면 맑은 날이 이어졌다. 일본군은 봄이 되자 매일 충칭을 폭격했다. 임시정부가 있던 스반제石版街도 폭격을 당했다. 폭격이 시작되면 사이렌 경보를 울리고, 전기가 끊어질 것에 대비해 산봉우리에서 깃발로 수신호도 보냈다. 우리는 사이렌이 울리면 방공호로 대피했다.

충칭은 암반巖盤 지역이어서 일단 방공호를 잘 파 놓기만 하면 폭격에 잘 견뎠다. 그런데 우리가 대피한 방공호는 만들다 만 것이어서 출입구가 하나만 있었다. 출입구가 무너지면 꼼짝없이 갇힐 수밖에 없었다. 한번은 폭탄이 방공호 옆에 쌓아 둔 돌무더기에 떨어졌다. 화약 냄새가 확 끼쳐 들어왔다. 폭격이 끝나고 나와 보니 방공호 옆에 쌓아 두었던 돌무더기는 모두 날아가 흔적도 없었다. 건물 담도 모두 무너져 있었다. 조소앙趙素昻 선생은 허물어진 담벼락 옆에 서서 사진을 찍기도 했다.

매일 계속되는 폭격 가운데는 피로疲勞 폭격도 있었다. 피로 폭격은 많은 비행기가 오는 것이 아니라 두 개 편대 정도의 비행기가 10~20분 간격으로 연달아 오는 것이다. 그렇게 대여섯 시간 폭격을 계속하면 사람들은 지칠 대로 지칠 수밖에 없었다. 충칭은 우한, 난징과 함께 중국의 3대 화로火爐 도시로 불릴 정도로 더운 지역이다. 그래서 피로 폭격을 피해 장시간 방공호에 머물다 질식해 죽는 사람들도 있었다. 폭격을 맞거나 질식해 죽은 사람들의 시신은 자링 강嘉陵江 강벽에 쌓아 놓았다가, 본격적으로 부패하기 시작할 때쯤 배에 실어 어딘가로 가져갔다.

야간 공습 때는 특히 힘들었다. 폭격으로 전기가 끊기면 사이렌을 울릴 수 없어 폭격이 끝났는지 안 끝났는지 분간하기 어려웠다. 캄캄하기 때문에 산봉우리에서 수신호를 보낼 수도 없었다. 일본군은 폭격할 때 독毒이 든 담배를 투하하기도 했다. 사람들이 그 담배를 주워 피우다 목숨을 잃었다. 일본군은 선전 전단도 뿌렸다. 전단에는 일본이 점령한 만주 등 여러 지역의 현대화된 모습이 인쇄되어 있었다.

손가화원과 치장도 공습을 당했다. 손가화원은 군사 시설도 없고 충칭 시내와 먼 편인 데도 폭격을 당했다. 치장에도 특별한 군사 시설이 없었다. 나중에 알고 보니 일본군 정보부가 손가화원과 치장에 임시정부 사람들이 있다는 정보를 입수하고 폭격을 한 것이었다. 일본군이 치장을 폭격할 때 아버지도 그곳에 계셨다. 아버지는 폭격이 시작되자 근처에 있는 빈 무덤으로 피하셨다. 돌로 만든 무덤이어서 방공호 구실을 할 수 있었다. 다행히 임정 요인들은 폭격에 큰 피해를 입지 않았다.

치장이 폭격 목표가 된 것도 충칭에 있던 일본 첩자들이 정보를 제공했기 때문이었다. 첩자들은 무전으로 비밀히 연락해 목표 위치를 일러 주었다. 우리는 그렇게 무전을 치던 일본 첩자를 잡기도 했다. 손가화원의 김홍서 선생 댁에는 유진동 선생이 부인 강영파姜映波 씨와 딸과 함께 살고 있었다. 그때 유진동 선생 집안일을 봐 주던 아주머니가 폭격으로 목숨을 잃었다. 중국 정부는 폭격을 피하기 위해 주요 정부 기구들을 모두 먼 외곽으로 옮겼다.

일본은 충칭을 폭격할 때 소이탄燒夷彈을 썼다. 소이탄은 목표물에 떨어져 엄청난 규모의 화염을 일으켰다. 충칭에는 목재로 지은 집이 많아서 소이탄이 떨어지면 순식간에 몇십 군데서 불이 났다. 충칭에는 소방차가 없었기 때문에 사람들이 물통을 둘러메고 불을 끄러 다녔다. 그러나 사람이 불을 끄는 데는 한계가 있었고, 충칭은 폭격당할 때마다 불바다가 됐다.

나중에 일본도 미국에게 똑같은 일을 당했다. 미국이 도쿄에 소이탄을 퍼부었던 것이다. 1945년 3월 10일 미군은 전쟁을 빨리 끝내기 위해 도쿄에 대량의 소이탄을 떨어뜨렸다. 목재 가옥이 대부분인 도쿄가 불바다가 되면서 10만여 명이 목숨을 잃었다.

임시정부가 있던 곳에도 여러 차례 폭격이 있었지만, 방공호가 완성된 다음부터는 비교적 안전하고 편안하게 대피할 수 있었다. 방공호는 공기가 잘 통하도록 만들고 위생 시설도 잘 해 놓아 여름에도 쾌적한 편이었다. 나중에 충칭을 방문해 보니 그 방공호를 여관으로 쓰고 있었다.

중국 정부는 충칭에 폭격이 심해지자 최악의 경우 시캉 성西康省 지역으로 수도를 옮길 것을 고려했다. 1939년 중국 정부는 티베트 고원高原 동쪽 지역과 쓰촨 성 서부 지역을 합해 시캉 성을 새로 만들었다. 1955년에 없어진 시캉 성은 전부 산악 지대였기 때문에 일본군과 맞서 싸우기에도 유리했다.

인도령領 라호르로 가는 길

나는 쿤밍 비행장에서 기초 군사 훈련을 마치고 동료들과 함께 미군 수송기를 타고 인도 동북부에 있는 미 공군 기지로 출발했다. 초등 비행 훈련을 받기 위해서였다. 훈련은 비교적 안전한 장소에서 해야 하는데, 중국에는 그런 장소가 없었다. 우리가 향한 곳은 인도 펀자브 지방의 라호르로, 지금은 파키스탄 영토에 속한 곳이다.

라호르로 가기 위해서는 타봉駝峰, 즉 낙타 등의 혹처럼 생긴 산봉우리가 연이어 있는 지대의 상공을 지나야 했다. 험악한 산악 지역이다 보니 강한 상승 기류와 하강 기류가 수시로 발생했다. 갑자기 하늘로 솟구치는가 싶으면 마치 추락하듯이 쑥 내려갔다. 이곳을 지나는 비행기가 계기 고장을 일으키거나 추락하는 경우는 드물지 않은 일이었다.

우리가 탄 수송기에는 안전띠도 없어서 아무것이나 붙들 수 있는 것을 꼭 붙들고 버텼다. 붙든 것을 놓치면 여기저기 들이받다가 목숨이 위태로워질 수도 있었다. 난기류만 위험한 것이 아니었다. 일본기들이 미군 수송기를 노리고 있었다. 그래서 해 떨어질 무렵에 출발해야 했다.

중국 정부가 인도에서 초등 비행 훈련을 시킨 데는 이유가 있었다. 중국에서 훈련을 마친 학생들을 곧바로 미국으로 보냈더니, 열에 일곱은 시험을 통과하지 못했다. 영어도 문제였지만 생활 환경의 차이도 크게 작용했다. 미국인들은 중학교만 나오면 운전을 할 줄 아는데 중국인 가운데는 자동차조차도 못 타 본 사람도 있었고, 기계 조작에 문외한인 사람이 대부분이었다. 그래서 중국 정부는 체면 때문에라도 인도에서 초등 비행 훈련을 시킨 뒤에 미국 본토로 보냈다. 그렇게 한 뒤로는 과연 조종사 시험에 합격하는 사람들이 늘어났다.

우리는 라호르로 곧장 가지 않았다. 먼저 차부아 기지에 내렸다. 1939년에 건설된 이 기지는 쿤밍으로 물자를 보내는 주요 보급 기지 역할을 했다. 오늘날에도 전략적 요충지로서 인도 공군 기지로 사용되고 있다. 차부아는 습하고 무더운 지역이라 마치 한증막에 들어간 느낌이었다. 그 지역 사람들은 별로 힘들어 하지 않았지만 미군들은 더위를 못 참아 윗옷을 다 벗고 짧은 바지만 입고 돌아다녔다.

우리는 그곳 막사에서 며칠을 묵었는데, 어느 날 아침 일어나 보니 미군에게 배급받은 식량과 신발이 모두 없어졌다. 원숭이들이 훔쳐간 것이었다. 원숭이들은 미군 공병工兵들이 길을 닦을 때도 방해를 했다. 원숭이만 방해한 것이 아니었다. 미군 병사 두 명이 숲에 들어갔다가 실종된 적이 있었다. 수색대가 한참 동안 숲 속을 뒤지다가 쓰러진 고목나무 같은 것이 꿈틀대는 것을 보았다. 커다란 구렁이였다. 구렁이를 잡아 배를 갈라 보니 총과 군번줄, 헬멧 등이 나왔다.

우리는 차부아를 떠나 차를 타고 콜카타로 가서 미군 임시 막사에 머물다가, 다시 기차를 타고 라호르까지 이동했다. 인도 동부에서 서북부로, 사실상 인도 아대륙亞大陸을 횡단하는 긴 여정이어서 사흘이 걸렸다.

이 기차 여정에서 나는 조금이나마 인도 문화를 접할 수 있었다. 기차는 1등석부터 7등석까지 나누어져 있었다. 종교나 사회 계급이 다르다는 이유로 아무나 같은 칸에 탈 수 없었던 것이다. 승객들은 각자 등급에 맞는 칸에 탔고, 다른 칸으로 이동할 수 없었다. 식사도 모두 자기 신분에 맞는 식당에서 했다. 우리는 미군이 나눠 준 전투 식량을 먹었다. 우리가 탄 칸은 비교적 설비가 괜찮아서 에어컨까지 있었다. 역에 멈출 때면 어린아이들이 거지 차림으로 달려들며 '돈을 달라'고 외쳤다. 우리는 비스킷 같은 것을 던져 주었다. 그런데 이렇게 먹을 것을 던져 주면 주변에 있던 원숭이가 달려들었다. 사람과 원숭이가 비스킷을 차지하려고 싸움을 벌여 기차역은 순식간에 아수라장이 되곤 했다.

나는 기차를 타고 가는 동안 중국인 동료들과는 다른 관점에서 인도를 관찰했다. 우리나라가 일본의 식민지였던 것처럼 인도도 영국의 식민지였기 때문이다. 영국은 식민지 인도를 매우 지능적으로 통치했다. 예컨대 교통경찰처럼 일반인들과 직접 부딪쳐야 하는 일은 인도 사람들이 맡고, 영국인들은 앞에 나서지 않았다. 물론 모든 일은 뒤에서 영국 사람이 결정했다. 관공서 창구 직원은 인도 사람이지만, 사무원이 서류를 준비해 뒤에 있는 방으로 들어가면 그곳에서 영국 사람이 가부可否를 결정했다. 세계 각지에 식민지를 두고 통치하다 보니, 식민지 사람들과 가능한 한 부딪치지 않으면서 자기들 이익을 최대한 챙기는 무서운 나라가 영국인 듯했다.

라호르에서 맞이한 광복

우리는 라호르에 도착해 차를 타고 공군 기지로 갔다. 우리가 도착하자 환영하는 뜻에서 비행기 10여 대가 저공비행하며 우리 머리 위를 지나갔다. 라호르 지방은 일교차가 매우 심했다. 낮에는 무척 더워서 군대와 관공서 사람들은 세 시간 정도 휴식을 가졌다. 그러나 중국 훈련생들은 일본과 전쟁 중인 처지여서 단 1분도 쉴 시간이 없었다.

훈련은 기상학, 항공역학, 발동기학 등 비행기 조종과 관련된 배경지식을 쌓는 것부터 시작했다. 실제 비행기를 타기 전까지 공부해야 할 것이 많았다. 조종에 관해서는 이착륙을 가장 먼저 배웠다. 교관이 조종석에서 비행기를 조작하면 뒷좌석에 탄 학생이 그것을 보고 배웠다. 처음에는 지상에서 그렇게 높이 올라가지 않아 대략 300미터 정도 상공을 비행했다.

공중에서는 먼저 네모반듯하게 도는 비행을 훈련했다. 교관은 몇 백 피트 직진하다가 좌측으로 계속 돌았다. 이걸 장주비행이라 불렀다. 장주비행을 하면 무척 더웠다. 햇빛이 반사되는 고도였기 때문이다. 게다가 덮개가 없는 비행기여서 얼굴에 뜨거운 공기가 그대로 부

라호르 공군 기지 시절

오늘날에는 파키스탄 영토에 속하는, 당시 인도령 라호르 공군 기지에서 나는 초등 비행 훈련을 마쳤다. 첫 번째 사진에서 나는 가운데 서 있다. 사진 뒤쪽에 '중국공군군관학교' 교명이 새겨진 문이 보인다. 두 번째 사진에서 나는 왼쪽에서 두 번째에 있다.

딪쳐 왔다. 또한 장주비행을 하면 입술이 말라붙어 다 벗겨졌다.

날이 무척 덥다 보니 일상생활하기도 힘들었다. 학생들은 밤에도 쉽게 잠들지 못했다. 훈련하기 힘든 한낮에는 낮잠 시간을 주었다. 낮잠 잘 때는 바깥의 뜨거운 공기가 들어오지 못하도록 담요를 물에 담갔다가 펼쳐 걸어서 창문을 막았다. 그러나 낮잠 시간을 주어도 저녁때와 마찬가지로 잠들지 못했다. 어떤 사람은 더위를 참지 못하고 샤워 룸에서 한 시간이고 두 시간이고 샤워를 했는데, 그 때문에 병에 걸리기도 했다.

이러다 보니 학생들의 건강이 좋지 않았다. 기술적인 문제가 아니라 건강이 나빠서 훈련을 통과하지 못하는 사람도 많았다. 나는 악조건을 뚫고 겨우 초등 비행 훈련을 마쳤다. 같이 간 학생들은 모두 중국 사람이고, 한국 사람은 나 혼자뿐이었다. 미국에서 정식으로 훈련받은 사람도 공군군관학교 선배 김원영金元英(1919~1945) 씨와 나 둘밖에 없었지만, 안타깝게도 김원영 씨는 1945년 비행기가 추락하여 세상을 떠나 난징의 항공열사공묘航空烈士公墓에 모셔져 있다. 김원영 선배는 임시정부에서 활동한 김보연金甫淵 선생의 아들로, 한국광복진선청년공작대원으로 활동하기도 했다. 그분은 인도에서 훈련을 마치고 미국으로 가서 비행 교육을 받을 때 F-51이 아니라 P-40을 탔다.

훈련을 마치고 미국 본토로 갈 준비를 하는데, 일본이 무조건 항복했다는 소식이 들렸다. 광복은 그렇게 어느 날 갑자기 찾아왔다. 미군과 교육생 할 것 없이 모두 비행기에 올라타 경축 비행을 하며 기쁨을 나누었다. 한번은 일요일에 라호르 시내 극장에 영화를 보러 갔다. 영화 상영 전에 보여 주는 뉴스에서 일본이 무조건 항복하는 장면이 나왔다. 그리고 중앙청 앞에서 동포들이 태극기를 흔들며 만세를 부르는 장면도 나왔다. 그 장면을 보니 가슴이 터질 것만 같았다. 한시라도 빨리 한국으로 돌아가고 싶었다. 중국 학생들도 전쟁이 끝났기 때문에 중국에 돌아가리라 생각하고 있었다.

그런데 결론은 엉뚱하게 내려졌다. 중국도 한국도 아닌, 미국으로 가게 된 것이다. 인도에 와서 초등 비행 훈련을 마친 학생들은 이미 미국의 군사 원조 계획에 포함되어 있었기 때문에, 전쟁이 끝났지만 미국으로 훈련을 받으러 가야 한다는 것이었다. 우리는 그 계획의 마지막 대상자로 미국에 가게 됐다.

5장

미국에서 혹독한 비행 훈련을 받다

조종사가 되기 위해 미국에 가다

"이제 임시정부도 본국으로 들어가야 할 텐데, 형님이 계시지 않으니 제가 아버지를 모시고 들어가겠습니다."

나는 아버지에게 편지를 보냈다. 당시에는 비행 훈련을 받는 동안 사고로 죽는 사람들이 많았다. 그래서 독자獨子는 비행 학교 학생으로 받아들이지 않았다. 나는 형님이 살아 있을 때는 독자가 아니었기 때문에 입교할 수 있었지만 이제 형님이 돌아가신 상황에서 아버지의 허락만 있으면 조국으로 돌아갈 생각이었다. 그런데 아버지의 생각은 나와 달랐다.

"돌아온다니, 무슨 얘기냐? 나라가 수립돼도 너 같은 인재를 양성하려면 오랜 시간이 걸릴 텐데, 너는 이미 발을 들여놨으니 공부를 계속해라."

아버지의 답장은 단호했다. 솔직히 아버지의 편지를 받고 처음에는 섭섭했다. 그러나 나중에 가만 생각해 보니 아버지의 뜻에 고개를 숙이지 않을 수 없었다. 하나밖에 남지 않은 자식을 잃을 수 있는 상황에서도, 오직 나라의 미래만을 생각하셨던 것이니 말이다. 결국 나는 중국 학생들과 같이 미국에 가기로 마음을 굳혔다.

그런데 문제가 생겼다. 나는 한국인이어서 중국 정부가 미국 입국을 위한 신원 보증을 해 주기가 애매했던 것이다. 이 때문에 나보다 앞서 미국에 들어간 김원영 선배는 중국인으로 위장해야 했다. 김원영 선배가 입국할 때만 해도 한창 전쟁 중이어서 당사자 주장을 믿을 수밖에 없었다. 그러나 내 경우는 달랐다. 나는 이미 한국 사람으로 알려져 있어 편법을 쓸 수도 없었다.

중국 영사관 측은 중국 정부에 내 신원 보증 문제를 알렸다. 중국 정부는 '우리와 같이 일본에 대항해서 싸운 집안이다. 문제 삼지 말고 보증을 하라'는 연락을 보내 왔다. 나는 그렇게 신원 보증 문제를 해결하고 라호르에서 기차를 타고 콜카타로 이동해 미국으로 가는 배를 탔다. 군수 물자를 싣고 가는 7천 톤급 리버티Liberty 호였다. 인도양을 지날 때는 대체로 잔잔했지만, 인도양을 지나 홍해를 거쳐 지중해를 통과해 대서양으로 들어서자 풍랑이 심했다. 수십 년 배를 탄 선원들도 먹은 것을 다 토해 냈다.

그렇게 대서양을 건너 1945년 연말 뉴욕에 도착해서 작은 배에 20~25명씩 나눠 타고 브루클린 항구로 들어갔다. 인도나 동남아에서 들어온 배는 세관, 입국 심사, 검역을 특히 철저히 거쳐야 했는데, 열대 지방에서 왔기 때문에 병원균 감염 우려가 큰 탓이었다. 모든 절차를 거치는 일주일 동안 미군 막사에서 지냈다. 기지 식당에는 'POW'라는 글자가 적힌 옷을 입고 근무하는 사람들이 있었는데, '프리즈너 오브 워'Prisoner of War, 즉 '전쟁 포로'들이었다. 모두 독일인이었다.

모든 절차를 마친 다음 뉴욕 시내로 들어가 기차를 타고 텍사스 주 샌안토니오로 갔다. 그곳에서 북동쪽으로 24킬로미터 떨어져 있는 랜돌프Randolph 공군 기지가 최종 목적지였다. 이 기지는 '웨스트포인트 오브 디 에어'West Point of the Air, 즉 '공군의 웨스트포인트(육군사관학교)'라는 별칭으로도 불렸다. 공군사관학교라고 하면 될 것을 왜 이렇게 어정쩡한 별명으로 불렀을까? 당시 공군의 애매한 위치 때문이었다.

제2차 세계대전 당시만 해도 공군은 육군과 해군에 속해 있었다. 그래서 육군항공대, 해군항공대라 불렸다. 공군은 제2차 세계대전이 끝난 뒤에야 육군 및 해군과 분리됐다. 제2차 세계대전에서 공군의 역할은 비약적으로 커졌다. 포병이 포격을 하지 못하는 곳은 공군이 폭격했다. 적의 보급로를 끊고 항만, 철도, 비행장, 군수 공장 등을 폭격했다. 그러나 육군은 자신들이 전투 중인 전선에만 공군을 투입하고자 했다. 이러다 보니 육군과 공군 사이에 마찰이 많았다. 결국 제2차 세계대전이 끝난 뒤에 전략 공군의 필요성이 대두되면서 육군과 공군이 분리됐다.

랜돌프 공군 기지는 특히 훈련 기지로는 세계적으로 손꼽히는 곳이었다. 미국 학생들뿐만 아니라 중국, 남미 지역 학생들도 그곳에서 훈련을 받았다. 우리는 곧바로 랜돌프 기지에서 교육을 받지는 못했다. 그 전에 '샌안토니오 공군사관후보생 교육센터'SAACC(San Antonio Air Cadet Center)에서 3개월간 미국식으로 기본 훈련을 다시 받았다. 교육 내용에 별다른 것은 없었다. 미국식 구령이라든가 미국 군인들이 받는 기본적인 교육 내용이었다. 교육을 마친 후 랜돌프 기지로 다시 이동하는 순간, 조종사가 되겠다는 꿈에 가깝게 다가섰다는 생각에 가슴이 벅차올랐다.

랜돌프 기지의 훈련 과정은 초급Primary, 중급Basic, 고급Advance의 세 단계로 이루어졌다. 우리는 인도에서 초급 과정을 마쳤지만, 초급부터 다시 시작했다. 그래서인지 초급 과정에서는 교관들이 우리에게 잘한다는 칭찬을 아끼지 않았다. 초급, 중급 과정에서 탄 비행기는 PT-17이었다. 인도에서 배울 때는 PT-13을 탔다. 'PT'는 '프라이머리 트레이닝'Primary Training(기초 훈련)의 앞 글자를 딴 것이다.

PT-13은 수동으로 시동을 걸고, PT-17은 건전지를 이용해 자동으로 시동을 걸었다. 이 점을 제외하고는 비행기 모양, 엔진 등 모든 것이 같았다. 별칭도 있었는데, 두 비행기 모두 '스티어맨'Stearman으로 불렸다. 스티어맨 다음에는 AT-6을 탔다. 'AT'는 '어드밴스 트레이닝'Advance Training(고급 훈련)의 앞 글자를 딴 것으로, 별칭은 '택슨'Taxen이었다.

고급 과정 마지막에는 실전에서 사용되는 전투기 P-51을 탔다. 별칭은 '무스탕'Mustang이었다. 공군이 독립하고 나서는 'P' 대신 'F'를 붙여서 불렀다. 'F'는 파이터Fighter, 즉 전투기를 의미했다. 폭격기는 '바머'Bomber의 앞 글자 'B'를 붙여서 불렀다. 어떤 비행기는 'RS'가 앞에 붙었는데, 이건 '리커너선스'Reconnaissance, 즉 정찰기를 뜻했다.

비행 훈련을 할 때 가장 먼저 배우는 것은 이착륙이다. 이외에도 비행과 관련한 발동기학, 기상학, 무전 사용법 등 매우 다양한 것들을 배웠다. 이렇게 기초를 갖춘 다음에야 비로소 공중 조작법을 배웠다. 공중 조작에도 여러 방법이 있다. 예컨대 공중에서 한 바퀴 도는 선회비행 같은 것이 있다. 선회비행에서 어려운 점은 고도를 일정하게 맞추는 것이다. 공중에서 360도 선회비행을 할 때 50피트 이상 고도가 떨어지면 불합격 판정을 받았다. 여러 돌발 상황에 대처하는 법, 이를테면 갑자기 엔진이 멈췄을 때 대처하는 법 같은 것도 배웠다. 이 경우 낙하산을 타고 탈출할 수도 있지만, 불시착Forced Landing하는 방법도 배웠다.

이렇게 기본적인 조작법을 배우고 나서는 공중전과 편대비행 같은 고급 조작법을 배웠다. 야간 비행도 배웠는데, 오히려 주간 비행보다 쉬웠다. 낮에는 착륙할 때 시선이 분산되는데, 밤에는 활주로에 불이 환하게 들어오기 때문에 착륙이 더 쉬웠다. 이륙하는 것도 야간이 더 쉬웠다. 이 밖에도 배울 게 많다 보니 모든 과정을 끝마치는 데 적어도 2년 6개월 정도가 걸렸다.

공군은 전쟁에서보다 훈련 중에 죽는 사람이 더 많았다. 미 공군이 제2차 세계대전 당시 조종사 사망 원인을 조사한 것이 있는데, 격추·기기 고장·기상 악화·훈련 가운데 훈련 중 사망하는 경우가 가장 많았다. 상황이 이렇다 보니 비행 훈련은 매우 엄격하게 진행됐다. 교관들은 훈련생들이 조금이라도 실수하면 욕을 하면서 크게 나무랐다. 긴장이 조금이라도 풀리면 사고 위험성이 그만큼 높아지기 때문이었다.

무스탕을 타고 단독 비행을 하기 전까지는 교관이 훈련생과 함께 훈련기를 타고 교육을 했다. 교관이 앞에 앉고 훈련생이 뒤에 앉았는데, 조종은 같이했다. 조종간이 연결되어 있어서 교관이 조종간을 움직일 때 훈련생이 조종간에 손을 대면 조작법을 배울 수 있었다. 반대로 훈련생이 조종간을 조작하면 교관은 훈련생이 어떻게 조작을 하는지 다 알 수 있었다. 교관은 훈련생이 실수를 하면 정신 차리라는 뜻에서 훈련생의 무릎을 힘껏 때리기도 했다. 얼마나 세게 때렸는지 때때로 훈련생의 무릎에 멍이 들기도 했다.

단독 비행의 짜릿한 추억

기지의 훈련 구역은 A와 B로 나뉘어 있었다. 한쪽에서는 주로 이착륙 연습만 했다. 이착륙에 익숙해지면 교관이 다음 과정으로 가야 할지 말지를 결정했다. 훈련생이 단독 비행을 할 실력이 되면 교관은 날개 끝 손잡이 부분에 빨간 리본을 달아 주었다. 이제 단독 비행을 하게 됐다는 축하와 격려의 뜻이기도 하지만, 초보 단독 비행을 하는 것이니 양보해 달라는 뜻, 즉 자동차에 붙이는 '초보 운전' 표시와 비슷한 것이기도 했다.

나는 인도에 있을 때 이미 단독 비행까지 마쳤다. 그러나 미국에서 처음으로 단독 비행을 할 때는 인도에서와는 또 다른 감동이 밀려왔다. 나는 벅찬 감동을 주체하지 못해 비행을 하며 큰 소리로 노래를 불렀다. 세상이 모두 내 것 같았다. 늘 앞에 있던 교관의 머리를 보지 않아도 되니까 정말로 기분이 좋았다. '하늘을 나는 기분'이라는 말이 실감 났다.

단독 비행을 하다 보면 머릿속에 가장 많이 떠오르는 생각이 가족이었다. 할머니와 부모님 생각이 나서 가슴 뭉클했다. 마음속에 뭔가 형용할 수 없는 자부심이 피어올랐다. 그러나 늘 단독 비행만 할 수는 없었다. 새로운 조종법을 배울 때마다 교관이 탔기 때문이다. 교육의 최종 과정은 단독 장거리 비행이었다. 교관이 어디에 있는 어느 비행장으로 가라고 지시하면, 단독으로 비행기를 몰고 그곳으로 가는 훈련이었다.

미국 랜돌프 공군 기지 시절 첫 번째 사진은 동료 교육생 및 교관과 함께 찍은 것으로, 나는 왼쪽에서 두 번째에 서 있다. 아버님의 혜안이 아니었으면 나는 미국으로 훈련 받으러 가지 않고 곧바로 귀국했을 것이다. 만일 그랬다면 내 인생은 또 어떻게 바뀌었을까, 생각해 보기도 한다.

나는 장거리 비행 훈련을 위해 랜돌프 기지에서 동쪽으로 멕시코 만에 있는 해군 기지로 가게 됐다. 멕시코 만 상공에 도착하니 해군 기지가 여러 곳 보였다. 나는 그중 한 곳에 착륙을 시도했다. 그런데 해군은 주로 항공모함에서 이착륙을 하기 때문에 착륙 방식이 공군과 달랐다. 해군기는 항공모함의 짧은 활주로에 내리기 위해 단번에 착륙하는 훈련을 했다. 반면에 공군기는 먼저 앞바퀴 두 개를 착지시키고, 속도를 서서히 줄이며 뒷바퀴가 지면에 닿게 하는 착륙 훈련을 했다.

착륙을 무사히 마치고 비행기에 연료를 넣으러 이동했다. 비행기 시동을 끄고 기름을 넣고 있을 때 한 장교가 지프차를 타고 와서 욕을 하며 나를 노려봤다. 무슨 영문인지 몰라 장교에게 랜돌프 기지에서 왔다고 말했다. 장교는 상관없다는 듯 다짜고짜 나에게 화를 내며 말했다.

"착륙을 왜 그따위로 하는 거야?"

나처럼 착륙하다가는 비행기가 항공모함을 벗어나 바다에 처박힐 수 있기 때문에 그렇게 험한 말을 했던 것이다. 해군 비행장에서 기합을 단단히 받고 왔는데, 본부로 돌아와 또 욕을 먹었다. 욕먹은 이유는 달랐다. 랜돌프에서 욕먹은 이유는 지정해 준 비행장이 아닌 다른 비행장에 내렸기 때문이었다. 해군 기지에는 비행장이 여러 개 있었는데, 모두 비슷비슷하게 생겨서 실수를 했던 것이다. 욕을 배부르도록 얻어먹기는 했지만 큰 사고 없이 장거리 비행을 마쳤다.

랜돌프에서 훈련받을 때 휴일이 되면 샌안토니오 시내에 나가곤 했다. 당시만 해도 미국은 인종 차별이 매우 심했다. 기차역, 학교, 직장 등 거의 모든 장소에 흑인과 백인 구역이 나누어져 있었다. 우리는 시내에서 극장 같은 공공장소에 갈 때가 무척 난처했다. 백인과 다른 유색 인종이기는 하지만 흑인하고도 달랐으니 말이다. 극장에 들어갈 때

랜돌프 기지에서 훈련받은 중국 공군군관학교 교육생들과 미군 교관들

첫 번째 사진은 1946년 10월 15일에 찍은 것으로, 나는 앞줄 앉아 있는 사람들 가운데 오른쪽에서 네 번째에 있다. 두 번째 사진은 1947년 2월 17일에 찍은 것인데, 첫 번째 사진과 비교해 보면 많은 교육생들이 중도 탈락했다는 것을 알 수 있다. 나는 맨 뒷줄 왼쪽에서 여섯 번째에 서 있다.

어느 구역으로 가야 할지 물어보니, 안내원은 백인 구역으로 가라고 말했다. 어딜 가든 조심하면서 물어보는 수밖에 없었다.

텍사스 주 랜돌프 공군 기지에서 훈련을 마치고 애리조나 주 피닉스에서 동남쪽으로 50킬로미터 정도 떨어져 있는 윌리엄스 기지로 갔다. 그곳에서는 주로 무스탕을 탔는데, 미군들은 '슈팅스타'Shooting Star라는 별칭을 지닌 F-80 제트기를 탔다. 피닉스 지역은 무척 더웠다. 낮에는 섭씨 약 38도까지 올랐다. 한낮에 비행기를 타려고 기체에 손을 대면 델 정도로 뜨거웠다. 비행복을 갖춰 입고 낙하산까지 둘러메고 비행기에 올라타면 온몸이 순식간에 땀으로 뒤덮였다.

윌리엄스 기지에서도 주말이면 시내에 나갔다. 피닉스 시내에는 한국 영감님이 한 분 살고 계셨다. 하와이와 LA 등지에서 살다가 한국 사람들끼리 싸우는 게 보기 싫어 그곳으로 왔다는 분이었다. 내가 알음알음 찾아갔더니 반갑게 맞아 주셨다. 그러면서 일요일마다 들르라고 하셨다. 영감님의 성함이 잘 기억나지 않지만, 정씨 성을 가진 분으로 기억한다.

한번은 쉬는 날 더위를 피하기 위해 중국 학생들과 시내 수영장엘 갔다. 그런데 관리인이 우리를 막아섰다. 유색 인종이기 때문에 입장할 수 없다는 것이었다. 중국 학생들이 흥분하며 말했다.

"우리는 너희들과 같이 목숨을 걸고 일본과 싸운 동맹국 사람들이란 말이다."

중국 학생들이 격렬하게 항의하자 관리인은 다른 곳에 연락해 보더니 우리를 들여보내 주었다. 샌안토니오에는 외국 사람들이 많이 오기 때문에 나름 우리를 대우해 주었지만, 피닉스는 유색 인종에게 매우 까다로운 곳이었다. 식당이나 극장 출입도 어려웠고, 기차를 탈 때도 백인과 유색 인종이 기다리는 장소가 달랐다. 그러나 미국 정부는 우리를 미군과 똑같이 대우했다. 숙식을 무료로 제공하고, 한 달에 50달러씩 급료도 줬다. 맥주 한 병이 5센트, 차에 기름 채우는 데도 20센트 정도였을 때니, 쓸 만큼 쓰고도 월급의 반 정도는 남았다.

이승만 박사와의 첫 만남

랜돌프 공군 기지 시절, 1946년 성탄절이 다가오고 있을 때였다. 미국 사람들은 성탄절 전후로 2주 정도 연휴를 누리며 대부분 고향엘 간다. 그러나 나는 갈 곳이 없었다. 마침 이승만 박사로부터 편지가 왔다. 워싱턴으로 만나러 오라는 내용이었다. 아버지가 이승만 박사가 미국에 간다고 하니, 기회가 생기면 나를 좀 만나 보라 부탁하신 모양이었다.

나는 워싱턴까지 어떻게 가야 하나 고민했다. 교관 중 한 사람이 폭격기를 타고 뉴욕으로 간다는 말을 했다. 나는 그에게 부탁해 중국인 동창 한 명과 함께 폭격기를 타고 뉴욕으로 갔다. 뉴욕에서 워싱턴까지는 기차로 네 시간 정도 걸렸다.

인도에서 랜돌프 비행장으로 올 때는 시간이 없어 뉴욕을 둘러보지 못했기에, 나와 동창은 타임스 스퀘어와 5번가 등 시내 중심가를 돌아다니며 구경했다. 잠은 YMCA가 운영하는 숙소에서 하룻밤에 1달러를 주고 잤다. 한 방에 여러 명이 지내며 목욕실과 화장실도 공동으로 사용했다. 숙소에서 멀지 않은 차이나타운도 구경했다. 1947년 새해 12시가 막 되려는 순간, 거리에서 군인들이 여성들을 따라가다가 무작정 키스하는 진풍경도 보았다. 우리는 그걸 넋을 놓고 지켜보며 걷다가

미국 워싱턴 의사당 앞에서 1947년 1월 워싱턴을 방문하여 이승만 박사와 처음 만났다.

전봇대에 부딪치기도 했다.

그렇게 구경하며 돌아다니다가 YMCA 근처에서 우연히 안정근 선생의 둘째 아들 안진생安珍生 씨를 만났다. 안진생 씨는 전쟁 중에 중국의 위빈于斌 가톨릭 총주교가 이탈리아로 유학을 보내 주어 제노바대학 공대에서 조선학造船學을 공부했다. 위빈 총주교는 교황청대학과 볼로냐대학에서 공부한 분이어서 이탈리아와 인연이 깊었다. 안진생 씨는 무솔리니 정권을 전복시키기 위한 지하운동에도 참여했다고 한다. 그는 나중에 이탈리아, 프랑스, 미얀마 등에서 외교관으로 활동했다. 안진생 씨는 잠시 미국에 들른 것이라는데, 정말 우연히 만났던 것이다.

우리는 안진생 씨와도 함께 여러 곳을 다니며 많은 구경을 했다. 지하철을 타고 돌아다니다가 로컬Local과 익스프레스Express를 구분하지

못해 고생하기도 했다. 로컬은 역마다 서고, 익스프레스는 몇몇 역에
만 서는 급행 지하철이었다. 이를 알지 못한 채 익스프레스를 타서 내
릴 곳에서 못 내리고 쩔쩔맸다. 보다 못한 미국 사람이 로컬로 갈아탄
뒤에 어디어디에서 내리라고 가르쳐 주어 낭패를 면했다.

뉴욕에서 며칠 머물며 구경하다가 이승만 박사를 만나기 위해 워싱
턴으로 갔다. 당시 임병직林炳稷이라는 사람이 이승만 박사의 비서 역
할을 하고 있었다. 그는 이승만 박사를 만나 오랫동안 따라다니다 보
니 자연스럽게 비서 역할을 하게 됐다. 나중에 그는 외무부 장관과 유
엔 대사로 활동했다. 이 박사는 임정에 건의해 임병직 씨를 광복군 장
교로 임명하게 했다.

임병직 씨는 미국에서 광복군 복장을 맞춰 입고 다니다가 미군 헌
병에게 체포되었다. 요란한 군복을 입은 동양인이 돌아다니고 있으니
헌병 눈에 띄지 않을 수가 없었다. 게다가 수교도 하지 않은 나라 사람
이 군복을 입고 다니는 것 자체가 문제가 될 수밖에 없었다. 이승만 박
사가 나서서 해결하기는 했지만, 자칫 큰 문제가 될 수도 있었다.

이승만 박사는 백악관 바로 근처 칼튼호텔에서 나를 맞아 주었다.
이런저런 애기를 나누고 헤어질 때쯤, 이 박사는 내일 린위탕林語堂 박
사와 식사 약속이 있는데 그분 집에 같이 가자고 했다. 내가 중국어를
할 줄 알았기 때문에 린위탕 박사에게 소개시켜 주고 싶었던 모양이
다. 다음 날 이 박사와 함께 린위탕 박사 집을 방문했다. 이 박사는 린
위탕 박사에게 나를 소개했다.

"이 사람은 한국 사람으로 김구의 아들입니다. 지금은 중국 공군에
소속되어 있습니다."

소개를 들은 린위탕 박사는 나를 반갑게 맞아 주었다. 나는 워싱턴

에서 이 박사를 만나는 것 외에 특별히 할 일이 없었다. 작별 인사를 드리고 워싱턴을 떠났다. 워싱턴에 올 때는 뉴욕까지 공짜 비행기를 타고 왔지만, 돌아갈 때는 그럴 수 없었다. 미국은 기차 요금이 비싼 편이어서 중국인 동창과 함께 그레이하운드 장거리 버스를 탔다. 4시간마다 한 번씩 정차하고 쉬면서 가는데, 워싱턴에서 샌안토니오까지 이틀 정도 걸릴 예정이었다.

그런데 댈러스 근처에서 폭설 때문에 버스가 멈춰 서고 말았다. 길이 뚫리길 기다리며 그곳에서 하룻밤을 묵었는데, 돈이 다 떨어지고 말았다. 시계를 전당포에 맡기고 몇십 달러를 받아 샌안토니오로 돌아올 수 있었다. 도착하자마자 코피가 터졌다. 버스 타고 오면서 너무 고생을 했기 때문이었다. 교관들에게 워싱턴에서부터 그레이하운드 버스를 타고 왔다고 하자, 그걸 타고 어떻게 여기까지 왔냐며 입을 다물지 못했다.

당시의 만남이 이승만 박사와 나의 첫 만남이었다. 이승만 박사는 1875년생으로 아버지보다 한 살 위였다. 안창호 선생은 아버지보다 두 살 아래(1878년생), 안중근 의사는 안창호 선생보다 한 살 아래였다(1879년생). 나는 아버지와 이승만 박사, 그리고 안창호 선생과 안중근 의사의 나이를 괜히 헤아려 보기도 하면서, 만감이 교차했다. 문득 해방된 조국의 안부가 궁금해졌다. 내가 돌아가야 할 나의 조국. 사무친 그리움이었다.

그리운 고국으로 향하다

샌안토니오와 애리조나에서 훈련을 마친 우리는 기차를 타고 LA로 갔다. LA에서 샌프란시스코로 향하기 전에 하루를 묵었다. LA에는 하와이 다음으로 한국 사람이 많이 살고 있었다. 시내를 돌아다니다가 이 박사를 지지하는 동지회同志會(대한인동지회) 사무소를 우연히 발견했다. 반가운 마음에 불쑥 들어갔다. 사무소 사람들은 군복 입은 사람이 갑자기 들어오자 놀라며 쳐다봤다. 나는 이런 사람이고, 이러이러한 이유로 미국에 오게 됐다고 말하니 모두들 반가워했다.

나는 국민회國民會(대한인국민회)에도 가 보고 싶어서 국민회는 어디에 있느냐고 물었다. 그러자 사람들이 갑자기 안색을 바꾸었다. 떨떠름한 표정을 지으며 바로 길 건너편에 있다고 가르쳐 주었다. 그들은 임시정부와 안창호 선생을 지지하는 국민회에 적대적이었다. 나는 화가 나서 말했다.

"아니 선생님들, 이 먼 데까지 와 가지고 아직도 서로 싸우십니까? 단결해도 시원찮을 판에 이게 무슨 꼴입니까? 미국은 세계 각국 사람들이 모여서 이렇게 훌륭한 국가를 만들어 가고 있는데, 우리는 작은 나라에서 와서 무슨 파, 무슨 파로 나눠서 싸우니, 도대체 말이 되는 얘깁니까? 이러니 우리가 망국노亡國奴라는 말을 들으면서 유랑 생활을 해야 하는 거 아닙니까?"

이렇게 한바탕 열변을 토한 후에 국민회를 찾아갔다. 국민회 사람들은 김구 선생의 아드님이 오셨다며 반갑게 맞아 주었다. 국민회 사람들은 동지회 사람들을 그렇게 적대시하는 것 같지 않았다. 국민회 사람들은 내가 워싱턴으로 이 박사를 찾아가 성탄절과 연말을 보내고 왔다고 하자, 그랬냐고 하면서 별다른 반응을 보이지 않았다. 그러나 이미 동지회에서 기분 나쁜 일을 겪었기 때문에 국민회 사무실에서도 마음이 편치는 않았다.

우리는 LA에서 기차를 바꿔 타고 샌프란시스코로 갔다. 그곳 기지에 잠시 머물다가 드디어 배를 타고 금문교 밑을 지나는데, '아, 이제 미국과도 작별이구나! 다시 올 수 있으려나' 하는 생각이 들며 감회에 젖었다. 수송선은 하와이에 잠시 머물다 상하이로 갈 예정이었지만, 하와이 근처의 기상이 악화되어 알래스카 쪽으로 돌아가게 됐다. 여름철인 데다 하와이로 가는 줄 알고 모두 짧은 옷을 입고 탔는데, 갑자기 북쪽으로 향하니 혹한에 떨어야 했다. 일을 안 하면 뱃멀미가 더 심해지기 때문에 저마다 배에서 할 일을 배정받았다. 대부분 각자가 생활하는 구역 주변을 청소하는 일을 했다.

나는 미국에서 훈련받는 틈틈이 한국에 가지고 갈 물건을 조금씩 샀다. 그 가운데 윌리엄스 기지를 떠나기 직전에 산 제니스 라디오가 가장 기억에 남는다. 건전지를 넣어 언제 어디서나 들을 수 있는, 당시로서는 획기적인 라디오였다. 수송선을 타고 가다가 일본 남쪽 바다에서 상하이로 향할 즈음, 라디오를 틀었더니 서울 방송이 나왔다. 라디오가 그때처럼 고마웠던 적은 그 전에도 이후에도 없었다.

나는 1947년 8월 말 상하이에 도착한 뒤 난징으로 가서 제대 수속을 밟았다. 그런데 한국으로 갈 교통편이 없었다. 나는 안정근 선생을 찾아갔다. 당시 상하이 홍커우공원(지금의 루쉰魯迅공원) 근처에 살고 계셨던 선생은 한국구제총회韓國救濟總會 회장으로 교민들 돌보는 일을 하면서, 김인 형님과 안미생 형수 사이에서 태어난 나의 조카 김효자를 맡아 기르고 있었다. 당시 형수는 아버지와 같이 귀국해 서울에 있었다. 나는 안정근 선생에게 난징에서 제대 수속을 마친 뒤에 조카를 데리러 오겠다고 말했다.

제대 수속을 하러 난징에 갔을 때 주화대표단駐華代表團의 민필호閔弼鎬 선생을 만났다. 주화대표단 단장 박찬익朴贊翊 선생은 당시 만주에 머물고 있었다. 주화대표단은 중국에 있는 우리 동포들이 일본 측에 붙었다고 오해를 받기도 하는 상황에서, 동포들을 돕기 위해 중국 각지에 흩어져 활동하고 있었다.

민필호 선생은 난징 지역 책임자였는데, 나에게 난징에 온 김에 중국 국민당 사람들을 만나 보고 인사나 하고 가라고 권했다. 그리고 아버지를 도와준 적 있는 천궈푸陳果夫 선생에게 연락해서 내가 찾아뵐 수 있도록 해 주었다. 나는 천궈푸 선생을 만나 인사를 드렸다. 난징에 있는 동안 대표단 지프차를 빌려 시내를 둘러봤는데, 내가 어릴 때와 달라진 것이 별로 없었다. 제대 수속은 일사천리로 진행됐다. 아버님이 충칭을 떠나기 전 장제스 총통에게 미리 부탁해 두었던 것이다.

"우리 막둥이 놈이 중국 공군 소속으로 미국에 가서 공부를 하는 중인데, 전쟁 끝나고 돌아오거든 나한테 돌려보내면 좋겠습니다."

상하이로 돌아와서는 김동수金東洙 선생을 만났다. 김동수 선생은 상하이가 일본군 수중에 있을 때 이하유李何有, 이재현李在賢, 그리고 우리 형님 등과 함께 지하공작을 했다. 일본군도 영국과 프랑스 조계租界는 함부로 건드릴 수 없었기 때문에 지하공작을 할 수 있었다. 그러나 일본군의 첩보망에 걸려 버틸 수 없어지자 상하이를 떠나 충칭으로 피했다가 일본이 항복한 뒤에 상하이로 돌아와 있었다.

김동수 선생은 어머니가 상하이에 계셨기 때문에 임정 사람들이 1차로 귀국할 때 동행하지 못했다. 선생은 나중에 귀국해 군에 입대해

서 장군까지 됐다. 광복 후 임정 사람들은 몇 번에 나누어서 귀국해야
했다. 나중에 내가 장인어른으로 모신 임학준 선생도 해방 후에 곧바
로 귀국하지 못했다. 임학준 선생은 영국 조계의 전차 회사에서 근무
했다. 임정 요인이었던 장두철張斗澈 선생도 곧바로 귀국하지 못했다.
장두철 선생은 큰 회사의 재무를 관리하는 일을 하고 있었다.

김동수 선생은 이렇게 상하이에 남아 있던 임학준·장두철 선생 집
으로 나를 데려갔다. 나는 임학준·장두철 선생의 딸들과도 자연스럽게
인사를 나누었다. 김동수 선생은 내가 나이도 차고 했으니 결혼해서
아버지를 모시라는 뜻으로 두 집안을 소개했던 것이다. 나는 선생의
뜻은 까맣게 모른 채 조카 김효자를 데리고 부산으로 출발하는 배에
올랐다. 일본군 포로들 중 부상자들을 싣고 가는 병원선이었다. 상하
이에 살던 한국인들도 꽤 많이 승선했다. 미군들은 포로들을 배 아래
로 몰아넣고, 한국인들에게는 꽤 좋은 장소를 배정해 주었다.

부산에 도착해서 곧바로 다른 곳으로 이동하지는 못했다. 콜레라가
유행하던 때라 검역을 마친 뒤 항구를 벗어날 수 있었다. 9월 초여서
아직 날씨가 더웠다. 검역하는 동안 더위를 참지 못하고 바다에 뛰어
들어 수영을 했다. 검역과 수속을 마치고 조카와 함께 기차를 타고 서
울로 향했다.

당시 1947년 9월 4일 자《동아일보》는 나의 귀국 소식을 이렇게 전
했다.

김구 선생 영식 김신 군은 상하이를 거쳐 미국 배편으로 부산에 상륙해
2일 하오 8시 5분 서울역 도착. ……군은 중국 쿤밍 군관학교에서 수
학, 인도로 넘어간 뒤 미국으로 가서 텍사스 주에 있는 항공 학교를 졸

업하고 돌아오는 길이라 한다. 군은 다음과 같이 감상을 말한다.

"13년 만에 고국에 돌아오니 기쁨과 감격을 무어라 말할 수 없습니다. 오래 외국에 있었기 때문에 언어가 마음대로 통하지 않아서 자세한 말은 단시간에 하기 어려우나, 연로하신 아버지를 모시고 건국을 위해 일하려고 합니다. 배운 것이 항공 기술이니만큼 조선의 항공 국방을 위해 노력하겠습니다."

6장

조국의 하늘에 드리운 암운

아버지와의 재회, 그리고 혼담

한밤중에 서울에 도착해서 경교장京橋莊을 찾아갔다. 해방 후 경교장에는 아버지뿐만 아니라 다수의 임시정부 요인들이 함께 머물렀다. 그러나 내가 찾아갔을 때는 임시정부 요인들이 명동의 한미호텔에 방을 얻어 지내고 있었다. 그곳에서 지내는 사람들은 가족이 없는 사람들이었다. 가족 있는 사람들은 각자 집에서 가족과 함께 지냈다.

경교장에 도착하니 아버지가 비서와 경호관, 그리고 식모 일 하는 아주머니와 자리를 지키고 계셨다. 아버지와 만난 다음 날 평생 처음으로 아버지와 겸상을 했다.

'아! 이런 날이 다 오는구나!'

기쁘고 또 기쁘면서, 한편으로는 슬프기도 했다. 경교장에서 아버지와 많은 시간을 보내지는 못했다. 내가 왔다는 소식이 퍼지자 여기저기서 식사 대접을 하겠다고 불러냈기 때문이다. 아버지는 내가 이곳저곳 불려 다니며 술 먹고 들어오는 것을 보시고 한국에서 술 마실 때

주의할 점을 일러 주셨다.

"중국에서는 내가 술이 약하면 비서나 친구가 술을 대신 마셔 주는 게 용납되지만, 한국에서는 절대 용납이 안 된다. 실제로 중국에서 살다가 한국에 돌아온 젊은 사람들 중에 이런 문화를 몰라서 실수한 사람도 있다."

아버지는 또 이렇게 말씀하셨다.

"술 먹고 실수 안 할 자신이 있으면 모르지만, 자신 없으면 술을 아주 끊어 버려라."

나는 그다음부터 어딜 가서 술을 먹든 늘 긴장한 상태에서 마셨다. 그 덕분인지 술을 많이 마셔도 실수하거나 못 일어나는 일은 없었다. 술 마시는 법 외에도 10년 넘게 외국에서 살다 돌아오니 낯선 점이 많았다. 한자만 해도 중국식 한자가 아니라 일본식 한자를 쓰고 있었다. 거리에서 부부가 길을 가는데, 남편이 앞서 걸어가면 몇 발자국 뒤에서 아내가 뒤따라가는 것도 이상해 보였다.

일요일만 되면 아버지는 나를 한경직韓景職 목사가 설교하는 천막 교회에 데려가셨다. 이북 사람들이 모여서 예배드리는 교회였다. 소련 군이 북에 주둔하면서 남쪽으로 내려오는 사람들이 많았다. 나는 교회에서 북쪽 돌아가는 상황을 들을 수 있었다. 이런저런 일을 하면서 어느 정도 시간이 흐르자, 아버지는 나에게 나이가 찼으니 장가를 가라고 하셨다. 내가 오기 전부터 여러 사람이 아버지에게 내 얘기를 물어보고 여성을 소개해 주려 준비하고 있었던 것 같았다.

당시 남성들의 결혼 적령기는 스물서넛 정도였는데, 내 나이 스물일곱이었으니 결혼이 늦은 셈이었다. 내가 스물일곱 살이라고 하면 한 번쯤 결혼을 했으리라 여기는 이들도 많았다. 나는 아버지에게 당장은 결혼하지 않겠다고 말씀드렸다. 할머니가 돌아가시기 전 나에게 서른 살 전에는 장가가지 말라고 말씀하셨기 때문이다. 할머니는 가족을 먹여 살릴 능력이 있을 때 결혼해야 한다 생각하셨고, 그러자면 서른 살은 되어야 한다고 보신 것이다. 할머니는 나에게 신신당부하셨다.

"능력도 없는데 결혼을 일찍 하면 괜히 고생만 한다. 남자는 서른 살에 해도 괜찮으니까 너는 서른 넘으면 해라."

그때는 어려서 이해하기 힘들었지만, 커서 생각해 보니 일리 있는 말씀이었다. 한편으로는, 이제는 나라도 해방이 됐고 귀국도 했으니, 결혼하는 것도 나쁘지 않겠다는 생각이 들었다. 생각 끝에 아버지에게 결혼을 하겠다고 말씀드렸다. 주위 사람들이 중간에서 열심히 다리를 놔 주었다. 특히 소학교를 같이 다닌 김대언金大彦이라는 친구가 적극적이었다.

"야, 오늘 저녁에 너를 초대했으니까 한번 가 봐라."

김대언이 다짜고짜 초대에 응하라는 말을 하자 나는 궁금증이 생겨 물어보았다.

"어떤 집인데?"

"미국 유학했던 분의 집이야. 일단 한번 가 봐."

김대언은 나에게 자세한 사항은 알려 주지 않았다. 초대를 했다니 안 가 볼 수가 없어 찾아갔더니, 상다리가 부러지도록 음식을 내왔다. 나는 집주인과 이런저런 얘기도 하고 술도 마셨다. 식사가 끝날 무렵 한 아가씨가 한복을 곱게 차려입고 과일을 깎아 놓은 쟁반을 들고 왔다. 아가씨는 부끄러웠던지 얼굴이 홍당무가 돼 가지고 고개를 푹 숙이며 들어왔다. 무슨 영문인지 몰랐지만 나중에 알고 보니 선을 본 것이었다. 이틀 후 김대언이 나를 찾아왔다.

“그날 어떻더냐?”

“음식 대접 잘 받고, 잘 놀다 왔어.”

김대언이 답답해하며 말했다.

“아니 그게 아니고, 그 아가씨 잘 살펴봤어?”

“얼굴이 홍당무가 돼 가지고 머리를 푹 숙이고 들어오는데 어떻게 보냐?”

김대언은 나에게 우격다짐으로 약혼을 하라고 말했다. 어이가 없었다. 극장에도 좀 다니고 하면서 자유 교제를 하고 결혼을 생각해야지, 얼굴 한번 제대로 못 본 채 약혼한다는 것은 말도 안 된다고 생각했다. 김대언은 나에게 교제를 하려면 약혼부터 해야 하는 이유를 설명했다.

“교제하다가 나중에 그 여자하고 결혼하면 문제없지만, 만일 결혼을 안 하면 그 여자는 시집을 못 가.”

나는 이해가 되지 않아 왜 그러냐고 물어보았다.

“교제만 하고 결혼을 안 하면 남자하고 놀아나다가 퇴짜 맞아서 결혼도 못했다는 식으로 소문이 나거든.”

아무튼 내가 약혼을 할 수 없다고 하자, 김대언은 여러 다른 집에 나를 소개했다. 김대언은 나에게 들은 말이 있어서 그런지, 여자들에게 나를 보러 들어갈 때 얼굴을 좀 들고 들어가라고 일러 준 모양이었다. 그러나 여자들은 마지못해 얼굴은 좀 들어도 눈은 여전히 땅바닥을 바라본 채 들어왔다. 김대언은 내가 여자를 보고 오면 질문을 쏟아냈다.

“이번은 어떠냐?”

나는 그냥 느낀 대로 대답을 했다.

“인물은 괜찮은 거 같다.”

이런 말을 하면 김대언은 서슴없이 그 여자와 약혼하라는 말을 했다. 나를 생각해 주는 친구가 고맙기는 했지만, 이런 식으로 결혼할 수는 없었다.

경교장에서 아버지를 도우며

내가 다시 귀국한 것은 1947년 9월, 내 나이 스물일곱 때였다. 젊은 나이에 온갖 일을 다 겪고 귀국하니 감정이 복잡 미묘했다. 한편으로는 기쁘면서도 한편으로는 슬픈 마음이 들었다. 1934년에 중국으로 탈출했으니 13년 만의 귀국이었다. 게다가 나는 중국, 인도, 미국을 거쳐 돌아왔으니 지구를 한 바퀴 돌고 온 셈이었다. 고되고 위험한 나날들이었지만 그렇게 여러 곳을 돌아다닌 덕분에 세상 보는 눈은 넓어졌다고 자신할 수 있었다. 당시 내 또래 중에서 나처럼 많은 곳을 돌아보고 온 사람은 드물었다.

여러 나라를 돌아다니면서 가장 뼈저리게 느낀 것은 나라 없는 슬픔이었다. 특히 인도에서 미국으로 떠날 때 국적 때문에 문제가 됐던 설움은 컸다. 다행히 중국 정부 측에서 신원을 보증해 주어 떠날 수 있었지만, 중국 정부에서 나 몰라라 했다면 해방된 조국의 조종사가 되겠다는 꿈은 이룰 수 없었을지도 모른다.

나는 어릴 때 중국에 들어간 때문인지 처음에는 나라 없는 설움을 별로 느끼지 못했다. 그러다 학교에 다니면서부터 조금씩 느끼기 시작했다. 학생 중에는 일본의 침략 때문에 자신이 살던 곳을 떠나온 유망流亡 학생들이 많았다. 유망 학생들은 한국 학생이든 중국 학생이든 살던 곳을 빼앗겼다는 서러움을 공통적으로 진하게 느꼈다.

어쩔 수 없이 조국을 떠나 중국으로 이주한 사람들은 조국에 대해 좋은 감정만 갖고 있었다. 나라를 빼앗긴 채 중국으로 흘러들었기 때문인지, 조국의 것이라면 나쁜 것도 좋게 생각하는 경향이 있었다. 13년 만에 조국 땅을 밟으니 내게는 뭐든지 예뻐 보였다. 한복 입고 돌아다니는 사람들을 보며 '아, 우리 동포구나' 하는 생각을 했다. 모든 것이 신기하면서도 기쁜 마음이었다. 그러나 임시정부 어르신들이 그렇게 자랑하시던 금수강산의 모습은 보이지 않았다. 산이란 산의 나무는 온통 베어져 헐벗은 모습이었고, 사람들도 헐벗고 굶주려 보였다. 해방은 끝이 아니라 시작이었다.

결혼 문제는 흐지부지되고 시간이 흘러 1948년이 되자 국내 사정은 대단히 복잡해졌다. 신탁통치 문제로 좌우익의 관계는 꼬여만 갔다. 나는 혼란 속에서도 다만 아버지를 모시는 일에 주력했다. 그렇다고 내가 아버지의 비서 역할을 혼자 도맡았던 것은 아니다. 아버지의 수행 비서는 선우진鮮于鎭 씨였다.

선우진 씨는 평북 정주 출신으로, 만주 신경대학에 다니다가 광복군에 참여해 총사령부 정훈처政訓處에서 선전 및 시사 방송을 담당했다. 1945년 1월부터 아버지의 수행 비서 역할을 했다. 선우진 씨 대신 내가 맡은 심부름은 따로 있었다. 아버지와 이승만 박사의 편지 심부름이었다. 내가 귀국했을 때 이 박사는 돈암장敦岩莊에 머물고 있었다. 이 박사가 이화장梨花莊에서 살기 시작한 것은 1947년 11월부터였다. 내가 편지를 전하러 가면 문간에서 곽영주郭榮周 씨가 매번 나를 맞이했다.

"박사님이 기다리십니다. 어서 들어가 보세요."

아버지, 조카 김효자와 함께 경교장에서

아버지는 손녀를 무척 아끼며 귀여워해 주셨다. 임시정부 시절에도 아버지는 어린 아이들만 보시면 "요, 요 이쁜 것!" 하며 아끼셨다. 비록 아이들은 "호랑이 할아버지다!" 하며 달아나기 바빴지만.

곽영주 씨는 이 박사의 총애를 받아 1956년에는 경무대 경찰서장
(지금의 청와대 경호실장)으로 승진했다. 그러나 정치깡패를 비호하고 4·19
혁명 때 학생 시위대를 향한 발포 명령을 내려 5·16군사쿠데타 이후
사형당했다.

내가 경교장에서 아버지를 도우며 소일할 때 정인보鄭寅普 선생이
경교장을 자주 찾아오셨다. 어느 날 정인보 선생은 별로 할 일이 없어
보이는 내가 딱했던지 한 가지 제안을 하셨다.

"자네, 한문을 잘 아니 학교에서 한문을 가르쳐 보는 건 어떻겠
나?"

나는 선생의 제안을 완곡히 거절했다. 선생은 나에게 거절하는 이
유를 물어보셨다. 나는 할 수 없이 거절한 이유를 말씀드렸다.

"한문은 아는데, 한국말이 좀 모자랍니다."

그 뒤로 정인보 선생은 나에게 한문을 가르쳐 보라는 말을 하지 않
으셨다. 언젠가 집 안 정리를 하다가 아버지가 '위당인형동지'爲堂仁兄同
志라고 적어 놓은 오래전 사진을 찾아냈다. 나는 그때까지도 정인보 선
생의 호를 모르고 있었다. 정인보 선생의 아들 정양모鄭良謨 씨가 나를
찾아왔을 때, 사진 속 정인보 선생의 호가 위당이겠거니 짐작하고 정양
모 씨에게 물었다. 대답을 듣고 정양모 씨에게 그 사진을 건네주었다.

아버지 김구, 방북을 결심하다

이승만 박사는 1946년 6월 3일 정읍에서 남쪽만의 단독 정부 수립이
필요하다는 요지의 발언을 했다. 아버지는 이 박사의 주장에 불같이

화를 내셨다.

"그렇게 하려면 독립운동을 왜 했는가? 남한만의 단독 정부는 절대로 안 된다. 남북이 갈라지면 동족상잔의 전쟁밖에 할 것이 없다."

아버지는 같은 민족끼리 총부리를 겨누는 비극만은 피하고 싶었기에 이승만 박사와 다른 노선을 택했다. 이승만 박사는 군정이 끝난 뒤, 국내에 자기 기반이나 세력이 없었기 때문에 친일파들을 받아들였다. 당시만 해도 임정의 한독당 세력이 강했기 때문에 친일했던 사람들은 이승만 박사를 옹립하는 데 더욱 필사적이었다. 이런 식으로 아버지와 이승만 박사의 관계는 벌어지기 시작했다. 북쪽은 북쪽대로 사실상 공산 통치 기반을 다 닦아 놓은 상태였다.

그러나 아버지는 민족이 위급한 상황에 놓여 있다 판단했기에 북측에 남북 정치 지도자 회의를 제안하고, 1948년 4월 19일 북으로 가겠다고 선언하셨다. 임시정부 사람들은 대부분 아버지의 결정을 지지했다. 그러나 아버지는 경교장을 쉽게 빠져나가지 못했다. 학생들이 경교장을 둘러쌌기 때문이다. 학생들은 아예 경교장 앞마당에 드러누워서 외쳤다.

"북에는 절대로 못 가십니다."

아버지는 길을 막는 학생들을 설득하셨다.

"내가 지금 가는 것은 우리 민족을 살리기 위해서다. 우리가 독립운동을 한 것은 민족이 분열되는 것을 보려고 한 것이 아니다. 되든 안 되든 하나의 정부를 만들기 위해서 노력해야 한다. 어렵다고 그냥 주저앉는다면 우리는 역사의 죄인이 된다."

그러나 학생들은 길을 터 주지 않았다. 그래서 내가 꾀를 하나 냈다. 경교장 뒤를 둘러보니 사과 궤짝 같은 것을 받쳐 놓고 뒤편 담을 넘어갈 수 있을 것 같았다. 마침 자동차는 수리를 받느라 경교장 밖에 있었다. 나는 떠날 준비를 모두 마친 뒤 아버님을 모시고 지하실로 내려갔다. 그리고 전화 연락을 해서 운전사 정태훈 씨에게 경교장 뒤쪽으로 차를 대라고 했다. 그다음 선우진 씨를 불러 지하실을 통해 경교장 뒤로 가서 담을 넘었다. 나는 아버지와 함께 뒷자리에 타고, 선우진 씨는 운전석 옆에 탔다. 그렇게 우리는 평양을 향해 출발했다.

평양까지의 여정

아버지는 우리 민족의 힘으로 해방을 맞이하지 못했을 때의 부작용을 어느 정도 예견하셨다. 해방 직전, 시안西安의 주사오저우祝紹周 사령관은 국내 진격 준비를 끝낸 광복군을 위해 만찬을 열어 주었다. 만찬 도중 주사오저우 사령관이 일본이 항복했다는 소식을 전해 주었다. 아버지는 그 소식을 듣고 기뻐하시기는커녕 길게 탄식하셨다.

"아, 왜적의 항복! 이것은 기쁜 소식이라기보다는 하늘이 무너지는 일이다. 천신만고 끝에 참전을 준비한 것이 다 허사다. 우리 병력이 국내에 진공進攻하기 전이니만큼, 해방 후 우리 목소리보다는 외세의 목소리가 클 수밖에 없다."

아버지의 예상대로 우리나라는 해방 후 미소 간의 힘겨루기 속에 좌우익으로 갈라져 서로 물어뜯기에 바빴다. 아버지는 이런 상황 속에서 민족이 둘로 갈라지는 최악의 상황만큼은 피해 보고자 북에 가기로 결심하셨던 것이다.

우리는 경교장을 빠져나와 차로 한참을 달려 금촌金村이라는 곳에서 잠시 쉬고 임진강으로 갔다. 임진강에는 철도교밖에 없었으므로 차를 타고 건널 수 없었다. 우리는 노를 저어 가는 큰 목선에 자동차를 싣고 임진강을 건넜다. 임진강을 건너 다시 차를 타고 계속 달리다가 여현礪峴 조금 못 미친 곳에서 38선을 지키고 있는 소련군과 맞닥뜨렸다. 소련군은 우리가 탄 자동차를 보고 세우라고 명령했다. 소련군이 다가와서 우리가 누구인지 물었다. 신분을 밝히니 사전에 연락을 받았는지 길을 터 주었다.

38선을 지나 북으로 조금 더 올라가니 여현이 나왔다. 해가 저물어 하룻밤을 그곳에서 지내기로 했다. 북측 요원들이 우리를 찾아와 이것저것 질문하고 짐도 검사했다. 짐 속에는 북에서 갑자기 돈이 필요하면 팔아 쓸 요량으로 숨겨 가지고 온 금반지가 있었다. 나는 담배를 절반으로 잘라 담뱃갑 밑에 금반지를 넣고 위에는 반으로 잘린 담배를 넣어 위장했다. 그렇게 숨긴 덕분에 문제없이 짐 검사를 통과했다. 그런데 북측 요원이 지나치게 꼬치꼬치 캐묻고 쓸데없는 질문을 이어 가자 아버지는 화가 단단히 나서 소리치셨다.

"내가 지금 우리 민족의 중대한 문제가 놓여 있는 남북정치협상회의를 하기 위해 평양에 가는 길인데, 이게 뭐 하는 짓이냐!"

그러자 질문하던 사람은 위에서 지시한 사항이라 자기도 어쩔 수 없다며 슬며시 꼬리를 내렸다. 여현에서 하룻밤 묵고 평양으로 떠나려는데, 김일성의 비서실장 김종항金鍾恒이 여현으로 아버지를 모시러 왔다. 김종항은 일본 와세다대학 출신 엘리트로, 훗날 한국전쟁 중에 그가 남쪽으로 내려왔을 때 선우진 씨가 서울에서 만난 적이 있다고 한다.

비서실장은 여현에 일찍 도착해서 우리를 기다렸지만, 우리가 너무 늦게 도착하는 바람에 오지 않는 줄 알고 사리원으로 갔다가 다시 새벽에 온 것이었다. 아버지와 나는 비서실장이 가져온 러시아산 차에 올라탔다. 우리가 타고 온 차는 무슨 이유에서인지는 몰라도 기차에 실어 평양으로 보냈다. 선우진 씨와 운전사 정태훈 씨는 자동차와 함께 기차를 타고 평양으로 향해야 했다.

차를 타고 가는데 전봇대와 담벼락에 "김구, 이승만 타도하자"라고 쓴 표어가 보였다. 북쪽에서는 우리가 못 오는 줄 알고 있다가 갑작스럽게 오니까 표어를 완전히 없애지는 못하고, 임시방편으로 먹물을 칠해 놓았던 것이다. 그러나 먹물이 마르자 밑에 있는 글자가 그대로 드러났다. 아버지는 그 표어를 보시고 비서실장에게 한마디 하셨다.

"여보시게, 당신들 나를 굉장히 미워했구먼."

아버지의 말에 비서실장은 땀을 뻘뻘 흘리며 죄송하다고 사과했다. 우리가 평양에 가기 전에 이미 평양에 단체로 간 사람들이 많았다. 이들은 평양에 가기 전 방문자 명단을 북에 제출했다. 명단에 들어 있지 않은 사람들은 평양에 갈 수가 없었다. 예컨대 김우전金祐銓 씨는 평양 출신으로 광복군에 있다가 귀국한 사람인데, 명단에서 빠져 평양을 방문할 수 없었다. 김우전 씨는 이를 알고 나를 찾아와 평양으로 데려가 달라고 부탁했다.

"장인이 평양에 살고 계신데, 명단에 빠져 있어서 가기가 어렵게 됐네. 좀 도와줄 수 없겠나?"

김우전 씨는 자신이 평양 태생이니 자기를 데리고 가면 도움이 많이 될 것이라며 나를 설득했다. 나는 일리가 있다고 여겨 김우전 씨를 방북 명단에 넣었다. 그런데 김우전 씨는 나중에 자신의 회고록 『김구 선생의 삶을 따라서: 마지막 광복군의 이야기』(1998)에 당시의 일을 다

역사적 찰나
1948년 4월 19일 오후 6시 45분, 아버지와 나 그리고 선우진 씨는 38선을 넘었다.

르게 기록해 놓았다. 내가 평양에 가지 않겠다고 하자 자신이 "아버지가 가는데 네가 안 가면 어떡하느냐"고 나를 나무랐다는 식으로 사실과 전혀 다르게 써 놓은 것이다. 그래서 나는 김우전 씨를 불러 사실과 다르게 기술한 것에 대해 철저히 따졌다.

당시 주변의 많은 사람들이 아버지가 평양에 가시는 걸 반대했다. 상하이에 있을 때 이동휘 선생은 아버지에게 '처음부터 공산주의를 하면 힘들게 이중으로 독립 투쟁 운동을 할 필요가 없지 않느냐?'는 식으로 얘기한 적이 있다. 이에 대해 아버지는 "민족정신으로 나가야지 그게 무슨 얘기냐?"며 공산주의 노선에 반대했다. 이런 일이 있었기 때문에 주변 사람들은 아버지가 평양에 가시면 다시는 못 돌아올 것이라고 생각했다.

그러나 주변의 만류에도 아버지는 고집을 꺾지 않으셨다. 할 수 없이 내가 아버지를 모시고 북에 갔다 오겠다고 나섰던 것이다. 그러나 아버지는 내가 모시고 가는 것을 강하게 반대하셨다. 아버지의 반대에도 나는 내가 직접 모시고 가겠다는 뜻을 관철시키고야 말았다. 이 사실은 분명히 해 두고자 한다.

북쪽의 단독 정부도 반대한다

평양에서 여장을 푼 곳은 상수리上需里라는 지역의 일반 가정집이었다. 상수리는 평양의 중심지였는데, 집은 그리 크지 않았지만 아담하게 잘 지은 2층집이었다. 금광으로 돈을 번 사람이 지은 집이라고 했다. 아버지와 나는 엄항섭 선생 등 임정 요인 몇 분과 함께 머물렀고, 김규식金

奎植 선생은 다른 곳에서 지냈다. 상수리에서 하룻밤 자고 일어나니 김
두봉金枓奉 선생이 찾아와 아버지를 모시고 같이 가겠다고 말했다.

김두봉 선생은 상하이에 있을 때부터 알던 분이다. 그분은 한글학
자였는데, 어머님이 돌아가셨을 때 선생이 어머니의 비석에 돌아가신
날짜를 한글로 표시해 주었다. 김두봉 선생은 광복 후 평양으로 귀국
했다. 이후 북조선 임시인민위원회 부위원장으로 활동하다가 옌안延安
에서 함께한 공산주의 운동가들과 조선신민당을 조직하고 위원장이
됐다. 그러나 소련군의 압력으로 1946년 8월, 김일성의 조선공산당과
합당했다.

우리는 김두봉 선생과 함께 평양 시내에 있는 회의 장소로 이동했
다. 회의장은 모란봉 극장이었는데, 도착해서 보니 차창 밖 저 멀리에
인민복을 입은 사람이 왔다 갔다 하는 것이 보였다. 우리가 차에서 내
리자 그 사람이 다가와서 인사를 했다. 김일성이었다. 아버지가 김일
성을 만났을 때 연세가 일흔셋이었는데, 김일성은 서른일곱 살이었다.
김일성은 미리 연락을 받고 우리를 마중 나와 있었던 것이다. 우리가
모두 차에서 내리자 김두봉 선생이 김일성에게 아버지를 소개했다. 그
리고 이어서 김일성을 아버지에게 소개했다. 김일성의 첫마디는 이러
했다.

"우리 항일 독립운동의 대선배이신 김구 선생을 뵙게 돼서 대단히
영광스럽습니다."

김일성은 인사를 마치고 나서, 우리가 오는 도중 여러 질문과 짐 검
사를 받은 것에 대해 정중히 사과했다. 김일성이 정중히 인사하고 사
과하자 아버지 역시 정중히 인사를 하셨다.

"김일성 장군이 만주에서 무장 항쟁을 한 것을 충칭에 있으면서 잘

남북연석회의 1948년 4월 22일, 평양 모란봉 극장에서 축사를 하는 아버지

들었습니다. 그런데 워낙 거리가 멀어 자세한 연락은 못했습니다."

김일성은 아버지의 인사를 받고 나서 아버지 옆에 있던 나를 위아래로 훑어봤다. 아버지가 나를 김일성에게 소개하셨다.

"제 자식 놈입니다."

김일성은 나에게 악수를 청하며 말했다.

"동무, 아버님을 모시고 오느라 수고 많았소."

2005년 8·15 민족대축전 행사 때의 일이다. 당시 북한 대표단 김기남 일행이 서울에 왔는데, 내가 김일성과 악수를 한 적이 있다고 말하자 김기남 일행이 박수를 쳤다. 북한에서는 김일성과 악수한 것을 무척 대단한 일로 여기기 때문이다.

아버지와 김일성은 간단한 인사를 마치고 회의 장소에 들어갔다.

사실 북쪽에서는 남쪽 대표들을 기다리다가 학생들 때문에 아버지가 못 오신다는 얘기를 듣고 미리 개회식을 했다. 그러다가 우리가 도착하자 다시 개회식을 열었다.

개회식은 김일성에 대한 과도한 찬양이 주를 이루었다. 공연단은 우리가 낯 뜨거워 차마 보기 힘들 정도로 김일성을 찬양하는 시를 낭독하고 노래를 불렀다. 그리고 여러 독립운동 선배들 앞에서 창피하지도 않은지 김일성을 영웅시하는 연설까지 했다. 나는 속으로 '아니 무슨 이딴 개회식이 다 있나' 생각했다.

드디어 아버지가 연설하실 차례가 됐다. 아버지는 광복이 되기까지 우리 민족이 고난을 겪은 얘기, 남쪽이든 북쪽이든 삼천만 민족이 똑같이 일본의 침략을 받았다는 얘기를 하셨다. 그리고 이제 광복이 되었으니 민족이 잘 단합해서 새로운 나라를 건설했으면 좋겠다고 말씀하셨다.

아버지는 이에 덧붙여 이곳에 온 이유를, 남쪽에서 단독 정부를 세우려고 하는데 거기에 반대하기 때문이라고 말씀하셨다. 그러자 회의장에 모인 사람들이 열광적으로 박수를 처 댔다. 그런데 아버지가 북쪽에서 단독 정부를 세우는 것에도 반대한다고 말씀하시자, 이번에는 박수는커녕 바늘이 땅에 떨어지는 소리가 들릴 정도로 고요해졌다. 통일을 위해선 소련도 미국도 아닌 우리 동족끼리 해야 한다는 말에 박수를 치지 않는 것을 보고, 통일 정부를 세우기는 힘들겠다는 생각이 들었다.

나중에 미국 워싱턴 의회도서관에서 남북 협상 당시의 신문을 찾아봤는데, 이상하게도 아버지가 북쪽의 단독 정부도 반대한다고 말씀하신 내용은 눈을 씻고 봐도 찾을 수 없었다. 신문에는 아버지가 남쪽 단독 정부를 반대한다는 내용만 실려 있었다. 북쪽에서 외국 언론사로 보낸 보도 자료에는 아버지가 북쪽 단독 정부도 반대한다고 말한 내용이 빠져 있었던 것이다.

회의는 사람들이 많아서 진행이 원활하지 못했다. 그래서 아버지가 김규식·김두봉 선생, 김일성, 그리고 아버지 이렇게 네 명이 따로 모이는 4김 회담을 제의하셨다. 북측도 우리와 거의 동시에 그런 제안을 해 왔다. 그래서 이후 네 명이 모여 회의를 하고 이따금 시내 구경도 했다. 회의 도중 이곳저곳을 구경하러 다닌 것은 시간적 여유를 가지면서 충분히 회담을 하자는 뜻에서였다. 그래서 우리는 4월 19일에 서울을 출발해 5월 6일이 되어서야 서울로 돌아올 수 있었다.

4김 회담이 진행되는 동안 나는 가까운 비서실 방에서 아버지를 기다렸다. 남쪽에서 올라와 회의에 참석한 사람들 중 북쪽 출신 사람들은 옛날에 살던 곳도 돌아보고 친구도 찾아보고 했다. 북측은 남쪽 사람들이 돌아다니며 무엇을 하는지 일일이 감시했다. 북쪽은 그때까지도 정권이 단단하게 다져진 상태는 아니었기 때문에, 남쪽 사람들이 무슨 공작이라도 하는 건 아닌지 의심했던 것이다.

그렇게 비서실에서 기다리고 있는데, 남쪽 사람들을 감시하던 북쪽 사람이 와서 비서실장에게 중국어로 보고를 했다. 남쪽 사람들이 있으니 그렇게 보고한 것인데, 그들은 내가 중국어에 능통하다는 걸 모르는 눈치였다. 나는 아무것도 모르는 척하며 어떤 얘기를 하는지 들었다. 내용인즉, 감시를 위해 두 명이 따라붙었는데 그쪽은 네 명이어서 어떻게 따라가야 할지 몰라 놓쳤다고 말했다. 그러자 비서실장은 주변 상인처럼 위장을 해서라도 끝까지 따라붙어 누구와 접촉하고 어디에 가는지 알아냈어야지 도대체 뭘 한 거냐고 나무랐다.

북쪽의 노동절 행사

4김 회담 중에 북쪽의 노동절 행사에 참석했다. 북쪽에서는 노동절 행사를 민간에서도 하고 군에서도 했다. 아버지는 사열대에서 김일성의 오른쪽 자리를 배정받으셨다. 아버지 옆으로 남쪽에서 간 사람들이 서 있었다. 김일성 왼쪽으로는 북한군 계통의 사람들이 자리를 잡았다. 나는 아버지 뒤에 서 있다가 도와드려야 할 일이 생기면 도와드렸다.

행진하는 일반 시민들이 얼마나 연습을 많이 했는지, 굉장히 조직적으로 움직였다. 동원된 시민들은 행진을 하며 조국 통일 어쩌고저쩌고, 제국주의 어쩌고저쩌고 하다가 갑자기 "김구, 이승만 타도하자!", "타도하자, 타도하자, 타도하자!" 하고 외쳤다. 김일성의 얼굴이 순식간에 홍당무가 됐다. 우리가 행사에 참석한다는 것을 알고도 일부러 그랬다기보다는, 평소 연습하던 대로 자연스럽게 그런 구호가 튀어나왔던 것이다.

나는 이런 행사 모습과 평양 풍경 등을 부지런히 촬영했다. 평양에 갈 때 숨겨 갔던 금반지를 팔아 현지에서 독일제 카메라를 마련했다. 금반지를 팔아 북한 돈을 마련할 때는 김우전 씨 장인의 도움을 받았다. 인민군이 행진하는 모습을 찍다가 필름을 갈아 끼우려는데, 어떤 사람이 다가와서 제지했다. 그러고는 카메라를 빼앗듯이 가져가 필름을 뽑아 버렸다. 다행히 그 전에 찍었던 필름은 운전사에게 맡겨 놓았기 때문에 빼앗기지 않았다. 운전사는 내가 건네준 필름을 예비 타이어를 끼워 두는 곳에 감췄다.

나중에 서울로 돌아와 필름을 현상해서 자세히 살펴봤다. 사진을 보며 인민군의 훈련이 무척 잘되어 있음을 다시 한 번 느꼈다. 나는 중

1948년 5월 4일, 평양에서 서울로 오는 도중 정방산성 밑에서

국 군대와 미국 군대에 있어 봤기 때문에 그 정도만 살펴봐도 훈련이 어느 정도 돼 있는지 파악할 수 있었다. 인민군은 우리의 국방경비대와는 차원이 달랐다. 인민군은 '따발총'으로도 불리는 소련제 PPSH-41 기관 단총으로 무장하고 있었고, 포 전력도 대단해 보였다.

북한 인민군 주요 간부들은 중공군에 가담해 일본군과 싸웠던 사람들이라 전투 경험이 풍부했다. 반면에 남쪽은 그런 전투력을 갖추지 못하고 있었다. 남쪽의 경우 일본군 비행기를 무장 해제한다는 명목 아래 프로펠러를 떼어 내어 밥솥을 만들거나 창틀 같은 것을 만드는 데도 썼다. 그러나 북쪽에서는 일본 비행기를 그대로 군대에서 사용했다. 나는 북에서 노동절 행사를 구경할 때 일본군 비행기 몇 대가 비행하는 것을 목격했다. 설명할 수 없는 공포와 위기감이 마음 한쪽에 깊은 그늘로 자리 잡았다.

평양에서 만난 사람들

평양에서 안창호 선생의 누이동생 안신호安信浩 여사를 만날 수 있었다. 안신호 여사는 한때 아버지와 약혼까지 했던 분이다. 북측은 어느 날 절간 비슷한 곳에 제사상을 차려 놓고 아버지를 모셨다. 할머니 제사를 지내라는 배려였는데, 사실 그날은 할머니의 기일이 아니었다. 북측에서 잘못 조사한 것이다. 아무튼 북측은 그 자리에 안신호 여사를 내보냈다. 우리는 안신호 여사와 함께 평양 주변을 구경했다.

나처럼 젊은 사람은 비서실의 젊은 사람들이 대접했다. 우리가 평양에서 술 한잔 먹을 데 없냐고 하자 비서실에서는 지금 북쪽이 예전

도산 안창호 선생 가족들과 함께

1948년 남북연석회의 중 도산 안창호 선생 가족들과 함께 안창호 선생이 출옥 뒤 은거한 평양 대보산 송태산장을 찾았다. 왼쪽부터 안창호 선생의 누이동생 안신호 여사, 나 김신, 안치호 선생의 딸 안성결, 아버지, 그리고 안창호 선생의 형 안치호 선생이다. 방북 전 아버지는 "앞산에 두견이 울면 선생이 부르는 줄 알 것이오"라며 안창호 선생을 깊이 애도해마지 않으셨다.

같지 않아 미 제국주의자들 같은 사람들이 마시는 술집은 없다고 대답했다. 그래도 우리가 계속 술 마실 곳은 있지 않냐고 물으니 우리를 노동자 초대소로 데려갔다. 노동자 초대소에 가자 접대하는 여성들이 모두 흰 가운을 입고 손님들에게 맥주를 따라 주었다.

그런데 가만 보니 접대하는 여성들을 감시하는 여자가 보였다. 그 여자가 나간 뒤 여성 접대원에게 술 마실 만한 곳이 있냐고 물어보니, 그때서야 그런 곳이 있다고 대답했다. 접대원이 소개해 준 술집에 가 보니 문과 창문을 꼭꼭 닫아 놓고 옛날과 똑같은 방식으로 접대를 하고 있었다. 접대원 말로는 공산당 간부들도 매일 와서 술을 마시고 간다고 했다.

나는 충칭에 있을 때 친구로 지냈던 김상엽金尙燁도 평양에서 만났다. 김두봉 선생의 장녀로 성격이 여장부 스타일인 김상엽은 인민군 복장을 하고 있었다. 김상엽은 나를 알아보고 대뜸 이렇게 말했다.

"너, 미국에 가서 교육받았다며? 당장 집어치우고 이리 와. 거기 따라가야 아무 앞날이 없다."

그러나 정작 앞날이 보이지 않았던 것은 북으로 들어갔던 연안파延安派였다. 나중에 연안파는 모두 숙청됐다. 이 일 때문에 중공에서는 김일성에 대한 불만이 커졌다. 마오쩌둥이 장제스와 싸울 때 펑더화이彭德懷와 의논해서 만주에 있던 조선인 군인 2개 여단을 선봉 삼아 하이난다오海南島까지 치고 내려간 적이 있었다. 마오쩌둥은 나중에 2개 여단을 4개 사단으로 만들어 김무정金武亭에게 맡겼고, 김무정은 한국전쟁 때 그 병력을 이끌고 참전했다. 그러나 결국 모두 숙청을 당했으니, 마오쩌둥이 김일성에 대해 불만을 가질 수밖에 없었던 것이다.

아버지가 회의를 마치고 남쪽으로 돌아가시려 하자 김일성은 가지 말라고 말렸다. 지금 남쪽으로 가면 신변에 여러 안 좋은 일이 생길지 모른다는 것이 이유였다. 그러면서 김일성은 아버지의 고향인 황해도 해주 근방 기동基洞(일명 텃골)에 들러 보시라 권했다. 안악에 있을 때 할머니께서 방학 중에 나를 데리고 그곳에 있는 선산에 가신 적도 있었다. 김일성은 사람들을 동원해서 선산에 가는 길을 닦아 놓았으니 한 번 들러 보라 권한 것이었다.

그러나 아버지는 그곳은 다음에 가 보겠다며 그냥 남쪽으로 가겠다고 하셨다. 당신이 빨리 돌아가지 않으면 공산당에게 넘어갔다고 생각할 사람들이 생길 것이라는 것이 이유였다. 우리는 서둘러 남쪽으로 돌아왔다. 우리가 38선을 넘을 때, 신문기자 등 많은 사람들이 몰려들었다. 우리는 평양에 갈 때와는 달리 38선을 걸어서 넘어왔다.

아버지의 방북을 두고 여러 말들이 많은 것을 나는 안다. 당시의 정세나 현실과 동떨어진 지나치게 이상적인 생각에서 비롯된 방북이었다느니, 김일성에게 이용당할지 모르는 상황에서 순진한 발상이었다느니, 그밖에도 이런저런 의견이 분분하다. 나는 당시 아버지를 모시고 북한을 다녀온 사람으로서 그런 의견 하나하나에 대해 일일이 췌언贅言을 더할 생각이 없다.

다만 『논어』에 나오는 이런 구절을 새삼 떠올려 본다.

"知其不可爲而爲之."(지기불가위이위지)

풀이하자면 '그 아니 될 것을 알면서도 그것을 해내고자 끝내 노력한다'는 뜻이다. 이 말은 이루기가 불가능에 가까운 일인 줄 알면서도 인仁과 예禮에 바탕을 둔 세상을 만들고자 분투한 공자孔子를 가리키는 말이다.

일의 성패成敗를 이리저리 따져 보고 자신에게 유리한가 불리한가를 계산하며 진퇴進退를 가늠하는 따위의 행태는, 내 아버지와는 거리가 멀어도 한참 멀다. 민족의 화해와 통일이라는 과제에 대하여, 민족의 분단과 전쟁을 막아야 한다는 과제에 대하여 나의 아버지는 결코 뒤로 물러서려 하지 않으셨다. 현실의 유불리有不利, 조건과 상황의 굴곡을 아버지도 그 누구 못지않게 파악하고 계셨다. 그럼에도 아버지는 물러설 곳을 두지 않으셨다. 마음을 다하고 뜻을 다하며 실천을 다하셨을 뿐이다.

그 진심盡心의 깊이를 시세時勢의 잔물결로 평가할 수는 없는 일이라고 생각한다. 깊은 강은 멀리 흐른다고 했던가. 갈등에서 화해로, 분단에서 통일로 향하는 거대하고 깊은 역사의 흐름이 이어질 것임을, 또한 우리 모두가 이어 나가야 할 것임을 아버지는 깨닫고 계셨다. 조국의 자주독립을 위해 헌신하면서 이미 여러 차례 죽음의 문턱을 넘어선 아버지, 목숨 바쳐 투쟁한 선열들과 동지로서 함께하신 아버지는 '그 아니 될 것을 알기에' 오히려 더욱더 '끝내 해내고자 노력해야 한다'는 것을 확신하셨다.

아버지를 비롯한 임시정부의 선열들은 자신들의 투쟁이 성공을 거두리라 기대하며 싸우지 않았다. 목숨 걸고 투쟁하는 그 길밖에 없었기에 좌고우면하지 않고 전진해야만 했다. 이 길을 따라 전진하면 어떤 결과가 나오리라 앞뒤 재면서 나선 길이 아니었다. 임시정부가 거대하고 단단하기 짝이 없는 제국주의 일본에 맞선다는 것은 실로 혁명革命과 같은 일이었다.

혁명의 본래 뜻은 무엇인가? 하늘의 명(天命)을 통째로 바꾸고 시대의 대세大勢를 근본부터 바꾼다는 뜻이니 목숨 걸고 매진한다 해도 성공을 기약하기 어렵다. 불가능을 가능케 하고자 분투하는 수밖에 없다. 계란으로 바위를 치고 낙숫물로 댓돌을 때려서 바위를 깨고 댓돌을 뚫고자 하는 것이다. 바로 그러한 본래 의미의 혁명에 나서는 심정, 민족이 살 길을 반드시 열어야만 한다는 마음, 그것이 방북 길에 오른 아버지의 마음이었다.

　좌우와 무정부주의 계열까지 모두 임시정부라는 한 울타리 안에서 합작하여 일본과 맞섰건만, 해방된 조국에서 민족이 갈라져 동족상잔의 암운까지 드리워졌으니 아버지의 참담한 심정은 헤아릴 길 없이 깊었다. 평생 목숨 걸고 독립운동을 한 것은 도대체 무엇 때문이었는가? 이역異域에서 스러져 간 수많은 선열들의 영령 앞에서 어떻게 고개를 들 수 있을까? 그 심정의 만 분의 일이라도 헤아릴 수 있다면, 시비성패是非成敗를 논하는 구구한 말들은 스스로 부끄러워질 것이다. 아버지는 마땅히 나서야만 하는 길을 나섰다.

제3부

전쟁의 비극, 혁명의 소용돌이 속에서

7장

국방경비대에 입대,
육군항공대에서 활동하다

영혼을 모시러 가다

아버지를 모시고 평양에 다녀온 뒤, 할머니의 유언을 지키기 위해 1948년 6월 다시 중국에 들어갔다. 당시 중공군은 중국 전역에서 국민당 군대를 몰아붙이고 있었다. 아버지는 중국의 상황이 심상치 않으니 충칭에 가서 유골을 모셔 오라고 했다. 문제는 곧바로 중국으로 갈 방법이 없다는 것이었다. 나는 부산에 가서 배를 타고 일단 홍콩으로 간 뒤에 상하이로 들어갔다. 상하이에서는 비행기를 타고 충칭으로 들어갈 생각이었다.

충칭에 갈 때는 신규식申圭植 선생의 외손자이자 민필호閔弼鎬 선생의 아들인 민영수閔泳秀 씨와 동행했다. 민영수 씨는 광복군 국내 정진군挺進軍 본부 요원으로 활동했던 사람이다. 항공료가 무척 비싸서, 나와 민영수 씨는 돈이 든 마대를 각각 두 개씩 가지고 비행기를 타러 갔다. 정세가 매우 혼란스러울 때라 돈을 받는 사람들은 혹시 가짜 돈이라도 섞여 있지 않은지 검사하느라 마대에 든 돈을 일일이 다 세어 봤다. 그런데 돈을 세는 동안에도 시시각각으로 환율이 달라졌다. 오전과 오후의 환율이 배 이상 차이가 났다.

마침 중국 항공 회사에서 근무하는 한국인 엔지니어 지미 곽郭을 만났다. 지미 곽에게 도움을 요청했더니, 그는 우리를 데리고 중국 은행으로 가서 달러를 은행 전표로 바꿔 주었다. 그렇게 해서 상하이에서 간신히 비행기를 탈 수 있었다. 충칭에서 일을 마치고 2주 만에 다시 상하이에 왔더니, 화폐 가치가 상하이를 떠나기 전에 비해 4분의 1도 안 되게 떨어져 있었다. 그만큼 상하이 경제는 파탄 상황이었다. 가장 큰 문제는 식량이었다. 시간이 지날수록 비싸게 팔 수 있으니 아예 문을 닫아걸고 팔지 않았다. 그러자 굶주림에 시달린 사람들이 폭도가 되어 대낮에도 가게를 습격해 곡식을 약탈해 갔다.

당시 중국 주요 도시에서는 만 원짜리 돈이 거리에 막 날아다니는 지경이었다. 말 그대로 휴지 조각이나 다름없었다. 작은 빵 하나가 3만 원, 가죽으로 만든 독일제 신발은 3억 5천만 원이나 했다. 돈이 이렇게 가치가 없다 보니 사람들이 조금이라도 큰 거래를 할 때는 금 아니면 달러로 했다. 돈에 대한 불신은 정부에 대한 불신으로 번져 나갔다. 공산당은 이러한 상황을 이용했다. 중국 사람들끼리 싸우지 말고 부패한 국민당 정부를 몰아내자는 식으로 선전하고 선동했다. 나는 중국이 공산당에 넘어가는 것은 시간문제라고 생각했다.

충칭에 갈 때 민영수 씨와 함께 간 것은 중국 정부에 유골을 수습해 간다고 신고해야 하기 때문이었다. 당시에는 군인들이 고분을 파헤쳐 보물을 훔쳐 가는 경우가 많았기 때문에 일반 산소를 이장할 때도 현지 정부의 허가를 받아야 했다. 당시 난징 주화대표단에 민영수 씨의 아버지 민필호 선생이 계셨는데, 나 혼자 묘소를 찾아가기는 곤란하니까 현지 사정을 잘 알고 나와 연배가 비슷한 민영수 씨에게 돕도록 했던 것이다.

다행히 국민당 정부는 현지 정부에 협조를 해 주라는 공문을 만들어 주었다. 나는 그 공문을 충칭 치장 현綦江縣 정부에 제출한 뒤 이동녕 선생의 유골을 수습했다. 그 공문은 지금도 중국 치장 현 정부에 보관되어 있다. 약 4년 만에 찾은 충칭은 많이 변해 있었다. 국민당 정부는 난징으로 옮긴 상태였다. 혹시나 하고 예전 충칭 살 때 강물을 깨끗하게 만들어 공급해 주던 사람에게 연락을 해 봤다. 그랬더니 그 사람이 와서 우리를 도와주었다. 그리고 이름은 잘 기억나지 않지만, '강필대왕'鋼筆大王이라는 필기구 상점을 하던 한국 사람에게도 도움을 청했다.

이렇게 도움을 받아 가며 허상산和尙山에 묻혀 있던 할머니, 형님, 차이석車利錫 선생의 유골을 수습했다. 그리고 상하이로 돌아가 어머니의 유골도 수습했다. 그러니까 이동녕 선생까지 모두 다섯 분의 유골을 수습했던 것이다. 그때 함께 일할 사람만 많았으면 좌우익을 막론하고 최대한 많은 분의 유골을 수습했을 텐데, 당시로서는 그 정도가 한계였다. 미국에서 돌아와 1947년에 참배한 적이 있어서 프랑스 조계에 있던 어머니 묘소를 찾는 건 그리 어렵지 않았다. 어머니 묘소에 갈 때는 임학준 선생의 딸과 함께 갔다. 그때까지도 김두봉 선생이 써 준 비석이 세워져 있었다.

허상산에 있는 유골을 수습할 때, 산소를 파 보니 산소마다 크고 작은 물줄기가 아래로 지나가고 있었다. 묏자리를 따지지 않고 아무 곳에나 썼으니 그럴 수밖에 없었다. 다만 치장에 있는 이동녕 선생의 묘소는 명당자리였는지 흙도 그렇고 유골 상태도 다른 곳보다 나은 편이었다.

화장한 유골을 지니고 충칭을 떠나 상하이로 가서 다시 비행기를 타고 홍콩으로 간 뒤, 인천으로 가는 필리핀 선적의 배를 탔다. 배에 탈 때 유골을 모시고 간다는 얘기는 하지 않고 그냥 일반 짐인 것처럼 가지고 탔다. 유골을 가지고 타려면 수속하는 것이 복잡하기 때문이었다. 배가 중국 샤먼廈門 근처를 지날 때, 라디오 방송에서 대한민국 정부 수립이 임박했다는 소식을 들었다.

1948년 8월 8일 오후 3시경 배를 타고 인천에 도착하니 아버지가 직접 마중을 나오셨다. 이동녕 선생의 아들도 마중을 나왔다. 이동녕 선생의 유골은 선생의 아들 이의식李義植 씨의 회현동 집에 안치했고, 차이석 선생의 유골은 경교장에 안치했다. 두 분의 유골은 9월 22일 다시 휘문중학으로 모셔 사회장을 치르고 효창공원에 안장했다.

아버지와 나는 할머니, 어머니, 형의 장례를 마친 후 유골을 모시고 정릉貞陵으로 갔다. 그때 김홍량金鴻亮 선생이 마침 서울에 와 있었는데, 아버지와 함께 묏자리를 잡으셨다. 김홍량 선생이 잡은 자리는 언덕 중턱인데, 앞에 산도 보이고 아래로 개울도 흐르는 좋은 자리였다. 그곳에 할머니, 어머니, 형님을 모셨다.

이상은 1948년 6월부터 9월 사이의 일이다.

할머니와 형님의 유해는 1999년 4월 9일 대전 현충원으로 이장하여 애국지사 제2묘역에 나란히 모셨다. 그로부터 며칠 뒤인 4월 12일에는 아버지와 어머니를 합장시켜 드렸다. 1999년은 아버지의 서거 50주기이자 대한민국임시정부 수립 80주년이 되는 해여서 더욱 뜻 깊은 일이었다. 어머니의 유해는 말한 바와 같이 1948년 서울 정릉에 모셨다가 1982년에 경기도 남양주의 송정리 묘역으로 이장했다. 할머니와 형님의 유해도 마찬가지로 송정리 묘역에 모시고 있었다.

이로써 어머니는 1924년 세상을 떠나신 뒤 75년 만에 아버지와 함께하시게 되었다. 평범한 가정의 소소한 행복이라고는 전혀 누려 보지 못하시고 남편 옥바라지, 임시정부 뒷바라지를 하며 고생만 하시다가 먼 이국 타향에서 병고 끝에 눈을 감으신 나의 어머니! 늦었지만 남편과 함께 영면永眠에 드셨으니 나는 자식으로서 털끝만치나마 해야 할 도리를 한 것 같아 애통한 가운데서도 가슴 한구석이 조금은 가벼워졌다.

조국의 광복을 못 보시고 돌아가신 할머니와 형님을 우리 대한민국의 현충원 애국지사 묘역에 모시게 된 것도 가슴 벅찬 일이었다. 하늘에서나마 자주독립하여 번영을 누리는 대한민국을 바라보시며 평안을 누리시기만을 기도드리고 또 기도드렸다. 할머니의 유골 단지 안에는 은수저를 빨간 보자기에 싸서 넣었다. 현충원으로 이장하기 전부터도 그렇게 했는데, 평생 마음 편히 수저를 드시지 못했다는 안타까운 마음, 편안히 모시지 못했다는 죄스런 마음에 그렇게 한 것이다.

임학준 선생의 둘째 딸과 결혼하다

유골을 수습하러 상하이에 갔을 때 임학준 선생을 만났다. 선생을 찾아가 인사를 드리니 어쩐 일로 중국에 다시 왔느냐 물으셨다. 이유를 말씀드리자 선생은 충칭에서 유골을 모시고 돌아올 때, 다른 데 가지 말고 당신 집에 모셨다가 홍콩으로 떠나라고 권하셨다. 호텔 측에서 유골을 모시고 묵는다면 달가워하지 않는다는 것을 알기에 하신 말씀이셨다.

임학준 선생 집에서 며칠 묵다가 길을 떠나려는데, 선생 부부가 떠

곽낙원 할머니 동상 앞에서 아내와 함께
아버지가 머무르실 때 경교장 건물 앞에는 잔디밭과 정원이 꾸며져 있었다.
할머니의 동상은 아버지가 서거하신 뒤에 세워졌다.

나기 전에 마지막으로 식사나 한번 같이하자고 하셨다. 그래서 같이 식사를 했는데, 임학준 선생이 나에게 넌지시 질문을 했다.

"시집올 여자들이 줄을 서서 기다릴 법도 한데, 왜 결혼을 안 하고 있느냐?"

임학준 선생의 질문에 나는 솔직하게 대답했다.

"여기처럼 자유롭게 연애를 하는 것이 아니라서 제 생각과 맞지 않습니다."

내 대답을 듣고는 임학준 선생 부부가 동시에 말을 했다.

"우리 둘째 딸은 어떠냐?"

임학준 선생의 둘째 딸과는 어머니 묘소에 갈 때도 같이 갔고, 극장도 같이 가곤 했기 때문에 잘 아는 사이였다. 구체적으로 서로의 마음을 표현한 적은 없지만, 말하자면 연애를 한 셈이었다. 임학준 선생 부부는 그런 사실을 이미 다 알고 있었기에 내 의중을 떠본 것이었다. 나는 별로 머뭇거리지 않고 대답했다.

"저는 좋은데, 아버님이 허락을 하셔야죠."

나는 귀국해서 장례를 치르고 난 뒤 아버지에게 상하이에 갔을 때 임학준 선생 집안의 도움을 받고 그곳에서 머물렀다고 말씀드렸다. 아버지는 임학준 선생 집안을 잘 안다고 말씀하셨다. 나는 잘됐다 싶어 결혼 얘기를 꺼냈다.

"아버님이 허락만 하신다면 자라난 환경도 그렇고, 여러 가지가 괜찮으니 임학준 선생의 둘째 딸과 결혼하고 싶습니다."

임학준 선생의 둘째 딸은 상하이에서 학교를 다녔기 때문에 중국말은 물론 영어도 잘했다. 아버지는 내 말을 듣고 흔쾌히 허락하셨다.

"그 집안은 괜찮은 집안이다. 결혼해라."

결혼식 1948년 12월, 나는 임학준 선생의 둘째 딸 임윤연과 식을 올렸다. 아내 오른쪽으로 장인, 장모님이 계시고 아내 앞에는 조카 김효자가 있다. 장인 임학준 선생은 상하이 한인 기독교계 형성과 교회 창립에 중요한 역할을 하셨다.

혼담은 물 흐르듯 자연스럽게 성사됐다. 공산당과 국민당 간의 전쟁이 상하이까지 번지자 임학준 선생은 가족 모두를 데리고 한국으로 돌아왔다. 나는 1948년 12월에 임학준 선생의 둘째 딸 임윤연과 남대문교회에서 결혼식을 올렸다. 아버지는 결혼식을 검소하게 해야 한다고 누누이 강조하셨다. 신부가 입는 드레스도 비단이 아니라 광목으로 만들었다. 아버지는 결혼식 부조금을 북쪽에서 온 사람들이 머물고 있던 수용소에 모두 갖다주라고 하셨다. 결혼식 때 이승만 박사는 나에게 담요를 선물했다.

결혼식을 올리고 유성온천으로 신혼여행을 갔다. 신혼여행을 다녀와서 경교장에서 성탄절을 맞았다. 아버지는 교인들이 집 앞으로 캐럴을 부르러 오자 모두 집 안으로 들어오게 해서 떡국을 한 그릇씩 먹고 가게 하셨다.

해방 후, 20만 달러의 행방은?

내가 유골 수습 문제로 난징에 있는 주화대표단에 갔을 때, 그곳 사무실 벽에 이승만 박사의 사진이 걸려 있었다. 이 박사가 1946년 12월 미국에 갔다가 다음 해 4월 귀국하는 길에 상하이와 난징을 들렀는데, 이 박사가 온다고 하니까 주화대표단에서 사진을 걸어 두었던 것이다. 그 전까지는 아버지 사진이 걸려 있었다.

그런데 이승만 박사가 도쿄로 가서 미 군용기를 타고 한국으로 들어오지 않고 상하이와 난징을 들러서 온 데는 이유가 있었다. 1945년 해방이 돼서 임정이 한국으로 돌아갈 때, 장제스 군사위원장이 아버지에게 20만 달러를 주었다. 국내에 아무런 기반도 없을 테니 긴급할 때 쓰라는 뜻으로 준 돈이었다. 아버지는 그 돈을 중국에 그냥 놔두고 오셨다. 이 이야기가 이승만 박사의 귀에 들어갔다. 이 박사는 아버지에게 부탁했다.

"내가 외교 활동을 하는데 그 돈이 좀 필요해. 내가 좀 쓰면 어떤가?"

아버지는 흔쾌히 승낙하셨다.

"아, 형님 쓰세요."

그래서 이 박사는 미국을 방문하고 오던 길에 난징에 들렀던 것이다. 그런데 중국 정부는 지급을 거절했다. '김구 선생의 친필 문서라도 있어야지 그냥 구두로 한 약속을 어떻게 믿느냐'는 것이 이유였다.

그런데 그 돈이 일부 쓰인 적이 있었다. 해방 후 박찬익朴贊翊 선생과 박영준朴英俊 선생이 만주에서 동포들을 대상으로 선무 사업을 하는데, 공산군이 만주를 석권하면서 한국 사람들 일부를 톈진, 상하이 등지로 철수시켰다. 그때 박찬익 선생으로부터 자금이 다 떨어졌다는 연락이 왔다. 사람들을 데리고 국내로 들어가야 하는데 돈이 떨어져 들어갈 방법이 없다는 것이었다.

해방 후 한국에는 중국 총영사로 류위완劉馭萬 씨가 와 있었다. 이분은 남한에 정부가 들어서기 전 총영사로서 우리를 많이 도와주셨다. 아버지는 류위완 총영사를 경교장으로 부르셨다. 나는 옆에서 통역을 했다. 아버지는 류위완 총영사에게 정중하게 부탁하셨다.

"예전에 장 총통께서 내게 준 20만 달러가 있는데, 그 돈을 좀 써야겠습니다. 가능하겠습니까?"

그러자 류위완 총영사는 즉시 왕스제王世杰 외무장관에게 연락을 취

중국 총영사 류위완 선생을 환영하며 경교장에서 열린 모임 나는 뒷줄 맨 오른쪽에 서 있다. 류위완 선생은 앞줄 왼쪽에서 두 번째에 앉아 있다. 류위완 선생은 유엔한국임시위원단 중국 대표로도 일했으며, 1961년 2월에 주한 중국대사로 부임하여 재직했다.

했다. 얼마 지나지 않아 가능하다는 답변이 왔다. 단, 백범 선생이 친 필로 글을 써서 예전에 쓰던 인장을 찍어 보내 주면 돈을 내주겠다는 것이었다. 그래서 아버지는 20만 달러 중 10만 달러를 박찬익 선생에 게 드리라는 문서를 작성해 보내셨다. 그렇게 해서 우리 동포들이 귀 국하는 데 도움을 줄 수 있었다.

임시정부 사람들이 국내에 들어와 경교장과 한미호텔에 나누어서 지낼 때, 형편이 좋지 못했다. 그러다 보니 여러 사람이 밥을 굶는 경 우마저 생겼다. 그런 상황에서 누군가가 도움을 주려고 경교장을 찾아 왔는데, 보니까 친일을 한 사람이었다. 그래서 조완구趙琬九 선생 등이 친일파의 돈은 받지 않는다며 완강히 거절했다. 그런데 계속 굶주리는 생활이 이어지자 임정 사람들이 아버지에게 건의를 했다.

"우남雩南(이승만의 호)은 여유가 좀 있는 모양인데, 돈을 빌려다가 우선 굶는 문제를 해결하는 게 어떻겠나?"

아버지는 돈 이야기는 꺼내지 않는 분이셨다. 그러나 동지들이 자꾸 말을 꺼내니까 할 수 없이 이승만 박사를 찾아가서 돈 이야기를 꺼내신 모양이었다. 그러나 이 박사는 내가 무슨 돈이 있냐며 아버지에게 퇴짜를 놓았다. 아마도 20만 달러를 받지 못한 것에 대한 앙금이 남았기 때문이 아니었나 싶다. 이 일이 있던 당시는 내가 아버지를 모실 때가 아니었고, 선우진 씨가 비서로 아버지를 모실 때였다. 나는 이 얘기를 나중에 선우진 씨에게서 들었다.

임정 사람들의 생활이 어려울 때 도움을 주신 분이 몇 분 있었다. 뭔가 바라고 도와준 것이 아니라 동향 사람이라는 이유만으로 도와준 사람들이었다. 그중에 재령 출신으로 사업을 크게 하며 1946년에 대한생명보험주식회사를 설립한 강익하康益夏라는 분이 있었다.

아버지가 귀국해 남부 일대를 순방하실 때 전라도 광주 지역에 수재水災가 난 적이 있었다. 아버지가 광주에 도착을 하니 수재가 나서 난리 법석인 데도 사람들이 모여들어 아버지에게 금반지, 금비녀 등을 주었다. 나랏일 하는 데 보태라는 의미로 준 것이었다. 아버지는 그것을 받아 당시 지역 관리에게 이재민을 위해 쓰라고 다 내주셨다. 아버지는 당신 자신을 위해서는 돈 한 푼 써 본 적이 없는 분이셨다.

국군에 입대하다

1948년 8월 23일, 나는 국군에 입대했다. 그 전까지는 남조선국방경비대였으나 정부 수립 이후 육군과 해군으로 이루어진 대한민국 국군이 출범했다. 그러나 명실상부한 국군의 기틀을 다지기까지는 갈 길이 먼 상황이었다. 나는 조종사였지만 공군에 들어가지 못했다. 공군이 따로 독립되어 있지 않기 때문이었다. 당시 공군은 육군이나 해군에 소속되어 육군항공대, 해군항공대 역할을 수행했다. 공군이 독립해서 출범한 것은 1949년 10월 1일의 일이다. 나는 육군항공대에 소속됐다. 내가 입대할 때 육군항공대에 지원한 이들 대부분은 일본 공군에서 근무하던 사람들이었다. 나머지 일부가 나처럼 중국에 있다 온 사람들이었다.

나는 중국으로 유골을 수습하러 가기 전에 일본 공군에 있던 사람 몇몇과 광화문 네거리에 있는 장덕창張德昌 씨 집에 자주 들렀다. 장덕창 씨는 일본에서 민간 항공기를 몰던 비행사였는데, 일본 항공 회사의 사장이 사위로 삼을 정도로 능력이 뛰어났다. 장덕창 씨는 전쟁이 끝나고 일본인 아내와 함께 한국으로 돌아왔다. 그러나 특별히 할 일이 없어서 광화문 네거리 길가 집에서 담배 같은 것을 팔며 생활을 유지했다.

우리는 이따금씩 그곳에 모여 합숙 회의도 하면서 앞으로 국군이 생기면 서로 협력해서 무언가 해 볼 궁리를 했다. 그러던 차에 나는 중국으로 유골을 수습하러 갔고, 갔다 오니 그곳에 모였던 사람들은 수색水色에서 훈련을 받고 있었다. 그래서 나도 수색에 훈련을 받으러 들어가려는데, 조선경비대 사령관 고문관인 제임스 하우스만 대위가 나에게 미국에서 훈련받았다는 증명서가 있느냐 물었다. 나는 당연히 있다고 대답했고, 바로 소위로 임관할 수 있었다.

당시 육군항공대가 쓰던 비행장은 여의도에 있었다. 그곳에는 일본 군이 쓰던 격납고도 있었고, 비행기를 수리하는 장소로 쓰던 건물, 그리고 운동장도 남아 있었다. 시간이 좀 더 흐른 뒤, 미국 공군이 김포 비행장에서 철수하면서 군인 가족들이 생활하던 일종의 관사 건물 같은 것을 우리에게 다 넘겨주었다. 그래서 육군항공대는 가족들을 김포 숙소로 불러 함께 생활할 수 있었다.

비행기로 한강 다리 밑을 통과하다

미군은 철수하면서 우리에게 비행기를 넘겨주었다. 천으로 만든 비행기로 엔진과 본체, 그리고 날개를 분리할 수 있었다. 그래서 큰 상자에 보관했다. 한마디로 조립식 비행기였다. 정식 명칭은 L-4. 이 기종이 낼 수 있는 속도는 차가 고속도로를 달리는 수준이었다. 나중에 L-5를 받기는 했지만 L-4보다 약간 더 빠른 정도였다. L-4는 글라이더에 엔진만 달아 놓은 것이나 마찬가지였다.

미군이 쓰던 것이라 날개와 동체에 모두 미군 마크가 새겨져 있었다. 우리는 태극 마크로 바꾸는 작업에 착수했다. 가만히 살펴보니 미군 마크를 모두 지우고 태극 마크를 다는 데는 손이 많이 갈 것 같았다. 그래서 미군 마크를 수정해 태극 마크로 만들기로 했다. 미군 마크는 동그라미 모양 바탕에 하얀 별이 그려져 있고, 양옆에는 빨간 선이 붙어 있었다. 우리는 옆에 붙은 선은 그대로 놔두고, 가운데 하얀 별을 태극 마크로 바꾸었다.

L-4는 손으로 프로펠러를 돌려 시동을 거는 비행기였다. 그래도 태극 마크를 단 비행기를 탄다는 감회는 남달랐다. 내가 국내에서 자랐다면 아마 그렇게까지 기쁘지는 않았을지 모른다. 나는 대한민국 군인이 되어 대한민국 군복을 입고, 대한민국 마크를 단 비행기를 타고 하늘을 나는 것이 평생의 꿈이었다. 남의 도움으로 수학여행을 떠나 평양 미림 비행장을 보며 품었던 꿈이 있었기에, 태극 마크를 단 비행기를 탈 때 느낀 감동은 말로 표현할 수 없었다.

나는 비행기를 타고 매일 서울 주변을 날아다녔다. 어느 날 한강 모래사장 위를 저공비행할 때였다. 한강 다리가 눈에 들어왔다. 나는 한강 다리 밑을 그대로 통과했다. 대한민국 마크를 단 비행기를 타고 비행을 한다는 기쁨에 들떠 그렇게 했던 것이다. 한 번 통과하고 나서 다시 두세 번 더 통과했다. 그런데 내가 비행기로 한강 다리를 통과하는 것을 본 사람들이 이 사실을 주변에 퍼뜨렸다. 언론에 알려진 적이 없었는데도 국내뿐 아니라 국외로까지 입소문이 났다.

김정렬金貞烈 장군이 아침에 지프차를 타고 출근하다가, 내가 비행기로 다리 밑을 통과하는 걸 목격한 모양이었다. 김정렬 장군은 일본 공군에서 대위까지 진급했고, 전투기 조종사로 동남아에서 참전한 경험도 있었다. 김정렬 장군은 여의도 비행장에서 나를 기다리고 있었다. 그는 나에게 어디서 비행을 했느냐 묻더니, 곧바로 내가 다리 밑으로 비행기를 몰고 통과하는 것을 다 봤다고 말했다. 그러면서 비행기를 타고 다리 밑을 통과하면 안 된다고 나무랐다.

다리 밑으로 비행기를 모는 것은 불군기不軍紀 비행, 즉 군법으로 따지면 범죄에 해당하는 행동이었다. 김정렬 장군은 그런 비행은 조종사 본인에게도 위험하지만 다른 사람들에게도 위험할 수 있기 때문에 해서는 안 되는 비행이라고 지적했다. 김정렬 장군은 훈계를 마치고 내게 벌을 내렸다. 한 달 동안 비행 금지. 이러한 사실은 언론에 공개된 적이 없었다. 그런데 몇 해 전 『백범일지』 어린이 독후감 대회에 참석했을 때, 한 아이가 나에게 물었다.

"할아버지, 옛날에 비행기 타고서 진짜로 한강 다리를 통과했어요?"

나는 그렇다고 대답했다. 아이는 감격한 얼굴로 함께 사진을 찍자고 했다. 언젠가 노무현 대통령이 백범기념관을 방문했는데, 안내하는 나에게 노 대통령이 대뜸 물었다.

"김 장군님, 옛날에 비행기 타고 진짜 한강 다리 밑으로 지나가셨습니까?"

내가 한강 다리 밑을 통과한 것은 누군가에게 자랑을 하기 위해서가 아니었다. 그런 비행이 위험하다는 것은 나도 잘 알고 있었다. 위험한 일을 감행해 남에게 자랑하는 것 따위는 내 성격과 거리가 멀다. 나는 그저 대한민국의 하늘에서 태극기가 달린 비행기를 몰고 있다는 기쁨을 누를 길이 없었기에, 그렇게 해서라도 그 기쁨을 나타내야만 했다.

육군항공대에서의 활동

육군항공대는 여의도 비행장에서 시작해 김포로 이동했다가 다시 여의도로 옮겼다. 당시 육군항공대에는 3개 중대가 있었다. 3개 중대 모두가 비행할 수 있을 정도로 비행기가 많지는 않았다. 그러나 앞으로 늘어날 것에 대비해 일단 3개 중대를 만들어 놓았다. 나는 3중대장을 맡았다. 1중대는 김정렬 장군의 동생 김영환金英煥 씨가 맡았다. 김영환 씨는 당시까지 비행 경험이 많지는 않았던 걸로 기억한다. 2중대는 장성환張盛煥 씨가 맡았다. 일본 와세다대학을 졸업한 장성환 씨는 전투기보다는 주로 수송기를 몰던 분이었다.

육군항공대가 틀을 갖춰 나갈 무렵, 제주도에서 4·3사건이 일어났다. 우리는 여의도에서부터 L-5 비행기를 몰고 제주도까지 날아갔다. 임무는 정찰과 전단 살포였다. 여순사건에도 투입되어 정찰과 전단 살포 임무를 수행했다. 때때로 요인 수송 임무도 맡았다. 무장 비행기가 없었기 때문에 연락 비행과 선무 공작 이상의 임무는 수행할 수 없었다. 그 뒤에는 옹진 전투에 참가했다. 38선으로 남과 북이 나뉘고 각각의 정부가 들어선 다음부터 전투가 심심찮게 벌어졌다. 우리는 야간에 황해도 해주까지 비행해서 전단을 뿌렸다.

1949년 8월 장제스 총통이 진해를 방문했다. 명목상으로는 아시아 민족반공연맹 추진을 위한 방한이었지만, 진짜 목적은 따로 있었다. 그때는 아버지가 돌아가신 직후여서, 내가 아버지 대신 장제스 총통에게 인사를 드리러 갔다. 장제스 총통이 방한한 진짜 목적은 한국 군대를 빌리기 위해서였다. 당시 국민당 군대는 공산당 군대에 밀려 거의 힘을 잃은 때였다. 특히 공산당이 만주에 있던 한국인 부대를 앞세워 밀고 내려왔기 때문에 자신도 한국 군대를 전면에 내세워 보려 했다.

장제스 총통과 관계가 각별했던 아버지가 살아 계셨다면, 그때 어떤 판단을 하시고 무슨 말씀을 하셨을까? 그러나 당시 한국 입장에서는 군대를 빌려 줄 수가 없었다. 한국도 38선을 사이에 두고 북한과 대치하고 있었기 때문이다. 그로부터 1년 뒤, 북한의 남침으로 민족상잔의 비극이 벌어지고 말았다.

8장

선생님은 가셨는데 무슨 말씀 하오리까

피할 수 있었던 암살

38선이 굳어져 가면서 아버지를 비롯한 임시정부 사람들은 어떻게든 남과 북을 하나로 합쳐 보려고 갖은 노력을 다했다. 그러나 사람들은 말했다.

"백범이 공산당에게 이용당했다."

"백범은 남쪽의 대통령이 되겠다는 욕심이 있는 게야."

아버지는 국내에 들어와서 윤봉길 의사 추도식을 할 때 애국가 4절 가운데 "괴로우나 즐거우나 나라 사랑하세"라는 부분을 한 번 더 부르자고 제안하신 적이 있었다. 나는 궁금한 마음에 그 이유를 물었다.

"아버님, 왜 애국가 4절을 한 번 더 부르자고 하신 겁니까?"

아버지는 진지하게 대답하셨다.

"나라 사랑은 기쁠 때, 마음이 편하고 좋을 때만이 아니라 고통스럽고 가슴이 아프고 못 참을 때도 해야 한다. 나라 사랑은 변하면 안 된다는 정신이 있었기 때문에 해외에서 독립운동을 계속할 수 있었고,

감옥에 있으나 어디 있으나 모든 고난을 다 이겨 낸 것이다. 그것 없이 좋을 때만 나라 사랑하고, 슬프고 고단하고 배고프고 추울 때는 나라 팔아먹고 변절하는 건, 그건 애국일 수 없지 않느냐."

아버지의 마음은 늘 이러했다. 괴로워도 오로지 나라를 사랑하자는 마음을 품고 독립운동을 하셨던 아버지에게 해방 후 개인의 영화를 위해 민족을 배신했다고 말하는 사람들은 도대체 누구란 말인가. 아버지는 공산당이 어떤 의도를 가지고 있는지 잘 알고 계셨다. 그러나 중국에서 같은 민족이 공산당과 국민당으로 나뉘어 싸우는 비극을 목격했기 때문에, 어떻게든 동족상잔의 비극을 막아 보고자 했던 것이다.

아버지는 충칭에 있던 김두봉과 김약산이 북에 가 있고, 옌안에 있던 세력도 북에 있었기 때문에 어렵기는 하지만 최소한 단독 정부만은 피하자는 심정에서 평양에 가는 걸 계획하셨던 것이다. 오늘날 역사학자들 중에 아버지가 하신 일을 두고 "불가능한 것을 하려고 했다", "준비가 부족했다", "국제 정세를 이해하지 못했다"고 평가하는 사람들이 있다. 그러나 당시로서는 일단 단독 정부 수립을 막는 일이 시급했다는 사실을 인정해야 한다고 본다. 이것저것 따져서 일을 추진할 상황이 아니었다.

냉정하게 말하면, 아버지가 사람들에게 비난을 듣는 데는 이승만 박사도 일조했다. 해방 후 이 박사가 국내에 들어왔을 때는 지지 기반이 탄탄하지 못했다. 반대로 아버지가 참여한 한국독립당은 서울과 지방 모두에서 상당한 지지를 받았다. 이 박사는 한독당과 협력하지 않으면 안 된다는 것을 잘 알고 있었다. 그런데 아버지가 남북한 하나의 정부를 추진하려고 하자 앞으로 치고 나와서, 김구는 되지도 않는 어려운 길을 가려 한다며 남한만의 단독 정부 수립을 강하게 주장하고 나섰다.

국민 다수의 요구에 의해 반민특위反民特委(반민족행위특별조사위원회)가
생겼다. 반민특위는 친일 행위를 했던 사람들을 속속 잡아들였다. 그
런데 고등계 형사 출신으로 독립지사들을 검거하고 고문하는 등 악명
을 떨친 친일 경찰 노덕술盧德述이 이승만 박사를 찾아가, 당신은 정치
적 기반이 없으니 자기들이 협조를 해 주겠다면서 반민특위 활동을 제
지시켜 달라고 요청했다. 이승만 박사는 요청을 받아들여 반민특위를
해산하고 무기를 회수해 버렸다. 결국 친일 행위를 한 사람들에 대한
처벌은 제대로 이루어지지 않았다.

사정이 이렇게 돌아가면서 친일 세력의 기세가 등등해지는 지경에
이르렀다. 아버지를 저격한 안두희는 이 세력의 말단 하수인이었을 뿐
이다. 아버지 암살은 정계와 군경 계통 친일파들이 치밀하게 모의하고
작전을 짠 뒤에 이루어졌다. 사실 아버지의 암살은 막을 수도 있는 일
이었다. 사람들은 돌아가는 분위기가 심상치 않자 아버지에게 불안한
정치 상황에 대해 많은 이야기를 했다.

그러던 중에 아버지에 대한 암살 계획을 서북청년단의 한 젊은이가
대광중학 교감 박동엽朴東燁 선생에게 알렸다. 박동엽 선생은 이것을
김승학金承學 선생에게 알렸다. 김승학 선생은 평북과 황해도에서 임시
정부의 연락 조직을 만드는 등 많은 활약을 한 분으로, 많은 군자금을
모금하고 애국 청년 수백 명을 독립군에 참여시켰다. 김승학 선생은
사건이 일어나기 전날 아버지를 만났다.

"백범, 위험합니다. 간악한 무리들이 암살 계획을 세웠다지 않습니
까? 잠시 해외에라도 나가 계셔야겠어요."

"괜한 소리 마시오. 어떻게 찾은 나라인데 내가 조국을 떠난단 말

입니까."

아버지는 단호히 거절하셨다. 아버지를 설득하는 데 실패한 김승학 선생은 나에게 찾아와서 말했다.

"근간에 무슨 일이 생길 것만 같다."

김승학 선생은 아버지를 설득해서 병원에 입원이라도 시키는 것이 좋겠다고 했다. 사람이 많은 곳으로 외출하는 일도 삼가야 한다고 말했다. 나도 큰 걱정을 안고 아버지에게 말씀드렸다.

"아버님, 지금 상황이 좋지 않으니 잠시 병원에 입원하시는 것이 좋겠습니다."

그러나 아버지는 요지부동이었다.

"내 평생 그런 거 무서워한 적 없다. 내일 목이 꺾이더라도 할 일은 하겠다."

그 누구도 아버지의 고집을 꺾을 수 없었다.

다음 날 나는 유엔임시한국위원단을 수행하게 됐다. 유엔임시한국위원단은 옹진 일대에서 전투가 벌어지는 등 분쟁이 끊이지 않자 유엔에서 실태 조사차 파견한 위원단이었다. 나는 비행기를 타고 유엔임시한국위원단을 수행해 현지로 조사를 하러 갔다. 현지에 도착한 뒤 얼마 지나지 않아 통역관 이수영李壽榮이 급하게 나를 찾았다. 서울에서 긴급한 일이 벌어진 것 같으니 빨리 돌아가라는 것이었다. 나는 그 말을 듣자마자 속으로 외쳤다.

'아이코! 기어이 일이 터지고 말았구나!'

아버지의 장례식

옹진에서 직접 비행기를 몰고 서울로 돌아올 때 여의도 비행장에 착륙할 예정이었다. 그러나 나는 아버지가 머물고 계신 경교장 상공에 먼저 가 봐야만 할 것 같았다. 상공에서 경교장 주변을 살펴보니 경교장 올라가는 길과 앞마당이 흰옷 입은 사람들로 꽉 들어차 있었다. 정말로 큰일이 터졌다는 것을 알 수 있었다. 코끝이 뜨거워지기 시작했다.

비행장에 내려 차를 타고 경교장으로 향하는 시간. 실제로는 그리 길지 않은 시간이었지만, 나에게는 세상에 태어나 가장 긴 시간이었다. 이윽고 경교장에 도착해 2층으로 올라갔다. 아버지의 시신이 모셔져 있었다. 조문객들이 끝없이 이어졌다. 조문객이 워낙 많아서 경교장 지하실 넓은 장소로 시신을 옮기기로 했다. 시신을 옮기기 전 1층 응접실에서 입관식을 치렀다.

입관식은 천주교 신부님, 불교 스님, 기독교 목사님이 차례대로 집도했다. 성모병원 박병래朴秉來 원장이 다른 종파 사람들이 오기 전에 이미 신부님과 수녀님들을 모시고 천주교식으로 입관식을 치렀다. 그 다음에 바깥에서 스님들이 불교식으로 진행하고, 목사님이 기독교식으로 진행을 했다. 나는 천주교식으로 입관식 하는 것을 잠깐 보고 나서 유해를 지하실로 모셨다.

장례식 준비를 할 때 한독당 계통의 사람들과 임시정부 요인들이 모여 장례 절차를 의논했다. 이때 재무부 장관 김도연金度演 씨와 상공부 장관 임영신任永信 씨가 정부 대표로 찾아왔다. 이들은 국무회의에서 국장國葬으로 모시기로 결정이 났다며 국고에서 장례 비용을 지원하겠다고 했다. 장례 비용은 당시 돈으로 약 900만 원쯤이었고, 그중

아버지의 장례식

서거하신 다음 날인 1949년 6월 27일, 부산에서 올라온 애국부인회 회원들이 경교장 빈소의 영정 앞에서 통곡하는 모습. 왼쪽은 임시정부 인사들, 오른쪽은 나를 포함한 유족들이다.

3분의 2 정도가 국고에서 충당되었던 것으로 기억한다. 그런데 이들의 얘기를 듣고 있던 조완구 선생이 화를 억누르지 못하고 폭발했다.

"이놈들아! 너희들이 죽이고 나서 무슨 국장을 한다고? 이런 나쁜 놈들을 봤나!"

회의 장소는 아수라장이 됐다. 다시 나의 코끝이 뜨거워졌다. 조완구 선생의 생각이 당시의 민심이었다. 주변에서 말리고 해서 간신히 진정이 된 후 어떤 식으로 장례를 치를 것인가에 대해 다시 의논하기 시작했다. 한편에서는 국장으로 하자, 다른 한편에서는 민족장民族葬으로 하자며 의견이 맞섰다. 그러다가 국장과 민족장을 합해 국민장國民葬으로 하는 것으로 결론이 났다. '국민'國民을 뜻하는 '국민장'이 아니라 '국가와 민족'을 합한 '국민장'이었다.

이승만 박사도 프란체스카 여사와 함께 조문을 왔다. 10일장을 마치고 영결식을 하기 하루 전날인 7월 4일 오전 9시 50분경이었다. 이승만 박사는 영정에 간단히 목례를 올리고 나와 악수를 한 뒤 돌아갔다. 나중에 안 사실이지만 낭설이 하나 퍼져 있었다. 이 박사가 백범이 죽었다는 소식을 듣고 제일 먼저 경교장으로 달려와 나에게 "내가 아버지가 되어 주마"라고 했다는 낭설이었다. 10일장 마지막 날에야 찾아와서 나와 형식적인 악수만 나눈 채 떠난 것이 진실이다.

아버지가 돌아가셨을 때 나의 아내는 임신 6개월째였다. 아버지는 아들인지 딸인지 알아보기 위해 며느리를 데리고 한국은행 근처 산부인과를 찾아가셨다. 산부인과 의사는 아들이라고 했다. 아버지는 집안의 대를 이을 손자가 생겼다며 무척 기뻐하셨다. 아버지는 임신한 며느리가 혹시라도 잘못될까 봐 집에서 가만히 몸조리만 하기를 바라셨다.

"애야, 일을 많이 하고 다니지 말고 그냥 집에서 쉬어라."

발인　1949년 7월 5일

　　며느리와 뱃속의 손자를 끔찍이 사랑하셨던 아버지는 결국 손자의 얼굴도 보지 못한 채 돌아가시고 말았다. 나는 가슴을 쥐어뜯는 안타까움과 슬픔을 가눌 길이 없었다. 장례식을 치르고 나서 사람들이 상여를 메고 동대문운동장까지 걸어서 갔다. 사람들이 구름처럼 몰려들었다. 건국 이후 그렇게 큰 장례식은 없었다. 상여가 나갈 때 아내는 만삭의 몸으로 상여를 따랐다. 그러나 주변 사람들이 극구 말려서 끝까지 따르지는 못했다.

　　나는 유족 대표로 상여 앞에 섰고, 옆으로 먼 친척 되는 분들이 따랐다. 상여 양쪽으로 학생들의 행렬이 이어졌고, 맨 앞쪽에서 군악대가 행진을 했다. 상여 맨 뒤에는 아버지가 타시던 자동차가 따라왔다. 동대문운동장은 발 디딜 틈이 없었다. 추도사는 여러 명이 했다. 사람들의 심금을 가장 깊게 울린 추도사는 엄항섭嚴恒燮 선생의 글이었다.

선생님, 선생님, 선생님은 가셨는데 무슨 말씀 하오리까. 우리들은 다만 통곡할 뿐입니다. 울고 다시 울고 눈물밖에 아무 할 말도 없습니다. 하늘이 선생님을 이 땅에 보내실 적에 이 민족을 구원하라 하심이니 74년의 일생을 통해 다만 고난과 핍박밖에 없습니다. 청춘도 명예도 영화 안락도 다 버리고 만리 해외로 떠다니시며 오직 일편단심 조국의 광복만을 위해 사셨습니다.

선생님은 가셨는데 무슨 말씀 하오리까. 우리들은 다만 통곡할 뿐입니다. 울고 다시 울고 울음밖에 아무 말도 없습니다.

여기 잠깐 우리들은 월인천강月印千江(하늘의 달이 높이 떠서 천 개의 강에 두루 비친다)이란 말을 생각합니다. 다시금 헤아려 보면 선생님은 결코 가시지 않았습니다. 삼천만 동포의 가슴마다에 계십니다. 몸은 무상해 흙으로 돌아가고 영혼은 하늘의 낙원에 가셨을 것이로되 그 뜻과 정신은 이 민족과 역사 위에 길이길이 계실 것입니다.

선생님! 우리들은 선생님의 끼치신 뜻을 받들어 선생님의 발자국을 따라 최후의 일각까지 민족을 위해 삶으로써 선생님의 신도 되었던 아름답고 고귀한 의무를 다하기로 선생님의 위대하신 영전에 삼가 맹서합니다.

정부는 상여가 나가는 날 폭동이 일어날까 두려워 상여를 호위하는 경찰들에게 권총을 지급했다. 그리고 주요 지점마다 장갑차를 배치했다. 서울역 쪽에는 장전한 기관총을 장착한 장갑차를 배치했다. 계엄령 선포 상황이나 마찬가지였다. 지방에서 영결식에 참가하기 위해 많은 사람들이 올라오는데, 중간에서 가로막기까지 했다.

아버지가 돌아가신 뒤, 보이지 않는 세력들의 견제와 압력은 집요하기만 했다. 한번은 아버지 묘소 주변을 정리하러 가는데, 묘소로 가는 길목에서 형사들이 묘소 가는 사람들의 신원을 일일이 조사하고 있었다. 형사들은 나마저도 조사를 하려 했다. 분한 마음에 소리쳤다.

"이놈들아! 너희는 아비 어미도 없느냐! 내가 우리 아버지 묘소에 가겠다는데, 왜 간섭을 하느냐. 누가 그렇게 하라고 시켰느냐?"

형사들은 우물쭈물하며 할 말을 찾지 못하다가 간신히 대답을 했다.

"우리는 위에서 하란 대로 합니다."

친일 세력은 아버지를 제거하고 나자 한독당 사람들을 탄압하기 시작했다. 지방에 있는 사람들까지 모두 찾아내어 자료를 만들었다. 그러고서 남북 협상을 주도했다는 이유로 한독당을 친공親共 세력으로 몰아갔다. 당시 경교장 안에는 여러 자료가 많았다. 지하실 창고에는 지방 한독당의 조직표와 명단, 당원들이 보내온 혈서, 심지어 자신의 손가락을 잘라 알코올 병에 넣어 보내온 것까지 있었다.

가장 중요한 것은 한독당 조직 관련 자료였다. 전체 조직표와 명단을 나뒀다가는 모든 당원이 다 잡혀갈 것이라는 생각이 들었다. 나는 지하 보일러실에서 한독당 관련 자료를 모두 소각했다. 만일 소각을 하지 않았으면 더 많은 사람이 탄압에 시달려야 했을지 모른다. 한독당 조직부장이었던 김학규金學奎 씨가 자료를 소각한 것으로 알려졌지만, 사실은 내가 직접 소각했다.

좌익계 인물들을 전향시켜 별도 관리하려는 목적으로 조직한 국민보도연맹國民保導聯盟에 많은 사람들이 편입될 때, 한독당 사람들이 많았다. 한독당 사람들을 공산당과 똑같이 취급했기 때문이다. 그런 사람 중에 경교장에 자주 드나들던 신현상申鉉相이라는 사람이 있는데, 그는 아나키스트였다. 그가 보도연맹에 편입되고 나중에 죽임을 당한 진짜 이유는 누가 친일파인지 정확히 파악하고 있기 때문이었다. 한국

전쟁 중에 대전 형무소에서 보도연맹원들이 학살당했을 때, 보도연맹으로 엮여서 잡혀간 한독당 사람들도 모두 죽임을 당했다. 신현상 씨도 그때 유명을 달리했다.

아버지 장례식을 치른 뒤에 나는 유품을 정리했다. 아버지가 입으셨던 옷 중에 쓸 만한 것은 모두 필요한 사람들에게 주었다. 옷을 정리하고 가방을 열어 보니 아무것도 들어 있지 않았다. 아버지가 살아 계실 때 가방 안에는 돈이 꽉 차 있던 적이 많았다. 그런데 얼마 지나지 않으면 돈이 다 없어지곤 했다. 때때로 금붙이 같은 것이 들어 있을 때도 있었다. 그것들도 시간이 얼마 지나지 않아 없어졌다. 아버지에게 물어보았더니, 생활이 어려운 동지들이 찾아오면 모두 내주었다고 하셨다.

아버지는 재물이나 권력에 아무런 욕심이 없는 분이었다. 그렇기 때문에 나는 아버지가 임시정부를 이끌 수 있었다고 생각한다. 많은 당파가 난립하며 서로 주도권을 잡기 위해 싸우는 와중에도 결국은 아버지의 진심을 이해하고 공산당까지도 연합해서 항일 투쟁을 할 수 있었던 것이다.

나 역시 아버지처럼 어릴 때부터 가난한 생활을 했다. 그것을 당연한 숙명으로 여기며 살았다. 나라를 빼앗긴 사람에게 부유한 생활이 무슨 의미가 있을까. 나라가 크든 작든, 부강하든 가난하든, 자기 나라가 있다는 것은 행복한 일이다.

경교장에서 금화장으로

아버지가 임정 요인들과 귀국하면서 머물렀던 경교장은 일제 강점기에 사업으로 돈을 많이 번 최창학崔昌學 씨의 개인 집이었다. 최창학 씨는 임정 사람들이 국내로 들어오자 경교장을 아버지에게 내주었다. 이제 아버지가 돌아가셨으므로 집을 비워 줘야 했다. 집주인이 나가라고 하지는 않았지만 큰 집에 혼자 있으려니 몸에 맞지 않는 큰 옷을 입은 느낌이었다. 어떻게 해야 할지 걱정하고 있는데, 주한 중국 총영사 류위완 선생이 도움을 주었다.

미군은 남한에 주둔하면서 일본인들이 남기고 간 재산, 즉 적산敵産을 관리하다가 한국 정부에 귀속시켰다. 적산 가운데 비교적 괜찮은 가옥들은 미군이 썼다. 그리고 김규식金奎植 박사처럼 외국에 있다가 귀국한 사람들도 국내에 머물 곳이 없었으므로 적산 가옥을 받아 사용했다. 당시 류위완 총영사도 적산 가옥 중 하나를 영사관으로 쓰기 위해 군정청에 부탁해서 서대문 사거리 근처 금화장金華莊이라는 집을 하나 얻었다. 건축 회사를 운영하던 일본인의 집이었고, 집 주변에는 건축 회사 직원들의 관사가 있었다.

아버지는 중국과 연락을 취할 일이 있으면 류위완 총영사를 통해 금화장에서 연락을 했다. 금화장에서 장제스 총통을 비롯한 중국 측 요인들과 통화를 할 때도 많았다. 류위완 총영사는 아버지와 장제스 총통의 각별한 관계를 잘 알기 때문에 적극적으로 도와주었다. 그런데 이분이 유엔 본부로 발령이 나서 한국을 떠나게 됐다. 류위완 총영사는 내가 경교장에서 나가야 할 처지라는 것을 알고 금화장에 와 있으라고 했다. 나는 금화장이 정부 귀속 재산이라는 사실을 모른 채 이사해 살기 시작했다.

그런데 중국 총영사관이 금화장에 자리 잡기 전부터 그곳을 눈여겨 보던 사람이 있었다. 바로 이승만 박사의 부인 프란체스카 여사였다. 프란체스카 여사는 처음 금화장에 미국 사람이 살 때 집 구경을 한 뒤 부터, 미국 사람이 나가면 그 집을 써야겠다고 생각했던 것이다. 그러 나 이런저런 이유로 계획을 실행에 옮기지 못하고 있다가, 중국 총영 사가 한국을 떠나고 내가 금화장으로 이사하자 다시 생각이 떠올랐던 모양이다.

나와 아내가 금화장에 들어가 큰아이도 낳고 잘 살고 있는데, 어느 날 국방부 장관 신성모申性模 씨가 사람을 보내왔다. 노량진에 집을 하 나 마련했으니 지금 살고 있는 집을 내놓고 이사하라는 기별이었다. 신성모 씨가 권한 노량진의 집은 언덕 위에 있었는데, 일본 사람이 병 원으로 쓰던 집이었다. 나는 가지 않겠다고 했다. 신성모 씨가 직접 찾 아와 나가 달라고 했지만 계속 버텼다.

내가 금화장을 비워 주지 않고 버틴 데는 이유가 있었다. 먼저 법적 으로 따져도 문제가 없었다. 정부는 적산을 민간인에게 매각했다. 매 각할 때 우선권은 먼저 들어와 살고 있던 사람에게 있었다. 법적으로 도 집에 대한 우선권은 나에게 있는 것이었다. 멀쩡히 잘 살고 있는 사 람에게 우선적으로 매각해야 하는데, 무조건 나가라는 것은 부당한 처 사라고 판단했다. 그다음으로는 정권의 협조와 방조 속에 아버지가 흉 탄을 맞고 돌아가셨기 때문에 물러서기가 싫었다.

프란체스카 여사가 눈독을 들인 탓에 집을 떠나라는 압력은 끊이지 않았다. 그러나 나는 끝까지 버텼다. 결국 1962년에 와서야 합법적으 로 수속을 밟아 정부에 돈을 내고 내 이름으로 등기를 마칠 수 있었다.

금화장에 눈독을 들인 사람은 프란체스카 여사 말고도 또 있었다. 자유당 시절 1956년부터 2년간 국방부 장관을 지낸 김용우金用雨 씨였다. 김용우 씨는 당시 서대문 아현동에서 살았는데, 외국 장성들과 파티를 할 때 쓸 적당한 집을 찾고 있었다.

그는 금화장이 마음에 들었는지 국방부 장관 관사로 등록해 쓰려고 했다. 그래서 국방부 총무국장이 밤낮없이 찾아와 나에게 집을 내놓으라고 엄포를 놓았지만, 나는 절대로 안 된다고 했다. 경무대에서 얘기해도 듣지 않은 내가 김용우 씨가 압력을 가한다고 해서 집을 비울 일은 절대로 없었다.

그러나 어쩔 수 없이 금화장을 비워야 했던 적도 있었다. 한국전쟁 때였다. 인민군이 서울을 점령했을 때 소련 군사고문단이 금화장에 머물렀다. 그때까지도 금화장 서재에는 아버님이 돌아가시기 직전까지 쓰시던 경교장의 탁자, 의자, 붓 같은 것들을 생전과 같이 배치해 놓았다. 나중에 들으니 인민군은 그 모든 유품에 딱지를 붙여서 봉해 놓았다고 한다. 전쟁이 끝나고 돌아와 보니 금화장은 심하게 파손돼 있었다. 프란체스카 여사는 그렇게 파손되었다는 것을 알고서야 금화장을 단념했다.

이승만 대통령과의 면담

프란체스카 여사가 집을 비우라고 신성모 국방부 장관을 통해 압력을 넣을 때, 나는 이승만 대통령을 한번 만나 봐야겠다고 생각했다. 경무대에 이 대통령을 만나고 싶다는 청을 넣고 한참이 지나 겨우 약속이

잡혔다. 경무대에 갔더니 이화장에 있을 때부터 경호를 맡은 김장흥金
長興과 곽영주가 나를 맞이했다. 김장흥과 곽영주는 머리부터 발끝까지
내 몸을 수색하도록 했다. 혹시 무기라도 숨겨 왔을까 의심했던 것이
다. 나는 은근히 기분이 나빠 한마디 던졌다.

"이게 무슨 짓들이오!"

김장흥과 곽영주는 내 말에 덤덤히 대답했다.

"이제는 국가 원수이시기 때문에 규정상 어쩔 수 없습니다."

이 대통령을 만나 처음 꺼낸 얘기는 아버지 산소에 참배하러 갈 때
검문당한 일이었다.

"아버님이 비참하게 돌아가신 것도 억울한데, 참배하러 가는 사람
들을 일일이 조사하는 것이 말이 됩니까? 심지어 아들인 저도 조사를
당했습니다."

내 말이 끝나자 이 대통령은 비서실장을 불렀다. 그러고는 이런 일
이 사실이냐 물었다. 비서실장은 알아보겠다고 답했다. 다음으로 나는
금화장 얘기를 꺼냈다.

"아저씨, 제가 그곳에 살 자격이 없습니까?"

나는 이승만 대통령을 '대통령 각하'라 부르지 않고 아저씨라 불렀
다. 이 대통령이 예전부터 나를 조카처럼 대했기 때문이기도 하고, 각
하라 부르면 거리감이 생길 것 같아 그렇게 부른 것이다. 이 대통령도
내가 아저씨라고 부르는 것에 대해 뭐라 하지 않았다. 이 대통령은 이
번에도 비서실장을 불러 몇 마디 주고받았다. 비서실장과 얘기할 때
이 대통령의 볼이 씰룩씰룩 하는 것이 보였다. 이 대통령은 기분이 좋
지 않을 때 볼을 씰룩거리며 말하는 습관이 있었다.

"자네에 대해 밖에서 말이 너무 많아. 그러니 영국에 가서 공군 공

부를 더 해 보게. 영국은 작은 나라지만 전통이 있는 나라니 그곳에서 공부하면 얻는 게 많을 거야. 영국에서 공부하는 동안 가족은 내가 돌봐 주겠네."

그러나 나는 못 나간다고 못을 박았다.

"대한민국 공군 중에 미국에서 정식 훈련을 받고 온 건 저 하나밖에 없는데, 못 간 사람들을 훈련시켜야지 왜 저에게 나가라고 하십니까? 그리고 저는 해외에서 너무 오랫동안 지냈기 때문에 지금 우리나라 군인으로 복무하는 걸 무한한 영광으로 생각하고 있습니다."

면담은 이렇게 서먹한 상태로 끝났다. 당시 서울시 경찰국장은 일본 육군 출신 박병배朴炳培 씨였다. 서울시 경찰국장은 힘이 대단해서 경무대의 곽영주, 김장흥 같은 이들과 가깝게 지냈다. 박병배 씨는 4·19혁명 이후 민주당 정권이 들어선 뒤, 민주당 계통과 어떤 관계가 있었는지 모르지만 국방부 정무차관이 됐다. 나는 국방부에 출입할 일이 많다 보니 어느 날 박병배 씨와 마주쳤다. 박병배 씨는 나를 보자 이 대통령 당시의 일을 회상하며 뜻 모를 말을 꺼냈다.

"난 김 장군만 보면 가슴이 두근두근해."

나는 무슨 뜻인지 몰라 왜 그런 말씀을 하시냐고 물었다.

그랬더니 박병배 씨는 경찰국장 시절 '공군의 날' 행사를 누가 계획하고 지휘하는지 조사한 적이 있다고 고백하며 당시 일을 말해 주었다. 지금은 10월 1일이 '국군의 날'이지만, 1950년대 당시만 하더라도 10월 1일은 '공군의 날'이었다. 해마다 '공군의 날'이면 한강 철교 근처 백사장 위에서 편대비행을 했다. 그리고 모형으로 만든 인민군 탱크에 기총 사격을 하고 포탄을 떨어뜨리는 행사를 했다. '공군의 날' 행사에는 대통령이 꼭 참석했다. 외국 대사, 정부 요인들도 참석하고, 학생과 군인 등 각계각층 사람들을 초청했다.

당시 '공군의 날' 행사는 모두 내가 계획하고 지휘했는데, 경무대 쪽에서는 책임자가 나라는 것을 알고 혹시 사고가 날까 걱정을 많이 했다고 한다. 내가 이상한 마음을 먹고 네이팜탄을 백사장에 떨어뜨릴지도 모른다는 걱정을 했다는 것이다. 그래서 박병배 씨가 시간이 많이 흘렀음에도 나를 보고 가슴이 두근거린다고 말한 것이다. 이와 비슷한 소문들이 꾸준히 이 대통령 귀에 들어갔으니, 이 대통령 입장에서는 나를 외국으로 내보내고 싶었을 법하다.

그러나 이승만 대통령이 나에게 영국 유학을 권한 것이 꼭 그 때문이었다고 단정하기는 싫다. 백범의 하나밖에 남지 않은 아들을 어떻게든 살려 보려는 뜻이었을 가능성도 없지 않다. 당시 분위기로 볼 때 내가 한국에 남아 있으면, 주변에서 나를 계속 견제하고 없애려 할 것 같다고 판단했을 수도 있는 것이다. 어쩌면 나에 대한 견제와 배려가 모두 섞인 권유였는지도 모른다.

이승만 암살 미수 사건의 내막

아버지가 돌아가시고 나서 정보국 요원들이 나의 일거수일투족을 감시했다. 누구와 접촉하는지, 집에 어떤 사람들이 방문하는지 등을 철저히 살폈다. 내가 어디를 나갈 때면 지프차가 늘 따라붙었다. 정보국 사람들은 옷도 갈아입고 사람도 바꾸었지만, 그들이 타고 다니는 차가 군용차였기 때문에 나는 미행당한다는 사실을 쉽게 알아챌 수 있었다.

그들에게는 내가 눈엣가시 같은 존재였기에, 내가 비행기를 몰고 북한으로 갈 것 같다는 말도 안 되는 보고를 하기도 했다. 그런 보고가 들어간 뒤 나는 비행기를 타지 못하고 지상 근무만 해야 했다. 결국 나는 시흥에 있는 육군보병학교로 보내졌다. 내가 공군에서 밀려난 것은 정보 계통에서 공작을 한 탓도 있지만, 공군 내부에도 나를 견제한 세력이 있기 때문이었다.

나는 공군에서 밀려난 뒤 하루하루를 조심스럽게 보냈다. 근무 마치고 집에 돌아오면 혹시라도 오해를 살까 봐 밖에 나가지도 않았고, 누군가를 만나지도 않았다. 그런데 어느 날 금화장으로 허름한 복장을 한 30세 전후의 청년이 찾아왔다. 누구냐고 물으니 조용한 방에서 드릴 말씀이 있다고 했다. 나는 방으로 청년을 데려갔다. 청년은 주위를 한번 둘러보고 나에게 말했다.

"저는 김일성 장군이 밀파해서 내려왔습니다. 중대한 임무를 가지고 왔습니다."

나는 이상한 느낌이 들었지만 일단 말이나 들어 보자는 생각에 어떤 임무를 가지고 왔느냐 물었다. 그 청년은 사뭇 비장한 표정을 지으며 말했다.

"이승만을 암살하러 왔습니다."

나는 어이가 없었지만 얘기를 좀 더 들어 보고 싶어 청년에게 질문을 했다.

"이승만을 어떻게 암살할 겁니까?"

청년이 대답했다.

"광화문 근처를 지날 때 트럭으로 막아 놓고 총으로 쏘면 됩니다."

청년의 계획은 정말 말도 안 되게 허술했다. 청년은 암살 계획을 말하고 나서 나에게 부탁했다.

"38선을 걸어 내려오느라 제대로 먹지도 자지도 못했습니다. 이런 몰골로 찾아와서 죄송합니다. 3, 4일 후에 다시 찾아올 테니 약간의 돈과 권총 한 자루를 마련해 주십시오."

청년은 말을 마치자마자 서둘러 자리를 떠났다. 나는 뭔가 심상치 않은 일이 벌어질 것 같다는 느낌을 받았다. 다음 날 아침 나는 국방부 장관 신성모 씨에게 면담을 신청하고 마포에 있는 관사로 찾아갔다. 신성모 장관에게 이러저러한 일이 있었다고 설명하고 느낌이 이상하니 나를 좀 보호해 달라 요청했다. 신성모 장관과 만난 그날 밤부터 사복 차림의 정보 계통 사람 두 명이 우리 집 바로 옆에 상주했다.

그런데 내가 신성모 장관을 찾아갔을 때, 응접실에 나 말고도 다른 손님이 있었다. 중간에 칸막이가 있었지만 그가 하는 얘기가 다 들렸다. 그는 신성모 장관에게 임시정부에서 독립운동 하던 사람들을 이번 기회에 싹 정리해야 한다고 말했다. 그러면서 그는 내 얘기까지 꺼냈다.

"뿌리까지 완전히 없애야 합니다. 김신을 그냥 놔두면 상상할 수도 없는 위험이 올 수도 있습니다."

신성모 장관은 내가 옆에 있는 것을 알고 있었으므로 누가 들으니 그런 말은 하지 말라며 그 손님을 제지했다. 신성모 장관과 대화를 하던 사람은 최달하崔達河였다. 그는 중국 칭다오青島에서 국영 담배 회사를 매각 받았던 인물이다. 최달하는 난징에 있다가 임시정부가 국내로 돌아간 뒤 주화대표단 활동을 주도하려 했지만 뜻대로 되지 않았다. 당시 단장 대리로 있던 민필호 선생이 가만 두고 보지 않았기 때문이다.

그래서 최달하는 해외에서 독립운동을 하던 사람들에게 앙심을 품었고, 신성모 장관에게 외국에서 들어온 사람들은 모두 숙청하고 뿌리까지 다 뽑아야 한다고 말했던 것이다. 그런데 신성모 장관 역시 해외에 오래 있다가 들어온 사람이었다. 신성모 장관은 블라디보스토크, 상하이를 거쳐 영국에서 유학한 뒤, 항해사 자격을 얻어 해외 각지에서 활동했다. 내가 이런저런 일 때문에 사이가 벌어지기 전까지 신성모 장관과 친분을 유지할 수 있었던 것도 해외파라는 공감대가 있었기 때문이었다.

아무튼 며칠이 지나 정말로 수상한 청년이 다시 찾아왔다. 이번에는 말끔한 차림새였다. 청년이 집 안으로 들어오자마자 정보 계통 사람들이 청년을 덮쳐 수갑을 채워서 끌고 갔다. 나는 신성모 장관을 찾아갔을 때 들은 얘기가 있었기에, 그 사람들이 어떻게 하고 가는지 담 너머로 살펴보았다. 그들은 서로 얼굴을 마주 보고 웃으면서 갔다. 이 모든 일은 나를 옭아매기 위해 정보 계통 사람들이 꾸민 공작이었다. 그 청년이 정말로 북에서 내려왔다면 신문에 검거 사실이 대문짝만 하게 실릴 일이었지만, 이후 그 어떤 보도도 나오지 않았다.

나중에 알고 보니 이 공작을 주도한 사람은 김창룡金昌龍이었다. 김창룡은 아버지 암살 사건에서도 주도적인 역할을 한 것으로 의심받는 사람이다. 1956년 1월 30일 김창룡이 저격당해 사망한 다음 날, 이승만 대통령은 김창룡의 사무실에서 서류를 다 가져갔다. 어떤 엄청난 일이 드러날까 두려워서 대통령이 특별히 서류를 챙겨야 했던 것일까?

이렇게 정보 계통에서 암살 미수 사건까지 꾸미고 이 대통령이 나에게 해외로 나가라 권유하는 것으로 볼 때, 결국에는 나를 가만 놔두지 않을 것이라고 판단했다. 그래서 나는 당시 국내에 들어와 있던 피치 박사를 찾아갔다. 피치 박사는 윤봉길 의사 의거 당시 아버지에게 피신처를 제공했던 분이다.

　나는 피치 박사에게 미국에 가고 싶은데 좋은 방도가 없겠느냐 물었다. 피치 박사는 내 말을 듣고 무슨 일이 있었느냐 물었다. 그래서 내가 처한 상황을 자세히 말하자, 피치 박사는 나를 진심으로 동정하며 깊은 안타까움을 표했다. 그러나 나에게 아직 젊으니 참고 기다려 보라 조언해 주었다. 고국에서 버림받고 밖으로 나가면 좋을 것이 없다고도 했다. 나는 피치 박사의 조언대로 불안하기는 하지만 국내에 남아 있기로 결정했다.

9장

동족상잔의 비극이 시작되다

한국전쟁이 터지다

아버지 기일인 6월 26일이 다가와 제사 준비를 하기 위해 나는 1950년 6월 25일 장인어른과 아내, 그리고 아이들을 데리고 인천으로 차를 몰았다. 기일이 다가오자 한층 더 무겁고 답답해진 마음도 달랠 겸, 제사 음식도 장만할 겸 길을 나섰던 것이다.

그런데 운전 조수로 있던 김시열金時烈이 인천까지 나를 찾아와서 전쟁이 났다고 급보를 전했다. 전쟁이 났으니 집합하라고 공군 본부에서 연락이 왔다는 것이다. 나는 가족들을 금화장으로 보내고, 즉시 여의도 비행장으로 갔다. 북한 야크 전투기 두 대가 격납고와 활주로를 공격하고 있었다. 총탄이 활주로에 맞으며 튀어 올라 민가 쪽으로 날아갔다. 얼마 후 주변 주민들이 항의했다. 사격 연습을 하는데 왜 남의 집에까지 총알이 날아오게 하냐는 것이었다. 나는 주민들에게 지금 전쟁이 났으며, 총탄은 공산당 전투기에서 발사된 것이라고 말해 주었다.

이런 와중에 공군 참모총장 김정렬 장군이 여의도 비행장으로 왔다. 김정렬 장군은 맥아더 사령부의 긴급 연락을 받고 왔다며, 한국 공군 중 F-51 무스탕 전투기를 탈 수 있는 사람이 몇 명인지 조사했다. 나는 김정렬 장군에게 미국에서 무스탕 조종술을 배우고 왔다고 보고했다. 김정렬 장군은 맥아더 사령부에 무스탕 비행기를 탈 줄 아는 사람이 있다고 보고했고, 나에게 수원 비행장으로 같이 가자고 말했다.

나는 집에다 전후 사정을 간단히 설명한 후, 다음 날인 6월 26일 수원 비행장으로 향했다. 수송기가 시동을 켠 채 기다리고 있었다. 수송기를 타고 일본 후쿠오카福岡의 이타즈케板付 미 공군 기지에 나를 포함한 열 명의 조종사가 도착했다. 이곳에서 조종 훈련을 받고, 무스탕 열 대를 가지고 돌아오기 위해서였다. 열 명은 이근석李根晳 대령, 장성환張盛煥 중령, 김영환金英煥 중령, 김신金信 중령, 강호륜姜鎬倫 대위, 박희동朴熙東 대위, 김성룡金成龍 중위, 정영진丁永鎭 중위, 이상수李相垂 중위, 장동출張東出 중위였다.

우리가 이타즈케 비행장에 도착했을 때는 비가 무척 많이 내렸다. 새로운 전투기 타는 법을 배우려면 날씨가 좋아야 하기에 걱정이 많았다. 게다가 나와 같이 간 사람들은 일본 비행기만 타 본 사람들이라 미군 전투기 조종술을 빠른 시간 안에 익힐 수 있을지 의문이었다. 이런 사정도 모른 채 한국에서는 우리에게 큰 기대를 걸고 있었다. 하루라도 빨리 미군 전투기를 몰고 와 참전하기를 바랐다.

엎친 데 덮친 격으로, 우리를 가르쳐야 할 미군 교관은 10여 년 전에 미국에서 훈련받았고, 최근에는 비행기를 거의 탄 적이 없었다. 그러니 훈련 방법이나 절차를 제대로 알 리가 없었다. 다행히 나는 혹시나 해서 미국에서 교육받을 때 갖고 있던 조종 훈련 매뉴얼을 챙겨 왔다. 나는 교관에게 F-51 무스탕 매뉴얼을 주었다. 매뉴얼을 받아 든 교관은 기뻐하며 나에게 통역과 함께 비행기에 대한 기초적인 설명을 맡아 달라고 했다.

초보자들은 처음부터 무스탕을 탈 수는 없었으므로 AT-6 연습기를 교관과 함께 탔다. 훈련기를 타다가 어느 정도 익숙해지면 전투기를 타는 것인데, 워낙 긴박한 상황이다 보니 이착륙 연습만 몇 번 하고 바로 전투기 조종 훈련에 들어갔다. 우리는 어설프게나마 훈련을 마치고 수원이나 김포로 전투기를 몰고 가려고 했지만, 훈련받는 사이 서울이 함락되고 말았다. 그래서 우리는 대구로 향했다. 전쟁이 일어난 지 일주일째인 1950년 7월 2일이었다. 미군 전투기를 제대로 조종하기 위해서는 적어도 몇 달은 훈련을 해야 하지만 불과 일주일, 그것도 실제 훈련은 나흘 정도만 받고 실전에 투입되었다.

대구 비행장에 도착한 다음 날, 나는 혼자서 전투기를 몰고 추풍령 계곡을 넘어 대전 중심부 상공으로 저공비행을 했다. 당시 정부와 국군사령부는 대전에 머물고 있었다. 내가 비행하는 모습을 본 김정렬 장군은 드디어 전투기가 왔다며 무척 기뻐했다. 나는 비행기를 몰고 유성 비행장으로 갔다. 유성 비행장은 활주로가 짧고 콘크리트나 아스팔트 포장도 안 되어 있었지만, 나는 착륙을 시도했다.

내가 착륙하는 것을 본 공군 장병들과 미군 군사고문관은 누가 비행기를 타고 왔는지 구경하러 몰려들었다. 조금 후에 김정렬 장군도 지프차를 타고 나타났다. 그런데 김정렬 장군은 나를 보자마자 화부터 냈다.

"여기가 어디라고 함부로 내리는 건가?"

나는 침착하게 대답했다.

"옛날에 타 본 경험도 있고, 장병들 사기에 도움이 될 것 같아 조금

비행 교육 일본에서 미 공군 교관에게 F-51을 인수하기 전 교육을 받았다. 나는 뒷줄 왼쪽에서 세 번째에 서 있다. 나는 교관의 말을 부지런히 적으며 통역했다. 전쟁이 나지 않았다면 나는 계속 지상 근무만 했을지도 모른다. '김신이 전투기를 타면 무슨 일을 낼지 모른다'고 의심 받고 견제를 당했으니 말이다.

현해탄을 넘으며 일본 기지에서 F-51을 인수하여 현해탄을 건널 때의 모습으로, 내가 촬영했다.

무리했습니다."

한국 공군의 출격

대구로 온 다음 며칠이 지나 이응준李應俊 장군과 조재천曺在千 경상북도지사가 비행장으로 찾아와 인민군이 충주에서 도하渡河 작전을 하고 있다고 알려 주었다. 이것을 막지 못하면 인민군이 당장 문경새재를 넘어 경상북도로 들어올 수 있으니 도하 작전만큼은 막아 달라고 했다. 우리는 작전 준비가 전혀 안 되어 있다고 말했지만, 이 장군과 조지사는 무리를 해서라도 꼭 막아 달라고 했다. 우리는 회의를 거쳐 일단 정찰을 나가기로 했다. 정찰은 나와 장성환, 강호륜, 정영진 등 네 명이 가기로 했다.

정찰을 나가 보니 장호원에서 내려오는 길이 뿌연 먼지로 뒤덮여 있었다. 무언가 남쪽으로 내려오고 있다는 뜻이었다. 우리는 적군인지 아군인지 파악하기 위해 저공으로 길옆을 지나며 살펴보았다. 인민군이 차량에서 뛰어내려 논밭으로 숨는 것이 보였다. 이어서 인민군은 우리를 향해 기관총을 쏘아 댔다. 우리도 사격을 해서 인민군의 수송 차량 몇 대를 불태웠다. 그 전 7월 4일에는 이근석 대령이 편대를 이끌고 수원 방면으로 출격해 인민군 탱크 부대를 공격했는데, 그때 이근석 대령은 전사하고 말았다.

몇 차례의 출격 이후 이타즈케 기지에서 미군 군사고문단이 와서 무장, 정비, 주유, 장전 등 전투기 관리 전반에 관해 도움을 주었다. 사실 초기 출격에서 전사자가 나온 데는 극히 짧은 훈련만으로 새로운 비행기를 몰아야 했던 탓도 있었다. 우리는 이렇게 가다가는 금방 다 전사할지도 모른다는 생각에 전투기를 전선에서 철수시켜 제주도로 옮겼다. 그리고 제주도에서 보강 훈련을 하며 새로운 조종사도 양성했다.

그 뒤로도 전쟁 중에 짬짬이 훈련을 받았다. 무스탕뿐만 아니라 다른 기종에 대한 훈련을 제대로 받지 못했기 때문이었다. 우리는 보충 훈련을 일본 요코타橫田 기지에서 받았다. 요코타 기지에서는 링크link 훈련도 받았다. 링크는 비행기 조종석과 똑같이 만들어 놓은 사방이 밀폐된 방을 말한다. 방 안에는 비행기 조종석과 똑같은 계기판이 있었고, 우리는 그 계기판을 보며 실제 비행에서 일어나는 모든 상황에 대비하는 연습을 했다.

고도를 낮추고 높이는 것도 교관의 지시에 따라 정확하게 지키는 훈련을 했다. 1분에 몇 피트, 5분에 몇 피트를 낮추거나 높이라고 하면 그대로 따라 했다. 이런 훈련이 중요한 것은 갑자기 고도를 낮추거나 높이면 비행기가 속도를 잃기 때문이다. 마치 자동차로 언덕을 오를 때 기어 변속을 안 해 언덕 중간에서 엔진이 멈춰 버리는 것과 같은 일이 벌어지는 것이다.

우리는 미군이 내준 비행기를 가지러 가는 일도 여러 번 했다. 비행기는 도쿄 만의 기사라즈木更津 해군 기지에서 가져왔다. 미군은 비행기의 프로펠러, 날개, 몸통을 다 떼어 내어 항공모함에 싣고 왔다. 완성체로 항공모함 갑판에 싣고 오면 바다 염분에 부식될 우려가 있기 때문이었다. 우리는 도쿄 시내 미군 주둔 호텔에서 대기하다가 전투기 조립이 다 끝났다는 연락을 받으면 전투기를 인수해 사천 비행장으로 가지고 왔다. 한마디로 인수 비행을 한 것이다.

미군은 사천 비행장을 K-4라 불렀다. 미군들은 한국 지명을 그대

평양 대공습 1952년 8월 29일, 항공기 1,080대가 참가한 제3차 평양 대공습 작전에서 우리 공군기들의 이륙 직전 모습. 당시 작전에 우리 공군 F-51기 36대가 참가했다.

로 발음하기도 힘들고 기억하기도 어렵기 때문에 K 자 뒤에 숫자를 붙여 공군 기지를 표현했다. K-1은 김해 비행장, K-2는 대구 비행장, K-3은 포항 비행장, K-4는 사천 비행장 등이었다. 그 밖에 수원 비행장은 K-13, 미군이 사용한 오산 비행장은 K-55였다. 여의도 비행장은 K-16, 북진할 때 거점으로 삼은 강릉 비행장은 K-18이었다.

육군에 배속되어 경주로 가다

우리가 전투기를 몰고 본격적으로 작전에 참가할 수준이 됐을 때, 전선의 상황은 좋지 않았다. 인민군은 순식간에 대구, 영천, 포항까지 밀고 내려와 있었다. 나는 육군을 돕기 위해 경주로 가서 정찰 임무를 수행했다. 정찰기를 몰고 동해안을 따라 영덕, 강릉까지 정찰을 나갔다.

국군이 다시 밀고 올라갈 때는 원산과 함흥까지 비행했다.

함흥에서는 박은식 선생의 아들 박시창 선생, 그러니까 당시로는 박시창 대령과 만나기도 했다. 당시 박시창 선생은 제1군단 예민참모로 있었고 나중에 흥남 철수 작전에서 큰 역할을 했다. 박시창 선생의 경우에서도 알 수 있지만, 한국전쟁 당시 광복군 출신들은 전투 병과에서 배제되는 경우가 많았고 일본군 출신들이 전투 병과의 주류를 차지했다.

내가 육군으로 파견 나가게 된 것은 대구 비행장에서 일어난 사건 때문이었다. 나는 대구 비행장에 있을 때 대구 출신 장교들이 군용 지프차를 이용해 자기 아내와 가족을 태우고 돌아다니는 모습을 많이 목격했다. 다른 사람들은 가족의 생사조차 몰라 가슴 아파하는데, 대구 출신 장교들은 나 몰라라 하며 그러고 있으니 화가 치밀어 올랐다. 그래서 몇몇 사람과 함께 그런 짓을 하는 장교들을 혼내 주었다.

그런데 대구 출신 장교들이 우리에게 두들겨 맞아 얼굴이 부어오른 것을 국방장관 신성모 씨와 참모총장이 목격했다. 우리에게 맞은 사람들 중에는 참모총장의 동생도 있었다. 결국 우리는 헌병대 영창에 갇혔고, 한 계급씩 강등됐다. 당시 나와 함께 영창에 들어간 사람은 1중대장 김영환과 2중대장 장성환이었다. 이 일 때문에 나는 전투기를 타지 못하고 경주에 있는 육군 제1군단에 파견되어, 경비행기를 타고 연락과 정찰 임무를 맡았던 것이다.

경주에 있을 때 전황은 급박했다. 인민군이 경주 바로 앞까지 쳐들어왔다. 국군은 경주 주변 산봉우리들을 거점 삼아 방어했는데, 낮에는 국군이, 밤에는 인민군이 산봉우리를 점령하는 상황이 반복됐다. 상황이 이렇다 보니 육군은 공군에 지원 요청을 자주 했다. 그러나 상황이 워낙 치열해서 적과 아군을 혼동해 아군에게 폭격하는 일도 일어났다. 더구나 미군 조종사들의 경우 전주, 청주, 충주, 진주 등과 같은 지명들을 혼동하는 경우가 드물지 않았다. 그들 입장에서는 그 발음이 그 발음인 듯 들리는 데다가 알파벳으로 표기해도 헷갈리기는 마찬가지였다. 그래서 국군은 자신들이 있는 지역을 빨간 표시판으로 표시했다. 그런데 인민군이 그 사실을 알고부터는 자신들의 부대에도 빨간 표시판을 깔아 놓기 시작했다.

그래서 국군은 공지空地 합동 작전 훈련을 시작했다. 무전으로 육군과 공군이 서로 교신하며 작전을 수행하는 훈련이었다. 예를 들어 지상에서 포병이 폭격할 지역에 흰 연막탄이나 빨간 연막탄을 쏘고 무전으로 연락하면 공군이 폭격을 하는 식이었다. 나중에는 인민군이 이를 알아내고 국군의 무선을 감청해 공군이 지원 올 때쯤 우리 쪽 지역에 연막탄을 쏘곤 했다. 그러면 미 공군 폭격기가 아군을 적군으로 오인해 네이팜탄을 퍼붓고 가기도 했다. 네이팜탄은 엄청난 화염을 일으키는데, 폭발하면 온도가 순식간에 높아져 탱크마저 견디기 힘들 정도였다. 이렇게 육군과 공군이 손발이 맞지 않는 일이 심심찮게 일어났다.

가장 안타까운 것은 민간인이 피해를 입는 일이었다. 안강安康에서 서쪽으로 나오면 영천永川으로 가는 길에 하곡霞谷 저수지라는 곳이 있다. 피난민들은 차가 다니는 큰 길을 피해 주로 논밭 길로 이동했다. 피난민들은 이동을 하다가 하곡 저수지 밑으로 몰려들었다. 나는 정찰 임무를 수행하기 위해 경비행기를 타고 그곳 상공을 지나갔다. 그런데 미군 무스탕 두 대가 내 뒤로 지나가는 것이 보였다.

무슨 일인가 했는데 나중에 알고 보니 피난민이 몰려 있는 곳에 네이팜탄을 투하하러 간 것이었다. 피난민들은 영문도 모른 채 폭격을 받았다. 한국을 처음 경험하는, 그것도 긴급히 참전하여 익숙해질 틈 없이 작전에 나서야 했던 미군 조종사들로서는 지형지물이 매우 낯설고 적군 식별에도 어려움을 겪어야 했다. 결국 좌표만 참조하는 작전으로 안타깝게도 적과 민간인 식별이 어려워 억울한 피해가 발생하는 경우가 있었다. 이러한 문제점을 목격하고 이동식 공중전방항공통제관Airborne Forward Air Controller을 운영케 함으로써 민간인 피해를 최소화시켜 나갔다.

지난 2009년 진실·화해를 위한 과거사정리위원회는 비밀 해제된 미 공군 임무 보고서를 바탕으로 1950년 8월 14일 경주시 강동면 안계리 기계천 강둑에 모여 있던 피난민들에게 미 공군 제18전투폭격단 제39폭격편대가 기총 사격을 했다는 것을 확인하기도 했다. 전쟁의 비극과 참상이 어디 이뿐이겠는가.

경주에 있을 때는 공군 몇 명과 함께 세무국 과장 집에서 숙식을 했다. 과장은 피난을 떠나고 없었다. 당시 경주의 민간인은 모두 피난을 떠난 상태였다. 나중에 피난 갔던 사람들이 집으로 돌아왔을 때 발견한 것은 엉망진창으로 망가지고 뭐 하나 제대로 남은 게 없는 집이었다. 그러나 내가 머문 과장의 집은 별 피해가 없었다. 과장이 돌아올 때까지 우리가 잘 지켜 주고 나름대로 관리했기 때문이다. 우리는 닭 몇 마리만 잡아먹었을 뿐이다.

아버지가 타시던 자동차를 되찾다

1군단이 다시 북으로 밀고 올라가 강릉에 주둔할 때, 강릉 비행장은 미 해군의 함포 사격 때문에 활주로에 구멍이 뚫려 비행기가 뜨고 내리지

아버지가 타시던 자동차
조카 김효자가 아버지의 차 앞에 서 있다.

못했다. 그러나 나는 경비행기를 몰았기 때문에 시내 가까운 곳에 임시로 만든 비행장을 이용해서 계속 정찰 활동을 할 수 있었다.

국군은 강릉 지역을 다시 점령하고 계속 북진해 해금강, 원산, 함흥까지 갔다. 나도 비행기를 몰아 북진했다가 서울로 돌아오라는 명령을 받고 원산 비행장으로 갔다. 비행장으로 가니 C-54 미군 수송기가 보였다. 이 수송기는 탱크에 쓰일 가솔린을 원산 기지까지 운반해 온 수송기였는데, 임무를 마치고 서울로 돌아가는 길이었다. 나는 육로로 왔던 내 지프차를 서울까지 좀 실어 달라 부탁을 해 볼까 해서 수송기 주변을 어슬렁거렸다.

이때 미군 장교가 나에게 다가와 내가 차고 있는 권총을 좀 보자고 했다. 나는 전장戰場에서 획득한 소련제 권총을 차고 있었다. 미군 장교가 나에게 권총이 얼마쯤 하냐고 물었다. 나는 잘됐다 싶어 권총을 줄 테니 수송기에 지프차를 실어 달라고 했다. 내가 타고 온 비행기를 다시 몰고 여의도에 도착하니 미군 수송기가 먼저 도착해 내 지프차 운전병이 기다리고 있었다.

서울로 돌아와 금화장에 가 보니 피난 갔던 가족들이 돌아와 있었다. 아내는 그간의 사정을 얘기해 주고 나서 나에게 무슨 일 때문에 강등당했느냐 물었다. 나는 아내의 물음에 깜짝 놀랐다. 아내가 어떻게 그 사실을 알았을까? 알고 보니 아내는 일선 부대 가족들이 서울로 돌아올 때마다 붙잡고 내 소식을 물어봤던 것이다. 전황이 급박한 시기에 나는 가족들에게 신경을 쓰지 못했다. 피난 갔다는 사실만 확인하고 어떻게 지내는지는 알지 못했고, 알려고 하지도 않았다. 어찌 보면 참 무정한 남편이고 아버지였다.

내가 원산에서 서울로 돌아온 지 얼마 지나지 않아 우리 부대는 다시 평양으로 가게 됐다. 나는 여의도에 있는 공군 지상 부대를 통솔해 육로로 평양으로 향했다. 평양 가는 길에 육군 장교 한 사람이 자동차를 끌고 내려오는 것을 보았다. 시동을 걸어 타고 오는 것이 아니라 다른 차에 줄로 연결해서 끌고 내려오고 있었다. 얼핏 보니 아버지가 타시던 차 같았다. 나는 번호판을 확인했다. 숫자 2331이 적혀 있었다. 모두 합치면 아홉 구九, 아버지가 타시던 차가 확실했다. 나는 육군 장교에게 말을 걸었다.

"이 차는 우리 집 찬데, 어떻게 된 겁니까?"

"최영희崔榮喜 장군이 빼앗은 자동차입니다."

나는 그에게 아버지가 타시던 차라는 사실을 확인시킨 후, 차를 끌고 평양으로 갔다. 평양에 도착한 뒤 비행기 격납고에서 수리를 하고 시동을 걸어 보려 했지만, 아무리 해도 시동이 걸리지 않았다. 할 수 없이 그냥 놔두었다가 나중에 평양에서 후퇴할 때 차를 끌고 내려왔다.

서울로 돌아와 아버지 차를 운전하던 정태훈 씨를 만났다. 나는 그간의 사정을 말하고, 차를 끌고 왔는데 시동이 걸리지 않는다고 얘기했다. 정태훈 씨는 씩 웃으며 서울에서 철수할 때 시동이 걸리지 않도록 어떤 장치를 했다고 말했다. 정태훈 씨는 다른 사람이 아버지의 차를 사용하지 못하도록 조치를 해 둔 것이다. 아버지의 차를 만난 것은 거의 기적에 가까운 일이었다. 정태훈 씨에게도 매우 고마운 마음이 들었다. 나는 아버지의 체온이 깃든 차를 되찾고서 마치 아버지를 다시 뵌 것 같은 기분에 휩싸였다.

중공의 참전과 낙하산 편지

육군이 북으로 밀고 올라가 평양을 점령한 뒤, 공군 부대는 평양 미림 비행장으로 이동했다. 나는 이때까지도 얼마 지나지 않아 평양에서 후퇴하리라고는 꿈에도 생각지 못했다. 맥아더 장군도 성탄절까지는 전쟁을 끝마치고 미군들이 다 집에 돌아갈 수 있을 것이라 생각했다. 국군은 압록강까지, 미군은 두만강까지 밀고 올라갔다. 그런데 예상치도 못한 중공군의 참전으로 후퇴할 수밖에 없었다.

한국전쟁에 참전한 중공군들 중에는 국민당에서 공산당으로 투항한 사람들이 많았다. 이런 사람들이 많이 섞여 있었던 데는 중공 나름의 속사정이 있었다. 중국공산당은 국민당과 내전을 할 때 강경책에서 유화책으로 전환하면서 국민당 군대의 귀순을 받아들였다. 그런데 귀순자가 많아지다 보니 그들에게 인민해방군과 똑같은 대우를 해 주기는 힘들었다. 또 귀순자들을 전적으로 신뢰하기도 어려웠다. 공산당 내부에서는 몇십만 명이나 되는 국민당 귀순자들을 어떤 식으로든 정리해야 한다는 주장이 일어났다.

대안으로 떠오른 것이 한국전쟁에 참전시키는 것이었다. 한 사람당 무기를 하나씩 주면 총부리를 어디로 겨눌지 몰랐으므로 열 명당 소총 한 자루씩 지급했다. 총을 가진 사람이 맨 앞에 나서면 나머지 아홉 명이 뒤를 따랐다. 총 가진 사람이 쓰러지면 그 뒤에 있는 사람이 총을 가지고 다시 뛰었다. 이런 식으로 국민당 귀순자들을 처리했다.

거제도 포로수용소에 있던 중공군 중에도 국민당 귀순자들이 제법 있었다. 그래서 종전 후에 타이완으로 가기를 희망한 사람이 많았다. 중공 측은 모두 자원해서 북한을 도우러 간 것이라 선전했지만, 국민당 귀순자들이 타이완에 가서 중공에서 겪은 일들을 증언함으로써 그것은 사실이 아님이 드러났다.

중공은 한국전쟁을 통해 국민당 귀순자들을 처리하는 성과 말고, 소련의 최신식 무기를 입수하는 성과도 얻었다. 항일 전쟁과 내전을 치르면서 썼던 구식 무기는 한국전쟁을 치를 때 국민당 귀순자들 손에 들려 보내고, 소련에서 원조받은 최신 무기들로 인민해방군을 무장했다.

어쨌거나 나는 평양 비행장에 머물 때 비행기를 타고 옛날에 살던 안악安岳을 찾아갔다. 상공을 한 바퀴 돌아보니 옛 모습이 많이 남아 있었다. 내가 다닌 안신학교도 그대로 있었고, 옆에 일본인들이 많이 다닌 심상소학교도 그대로 있었다. 비행기를 타고 한번 둘러본 뒤 시간을 내어 지프차를 타고 안악을 방문했다.

그곳에서 예전 은사님과 친구들도 만나고, 할머니의 친구 분들도

몇 분 만났다. 추억이 어린 장소를 더 돌아보기 위해 신천인가 재령 쪽
에서 강을 건너는데, 강변에 시체들이 즐비했다. 알아보니 공산당의
시체였다. 국군이 밀고 올라와 상황이 바뀌니, 괴롭힘을 당하던 마을
사람들이 공산당을 붙잡아 그 가족까지 모조리 죽였던 것이다. 나중에
신용하 서울대 명예교수의 말에 따르면, 북측은 미군이 와서 죽인 것
이라고 기록해 놨다고 한다. 그러나 미군은 주요 도로로만 다녔을 뿐
그쪽 지역으로 들어간 적도 없었다.

일진일퇴의 공방전을 벌일 때 공군은 강릉에 주둔하면서 보급선 차
단, 철교 차단, 주요 시설 폭격 등의 임무를 수행했다. 그러나 육군은
공군이 자신들의 전선에 투입되어 작전을 수행해 주기를 바랐다. 공군
을 마치 포병 부대처럼 생각했던 것이다. 그러나 잘못된 생각이었다.
긴 호흡으로 볼 때 적의 보급을 차단하는 것이 더 중요한 일이었다.

당시만 하더라도 작전의 주도권은 육군이 쥐고 있었다. 육군은 공
군이 자신들의 요구에 무조건 따라 주기를 바랐다. 그러나 전략적으로
봤을 때 전쟁을 일찍 끝내는 가장 좋은 방법은 전쟁 수행에 필요한 군
수 시설을 파괴하는 것이다. 때문에 미국은 제2차 세계대전이 끝나고
전략 공군과 전술 공군 개념을 새로 만들었다. 전술 공군은 주로 육군
을 지원하는 역할을 하고, 전략 공군은 적 후방으로 들어가 군수 시설
을 파괴하는 임무를 수행한다.

후방 군수 시설을 파괴해 보급을 끊는 것이 효과적이라는 사실은
미군이 이미 제2차 세계대전 때 증명했다. 미국 정부는 전쟁을 승리로
이끌기 위해 기업인들에게 자문을 구했다. 기업인들은 군수 시설 중에
서도 유류 기지와 베어링 공장을 타격하라고 조언했다. 기름이 없으면
움직일 수 없고, 베어링은 모든 기계에 들어가는 부품이기 때문이다.

미국 정부는 조언을 받아들여 유럽의 독일군 주요 군수 시설을 파괴해 큰 효과를 봤다.

평양에 있다가 중공군 때문에 후퇴할 때 나는 T-6을 타고 안악으로 향했다. 출발 전에 조그만 낙하산에 편지를 매달아 비행기에 실었다. 국군과 유엔군이 모두 후퇴를 하니까 남쪽으로 피난 가라는 내용을 적은 편지였다. 나는 안악 상공에서 준비해 간 낙하산을 투하했다. 안악에 있는 사람들은 주도로에서 벗어난 곳에 있었기 때문에 국군과 유엔군이 후퇴하는 사실을 모를 것이라고 생각해서 그랬던 것이다. 큰 기대를 하지 않았지만 효과는 있었다. 나중에 서울로 와서 확인해 보니 내 편지를 보고 적지 않은 사람들이 피난 와 있었다.

10장

검은 고양이를 훔쳐라

강릉 비행장에서의 천막생활

중공군 참전 이후 38선을 사이에 두고 일진일퇴의 공방이 이어졌다. 나는 F-51 전투기 11대를 이끌고 강릉으로 갔다. 그곳에는 이미 미 해병대 항공기가 들어와 있었다. 해병대 항공기는 주로 항공모함에서 뜨고 내리는 비행기였다. 해병대는 해군 소속이었지만 육상에서 작전을 해야 했기 때문에 공군이 따로 있었다. 비행장의 좋은 자리는 이미 미군이 차지해서, 우리는 북쪽 모래밭을 조금 깎아 내어 엄동설한에 천막을 치고 생활했다.

어느 날은 아침에 일어나 보니 천막 위로 엄청나게 많은 눈이 쌓여 있었다. 비행장에 나가 보니 비행기 역시 프로펠러 윗부분만 조금 나와 있고 기체가 완전히 눈으로 뒤덮였다. 눈이 많이 오다 보니 보급도 자주 끊어졌다. 보급이 끊기면 우리는 직접 시내로 나가 먹을 것을 구했다. 심지어 총으로 비둘기나 까치를 사냥해 구워 먹기까지 했다.

당시 미군이 기르는 개는 사람을 무척 잘 따랐다. 어느 날 미군이 기르는 개가 우리 쪽 천막으로 어슬렁어슬렁 다가왔다. 그걸 보고 누군가가 개를 잡아먹자고 했다. 들키면 큰일 난다며 반대하는 사람도 있었지만, 결국 우리는 개를 잡아먹고 말았다. 개가 없어지자 미군들은 사방으로 개를 찾아다녔다. 미군들이 우리에게 개를 보지 못했느냐 물었지만 우리는 보지 못했다고 딱 잡아뗐다.

강릉 비행장에서 단체로 천막생활을 할 때 가장 힘든 것은 옆에 있던 침대를 빼야 할 때였다. 조종사가 전사하면 그 조종사의 침대를 밖으로 빼냈다. 당연한 일이기는 하지만, 동고동락 하던 전우가 전사하면 사기가 일순간 크게 떨어졌다. 그래서 다음 날 출격할 때 부대장인 나도 나서서 같이 출격하는 일이 많았다.

육군에서는 전투가 벌어졌을 때 부대장이 최전방에 나가 직접 싸우는 경우가 별로 없지만, 공군은 그렇지 않았다. 공군은 전투원들이 모두 장교였다. 사병들은 비행장에서 비행기 수리를 하거나, 기름을 넣거나, 탄약과 폭탄을 장전하는 일을 했다.

조종사는 배워야 할 것이 워낙 많아서 교육 수준이 높은 사람들이 많았다. 조종사를 배출하는 데는 최소 2년에서 3년 정도 걸렸다. 소위로 임관되었다고 곧바로 전투기를 조종할 수는 없었다. 선배들을 보고 배우며 어느 정도 익숙해져서 중위가 되면, 그때부터 작전에 참가하기 시작했다. 그러다 대령쯤 되면 직접 작전에 참가하기보다는 지휘를 한다. 이렇다 보니 장교들의 관계는 스승과 제자 사이이기도 하고 전우이기도 했다. 이것이 공군 특유의 문화라고 할 수 있다.

강릉에 있을 때 조종사들의 일과는 작전과 술밖에 없었다. 작전 나가지 않는 날은 주로 술을 마시며 시간을 보냈다. 나는 보다 못해 통역관에게 부탁해서 조종사들에게 영어를 기초부터 가르치게 했다. 그러

공군 장교 시절
사진 촬영에 임할 때는 웃는 것이 보통이지만 조종석에 앉아 있을 때는 비록 지상에 서라도 긴장을 늦출 수 없다.

나 참석률이 저조했다. 나는 참석률을 높이기 위해 부하들과 같이 영어 강의에 참석했다. 대장이 참석하는데 나오지 않을 수는 없었다. 그러나 부하들의 불만은 여전히 컸다. 언제 죽을지 모르는데 영어는 배워서 뭐 하냐는 것이었다. 그래서 나는 젊었을 때 여러 나라를 돌아다닌 내 경험을 말해 주며, 시야를 넓히려면 영어를 배워야 한다고 강조했다.

전쟁이 끝날 무렵 유엔군은 각 나라의 우수 장교를 한 명씩 뽑아 유럽과 미국 대도시를 방문하는 기회를 주었다. 우리나라에서는 내 밑에 있던 김성룡이 뽑혔다. 나중에 김성룡은 공군 참모총장까지 했다. 선발된 장교들은 워싱턴, 뉴욕, 샌프란시스코, 런던, 파리 등을 방문했다. 김성룡은 한국으로 돌아와 대구에 있는 큰 극장에서 해외 경험을 주제로 강연을 했다. 강연이 끝난 뒤 김성룡에게 내가 물었다.

"그래, 외국에 나가 보니 어떻던가?"

"세상이 참 넓다는 것을 느꼈습니다. 그때 강제로라도 영어를 좀 더 가르쳐 주셨으면 좋았을 텐데……. 그 점이 좀 아쉽습니다.”

“왜 아쉬웠나?”

“외국에 나갔을 때 예쁜 여자들이 다가와서 같이 춤을 추자고 청하는데, 영어가 안 돼서 말이 통하지 않아 답답했습니다.”

“하하하. 지금이라도 그걸 알았다면 결코 늦지 않았네.”

김성룡이 농담 삼아 한 말이었지만, 나는 그 말을 듣고 한편으로는 뿌듯하면서도 다른 한편으로는 그때 좀 더 강하게 밀어붙였으면 좋았을 걸 하는 후회도 들었다.

승호리 철교 차단 작전, 한국 공군의 위상을 드높이다

한국전쟁에는 미국, 오스트레일리아, 영국 등 여러 나라 공군이 참전했다. 작전 지시는 각 나라 공군이 연합한 통합사령부에서 내렸는데, 주로 철교, 탄약고, 항만 등과 같은 곳을 타격하는 작전이었다. 작전이 세워지면 정찰기들이 목표 지역으로 날아가 사진을 찍었다. 그 뒤 사령부에서 사진을 분석해 공격 목표를 확정하고, 각 나라 공군마다 타격 목표를 정해 주었다. 출격 명령과 함께 타격 목표 사진과 좌표, 출격 시간이 전달됐다.

한국 공군은 압록강 근방, 청천강 이북까지 작전을 수행하러 갔다. 그런데 소련 공군의 미그-15기가 만주로부터 날아오기 시작했다. 미그기는 성능이 아주 좋았다. 우리 쪽 비행기는 가장 높이 올라갈 수 있는 고도가 대략 1만 2천 피트에서 1만 5천 피트인데, 미그기는 3만 피트에 달했다. 성능 좋은 미그기들이 출몰했기 때문에 우리가 폭격을 하러 갈 때면 미군 비행기들이 시간에 맞춰 호위를 하러 왔다.

그래서 폭격하러 갈 때 가장 중요한 것은 시간을 맞추는 일이었다. 너무 늦어도 안 되고, 너무 빨라도 안 됐다. 이 약속이 잘 지켜지지 않아 우리가 탄 폭격기가 미그기에 당하는 일이 가끔 일어났다. 강릉에 있을 때 나는 전투비행전대장으로 계급은 대령이었는데, 부하들 중 전사자가 나오면 부대의 사기를 올리기 위해 직접 편대를 이끌고 출격하기도 했다.

인민군은 유엔군의 폭격이 심한 주간을 피해 주로 야간에 이동했다. 야간 폭격은 대부분 미군이 맡았다. 그런데 미군 폭격기들이 철교를 끊었는데도 군수 물자가 남으로 내려가는 게 계속 목격됐다. 미군이 끊은 것은 평양 동부의 대동강 지류인 남강에 설치된 승호리 철교로, 평양에서 중동부 전선으로 보급 물자를 수송하는 보급로의 요충지였다. 그래서 야간에 정찰기를 보내 조명탄을 터뜨리고 촬영해 보니, 인민군이 끊어진 철교에서 조금 떨어진 곳에 새로 철교를 만들어 놓았다.

미군은 이를 확인하고 다시 폭격에 나섰지만, 접근하면 적의 고사포탄高射砲彈이 어지럽게 날아왔다. 미군은 좀처럼 가까이 접근하지 못하고 높은 곳에서 대충 폭탄을 떨어뜨리고 돌아왔다. 미군 조종사는 100회 정도 출격하고 나면 본국으로 돌아갔다. 미군 조종사로서는 멀리서 폭격하든 가까이서 폭격하든 출격 횟수가 중요할 뿐, 위험을 무릅쓰고 폭격할 이유가 없었다.

그래서 유엔사령부에서는 한국 공군에 임무를 맡겨 보자는 얘기가 나왔다. 우리는 철교 폭파 명령을 받고 1952년 1월 12일 아침과 오후 두 차례 출격했지만, 폭파하지는 못했다. 8천 피트 상공에서 강하해 3천 피트에서 폭탄을 투하하는 기존의 폭격 전술은 무용지물이었다. 결국 나는 4천 피트 상공에서 강하해 1500피트에서 폭탄을 투하하는 전술을 펴기로 결정했다. 1월 15일 오전 매섭게 추운 날씨 속에 F-51 두 개 편대 여섯 대가 출격해 새로운 전술을 편 결과, 철교는 물론 주변 대공포對空砲 진지와 벙커, 건물까지 파괴했다.

고도를 낮춰 가까이 접근해 폭격하다 보니, 폭격하고 다시 고도를 높이기도 전에 폭탄이 터졌다. 출격 비행기 가운데 한 대에 폭탄 파편이 날아와 뒷부분을 때렸다. 비행기 몸통의 상당 부분이 날아가 버렸지만, 천만다행으로 무사히 귀환할 수 있었다. 위험을 무릅쓰고 저고도 폭격을 감행하는 과감성과 용기가 아니었다면 성공하기 힘든 작전이었다.

이 작전 이후 연합사령부에서 부대장들의 모임이 열린 적이 있었다. 나도 참가하기 위해 서울로 갔다. 내가 실내에 들어서자 사람들이 회의를 하다 말고 나를 주목했다. 그러고는 미군 장교 한 사람이 내게 말을 건넸다.

"한국 공군, 축하한다."

승호리 철교를 끊으려고 미군이 수없이 폭격을 했지만 결국 한국 공군이 해냈다는 칭송이었다. 나중에 안 일이지만, 그 미군 장교는 한국 공군이 작전에 성공할 것인지 여부를 놓고 내기를 했다 한다. 그는 한국 공군의 활약 덕분에 내기에서 이겼다.

전선에서 물러나 공군 본부로

판문점 북쪽 지역에 있는 적의 탄약고를 폭격하기 위해 부하들과 출격

공군 장교 시절
나는 부하들의 사기를 북돋기 위해 함께 출격하곤 했다. 부대 지휘관이 그렇게까지 직접 출격할 필요가 있느냐는 말을 듣기도 했지만, 당시 절박한 상황에서 부대장이 직접 출격했던 것의 의미와 중요성에 대한 소신은 지금도 변함없다.

할 때였다. 중요 군사 시설에는 대공포가 무척 많이 배치되어 있기 때문에 작전을 수행하기가 까다로웠다. 그러나 우리는 대공 포화를 뚫고 탄약고를 폭격하는 데 성공했다. 작전을 완수하고 강릉으로 기수를 돌렸다. 그런데 뒤따르던 부하가 무전으로 내 비행기 날개에서 연기가 난다고 보고했다.

비행기가 피탄被彈되면 비행기를 포기하는 경우가 많았지만, 인민군 지역을 빠져나온 것이 아니기 때문에 함부로 비행기를 포기하고 뛰어내릴 수는 없었다. 나는 최대한 속도를 줄이고 천천히 강하하는 형태로 계속 비행기를 몰았다. 지켜보던 부하들은 연기가 전보다 더 많이 난다며 빨리 뛰어내리라고 했다.

나는 끝까지 버티며 부하들에게 먼저 돌아가라고 명령했다. 주변을 살펴보니 어느덧 여의도 비행장 근처였다. 나는 비행장에 연락해서 긴급 착륙을 해야 하니 활주로의 비행기들을 치워 달라고 말했다. 가까스로 착륙하자 그때서야 비행기 엔진이 딱 멈춰 섰다. 조금만 늦게 도착했더라면 추락할 수도 있는 상황이었다.

모든 비행기가 강릉 본부로 귀환했는데 부대장 비행기만 돌아오지 않자, 강릉 비행장에서는 대구에 있는 공군 본부에 이 상황을 보고했다. 나는 나대로 여의도 비행장에 내리자마자 그곳에 주둔한 미군을 통해 무사하다는 연락을 했다. 그러나 이미 공군 참모총장에게 보고가 들어간 다음이어서 본부에서 나를 소환했다. 대구에 갔더니 참모총장이 불같이 화를 냈다.

"자네는 부대 전체를 지휘하고 운영해야 하는 사람인데, 직접 비행을 나가면 어떡하나!"

"자꾸 전사자가 생겨 조종사들의 사기가 떨어져서 그렇게 할 수밖에 없었습니다."

나는 참모총장에게 출격할 수밖에 없는 이유를 설명했지만, 결국 대구 본부로 근무지가 바뀌고 말았다. 참모총장은 본부에서 근무하기 전에 미국 공군대학의 지휘참모 과정을 다녀오라고 명령했다. 전쟁 중이었지만 나는 다른 세 명과 함께 미국으로 갈 수밖에 없었다. 나는 미국에서 지휘참모 과정을 이수했는데, 그곳에는 남미, 유럽, 중동 등 각국 장교들이 모여 공부하고 있었다.

나는 미국에서 돌아와 전선으로 가지 못하고 그대로 대구 본부에 주저앉았다. 당시 공군 본부에는 참모총장을 제외하면 조종사 출신이 한 명도 없었다. 예컨대 나중에 경제기획원 장관과 국무총리 서리를 지낸 박충훈朴忠勳 씨, 나중에 문교부 장관을 지낸 윤천주尹天柱 씨 등이 있었다. 영어도 잘하고 학식은 높지만, 문관文官이자 학자 출신으로 작전에 대해서는 모르는 사람들이었다. 어쨌든 덕분에 대구에서 한동안 가족과 같이 지낼 수 있었다.

검은 고양이를 훔쳐라

전쟁이 막바지에 이를 무렵 김정렬 장군은 공군 참모총장 임기를 끝내고 맥아더 사령부에서 한국군 대표로 파견 단장 역할을 수행했다. 그런 김정렬 장군이 나를 찾아와, 미국에서 나와 아주 가까웠던 사람이 나를 꼭 만나고 싶어 한다고 말했다. 나는 김정렬 장군에게 전쟁 중에 일부러 나를 만나러 올 만큼 가까운 사람은 미국에 없다고 말했다.

그런데 얼마 후 미국에서 정말로 어떤 사람이 나를 찾아왔다. 나는 제주도에서 그와 만났는데, 첫 만남에서 자신의 이름을 브라운이라고 소개했지만 자세한 신상은 지금도 알지 못한다. 무슨 일 때문에 왔느냐 물었더니, 오히려 그가 나에게 어디서 공부하고 어디서 훈련받았는지 등을 꼬치꼬치 캐물었다. 나중에 알고 보니 이미 사전 조사를 다 하고 와서는 확인차 물어본 것이었다.

김일성은 전쟁을 일으키기 전 소련에 도움을 요청했고, 소련은 지상군은 파견할 수 없고 대신 공군을 지원해 주겠다고 했다. 소련 공군 조종사들은 최신예 미그-15기를 직접 몰고 전투에 참여했다. 소련 공군은 자신들의 참전을 드러내지 않으려고 무선 교신을 하지 않았다. 그러나 전투 중 긴박한 상황에서 어쩔 수 없이 러시아어로 무선 교신을 했고, 이때부터 미군은 미그-15기의 존재를 알게 됐다.

미그-15기의 출현에 미국은 크게 놀라고 당황했다. 이에 미국은 최신식 전투기 F-86을 한국에 보냈다. F-86이 수원 비행장에 도착했을 때, 당시 미 공군 참모총장이던 호이트 반덴버그 장군이 직접 수원 비행장까지 와서 조종사들과 함께 막사 생활을 했다. 결국 한반도 상공에서 사상 최초로 미국과 소련의 제트기 대결이 벌어지게 됐다. 미군은 공중전 중에 미그-15기가 추락하면 잔해를 수거해서 분석했다. 그러나 완전한 상태가 아니어서 미그-15기의 진면목을 알아내기가 힘들었다.

속이 타들어 가기 시작한 미국은 미그-15기를 훔쳐 올 계획을 세웠다. 미그-15기의 기지는 만주에 있었다. 미국인이 그곳 기지에 침투해서 전투기를 훔쳐 오는 일은 사실상 불가능했다. 그렇다면 동양인이 적합한데, 그중에서도 중국어도 잘하고 전투기 조종도 가능한 사람이 최적이었다. 그렇게 해서 선택된 것이 바로 나였다. 나를 찾아온 미국인은 본론으로 들어갔다.

"당신 같은 자격을 갖춘 사람이 할 일이 있습니다."

"무슨 일입니까?"

그는 작전에 대해 돌려서 말했다.

"시골 창고 속에 검은 고양이가 한 마리 있는데, 그걸 가져와 달라는 것입니다."

나는 무슨 뜻인지 알아들을 수 없었다.

"무슨 소리를 하는 겁니까? 알아듣게 얘기해 주십시오."

그는 작전 내용을 자세히 말하기 전에 나에게 다짐을 받았다.

"한국군의 작전권을 맥아더 사령관이 가지고 있는 것을 아십니까?"

"네, 압니다."

"작전권을 갖고 있다는 건 사실상 인사권도 갖고 있다는 뜻입니다. 명령에 무조건 복종해야 합니다."

"알겠습니다."

그는 다짐을 받고 작전 내용을 자세히 알려 주었다. 그런 다음 이것은 최고 군사 기밀이기 때문에 그 누구에게도 말하면 안 된다고 다시 한 번 다짐을 받았다. 그는 나에게 오키나와의 미군 기지에 가서 미그-15기에 대한 기초 지식을 배우고 오라고 했다. 내가 제트기를 타 본 적이 없다고 하니 제트기가 프로펠러기보다 오히려 조종하기 더 쉽다고 했다. 나중에 제트기를 몰아 보니 실제로 더 쉬웠다.

나는 오키나와로 가라는, 언제 내려올지 모르는 명령을 기다려야 했다. 미스터 브라운은 내가 수행해야 할 임무가 '아주 간단한 작전'이라고 말했다. 먼저 오키나와에서 잠수함을 타고 중국 요동반도로 잠입한 뒤, 해안선에서 우리 쪽 사람과 접선한다. 그 사람의 도움을 받아 숙식을 해결하며 중국 사람으로 위장해서, 기지 근처로 이동해 기지에 잠입한다. 그리고 미그-15기를 몰고 김포 비행장으로 돌아온다. 정말로 말은 간단했다. 그러나 그게 어떻게 간단할 수 있겠는가. 어찌해서 중국에 들어갈 수는 있다 해도, 삼엄한 경비를 뚫고 기지에 잠입하는 것이 큰 문제가 아닐 수 없었다. 미군 측은 성공하면 100만 달러와 함께 가족 모두에게 미국 영주권을 주겠다고 했다.

100만 달러니 영주권이니 하는 말은 들리지도 않았다. 성공 가능성이 100분의 1, 아니 만 분의 1도 안 되는 작전을 목숨 걸고 수행해야 한다는 압박감밖에 들지 않았다. 아내가 왜 그렇게 밤낮 끙끙거리며 잠도 못 자느냐 물었지만, 이유를 설명할 수는 없었다. 그렇게 비밀 작전 대기 상태로 지내는 동안 휴전 협정이 체결됐다. 비밀 작전 때문에 나를 찾아왔던 미국인이 다시 찾아왔다.

나는 작전이 취소됐느냐 물었다. 그는 작전 계획은 아직 유효하며, 휴전과 상관없이 미그-15기를 가져와야 한다고 말했다. 다시 대기 상태로 지내던 중, 1953년 9월 21일 북한 공군 노금석 씨가 미그-15기를 몰고 귀순해 왔다. 이후로는 그 미국인으로부터 아무런 연락이 없었다. 노금석 씨는 귀순하고 얼마 뒤, 미그기와 함께 미국으로 갔다. 미국에서 대학 공부까지 한 뒤 방위산업체에 근무하다가 2000년에 은퇴한 것으로 알고 있다.

나는 이 작전에 대해 비밀을 지키다가, 공군 참모총장 임기가 끝나고 타이완에 대사로 갈 때 열린 환송 파티에서 처음 입을 열었다. 파티에는 유엔군 사령관, 미8군 장성과 장교, 그리고 그 부인들까지 참석했다. 파티가 끝날 무렵, 누군가가 공군에 있는 동안 특별한 일화 같은 게 없냐고 내게 물었다. 그래서 나는 미그-15기를 훔치러 갈 뻔했던 얘기를 들려주었다. 내가 얘기를 하는 동안 미군 측 인사들은 안색이 변하고 어쩔 줄 몰라 했다.

노금석 씨가 미그기를 몰고 온 9월 21일은 내 생일이기도 하다. 그가 미그기를 몰고 오지 않았다면 비밀 작전은 결국 결행되었을지도 모를 일이다. 그랬다면 과연 내가 지금 이렇게 지난날을 회고할 수 있을까? 나에게는 두 번의 9월 21일 생일이 있다고 할 수도 있으리라.

가슴 아픈 기억들

대한민국 공군은 창설된 지 얼마 되지 않았지만 한국전쟁이 진행되는 동안 많은 발전을 이룩했다. 물론 안타까운 일도 많았다. 내가 미국 공군대학을 수료하고 귀국한 뒤 강릉에서 전투비행단 창설 기념식이 열린 적이 있었다. 기념식에는 나를 비롯해 김정렬 장군의 친동생 김영환金英煥 장군도 초대를 받았다.

이때 김영환 장군은 사천 비행장 단장으로 있었는데, F-51 한 대를 내가 머물고 있던 대구로 보낼 테니 같이 가자고 연락해 왔다. 그런데 내가 사정이 있어 같이 갈 수 없다고 하자 김두만金斗萬 중령을 데리고 강릉으로 먼저 출발했다. 김영환 장군은 공군 본부 상공을 몇 바퀴 돌고 무전으로 이제 간다고 연락해 왔다. 그런데 그가 떠난 지 1시간이 채 안 되어 비행기 한 대가 다시 돌아왔다. 돌아온 것은 김두만 중령이 탄 비행기였다. 김두만 중령은 포항에서 바다를 끼고 강릉 방향으로 비행하는데, 해무海霧가 잔뜩 낀 지역을 지나게 됐다고 말했다.

해무는 구름보다 더 위험하다. 구름은 구름이 낀 지역을 빠져나오면 구름과 땅 사이 빈 공간이 기다리고 있지만, 해무는 바다와 맞닿아 있기 때문에 바다에 빠질 위험이 매우 크다. 김영환 장군과 김두만 중령은 해무를 그대로 통과했는데, 그만 김영환 장군은 실종되고 말았다. 결국 시신조차 찾지 못한 채 예전에 입던 옷을 시신 대신 관에 넣고 국립묘지에서 장례식을 치렀다. 김 장군 같은 인재를 잃은 것은 한국 공군에게 통탄할 일이었다.

공군기 조종은 늘 큰 위험이 따른다. 우리가 철교 같은 곳을 폭격하러 가면 철도 양옆 언덕에서 적군이 고사포를 쏘아 대곤 했다. 적군은 언덕에 터널을 뚫어 고사포를 배치했기 때문에 고사포를 제거하고 철도를 폭격하는 일은 만만치 않았다. 철교를 폭격하기 위해 가까이 접근하다 고사포에 당하는 비행기들이 많았다. 이 때문에 미군은 V. T. 신관信管이라는 특수 신관이 달린 폭탄을 개발했다.

이 폭탄은 신관 앞에 프로펠러가 달려 있었다. 폭탄을 떨어뜨리면 폭탄 앞의 프로펠러가 돌면서 떨어지다가 50~100미터 상공에서 우산 모양으로 터졌다. 신관에 전자 기기를 장치해서 지상과 일정 거리가 되면 자동으로 터지게 만들어 놓은 것이다. 이 폭탄을 기관총이나 대공포가 있는 곳에 떨어뜨리면 효과적으로 적을 제압하고 폭격 목표 지점을 공격할 수 있었다.

이 폭탄에는 투하하기 전에 프로펠러가 도는 것을 막는, 일종의 안전핀 역할을 하는 철사가 결합되어 있었다. 그런데 한번은 정비사들이 철사를 반대 방향으로 달아 놓아 폭탄이 공중에서 터져 비행기와 조종사가 완전히 산화된 적이 있었다. 어처구니없는 정비 실수가 몰고 온 비극이었다.

미국 비행기는 일본 비행기보다 무거웠다. 조종사의 안전을 확보하기 위해 조종석 주위에 철판 재질을 사용한 탓도 있다. 저공비행을 하며 폭탄을 투하하거나 기총을 발사한 뒤 재빠르게 상승해 벗어나야 하는데, 일본 비행기에 익숙한 일본군 출신 조종사들은 미국 비행기를 몰고 저공비행을 하다가 적탄에 일격을 당하거나 제때 고도를 높이지 못하고 추락하는 경우가 제법 있었다. 비유하자면 가벼운 자전거를 몰다가 무거운 오토바이를 몰게 됐으니 익숙하지 않았던 것이다.

오인 사격도 드물지 않았다. 판문점에서 휴전 협상이 진행될 때였는데, 나는 부하들과 함께 해주海州 근방까지 정찰 비행을 나갔다. 정찰을 하다 보면 소달구지를 끌고 가는 농민들이 가끔 보였는데, 나는 명령을 내려서 소달구지에는 절대 사격을 하지 말라고 했다. 그리고 개성에서 판문점으로 회의에 참석하기 위해 오는 북쪽 차량들도 절대 공격하지 말라는 명령을 내렸다.

그런데 내 부하 중에 옥만호玉萬鎬 대위가 정찰을 나갔다가 자동차 10여 대가 먼지를 일으키며 내려오는 것을 보고 기관총 사격을 했다. 회의에 참석하러 가는 북측 차량이었다. 북측은 즉각 유엔군에 항의했다. 북측은 F-51 무스탕기가 사격을 하고 갔다고 구체적으로 증언했다. 나는 기관총 사격을 한 적이 있느냐고 부하들에게 물어보았지만, 부하들은 그런 적 없다고 딱 잡아뗐다.

한국전쟁 중에 조종사들은 전투하러 나갔다 돌아와서 적기敵機를 몇 대 떨어뜨렸다고 보고하곤 했다. 당시에는 조종사들이 구두로 몇 대 떨어뜨렸다고 보고하면 그대로 믿었다. 그래서 조종사들은 적기에서 연기만 조금 나도 격추했다고 보고했다. 그래서 미군 측은 기관총을 쏠 때 자동으로 사진이 찍히는 장치를 달았다. 그 뒤로는 비행기가 출격했다 돌아왔을 때 그 장치만 조사해 보면 어떤 식으로 전투했는지 알 수 있었다.

출격했던 비행기에서 필름을 빼서 살펴보니 옥만호 대위가 북측 자동차에 사격을 한 사진이 있었다. 그렇게 해서 오인 사격을 한 것이 밝혀졌다. 당시 이 일로 우리는 심한 질책을 받았지만, 그래도 옥만호 대위는 순조롭게 진급해서 참모총장 자리까지 올랐다. 옥만호 대위는 훗날 역대 공군 참모총장 모임에서 모두들 옛일을 추억할 때, 당시 그 일은 자신의 잘못이 아니라고 말하기도 했다. 다 지나간 옛일이다. 옥만호 대위, 아니 장군은 많은 전공을 세운 우리 공군의 자랑스러운 역전의 용사다. 2011년 5월에 유명을 달리한 옥만호 장군의 영전에 머리숙여 명복을 빈다.

전쟁 기간에 겪은 많은 일들이 가슴 아픈 기억들로 남아 있지만, 동족상잔의 전쟁 그 자체만큼 가슴을 저며 내는 아픈 기억이 어디 있겠는가. 더구나 나는 공군으로서 많은 작전에 참가해 싸워야 했기 때문에 '내가 동족과 싸우기 위해 비행 기술을 그토록 열심히 익혔단 말인가' 하는 비통한 심정에 사로잡히기도 했다. 물론 침략한 적을 물리쳐

승리를 거두는 것은 군인의 본분이며 나는 그러한 본분에 늘 충실했다고 자부한다.

비행 훈련을 처음 받을 때부터, 아니 난징과 충칭에서 일본 폭격기의 무차별 폭격을 경험할 때부터 나는 태극 마크를 단 전투기를 몰아 일본 전투기와 맞서 싸워 이기는 상상, 제국주의 일본의 심장부를 타격하는 꿈을 꾸곤 했다. 광복 이후 항공대에 입대하고 나서는 태극 마크를 단 비행기로 자유로운 조국의 하늘을 지켜 나가리라는 결의에 가슴 부풀어 오르곤 했다.

그러나 역사는 나로 하여금 그러한 상상과 꿈과 결의를 온전하게 실현할 수 있도록 허락하지 않았다. 자유로운 조국의 하늘을 지키는 임무를 수행하기는 했으되 나의 적, 우리의 적은 바로 엊그제까지 하나였던 동족이었으니 말이다. 역사에서 후회란 부질없는 짓이다. 비극적인 전철을 밟지 않겠다는 반성과 각오가 중요하다. 동족상잔을 막기 위한 노력, 갈등과 긴장에서 화해와 협력으로 나아가기 위한 노력, 다만 그것이 중요하다.

다시 시작된 중상모략 속에서

전쟁이 끝나고 우리는 강릉 비행장에서 수원 비행장으로 이동했다. 우리 공군은 미군의 제트기를 인수받았는데, 제트기는 강릉 비행장보다 수원 비행장에서 운용하기가 훨씬 편리했다. 전쟁이 끝나고 나니 나에 대한 중상모략이 다시 시작됐다. 전쟁 전의 중상모략과 다른 점이 있다면, 정치권 사람들뿐만 아니라 나와 경쟁 관계에 있는 공군 관계자들도 끼어 있다는 것이었다. 전쟁 중에 공군 본부에는 전투와 관련된 사람들이 거의 없었다. 공군 본부 사람들은 자기들 마음대로 회계와 인사를 처리했다. 그러다가 나처럼 전투와 직접 관련 있는 사람이 들어오니 견제를 했던 것이다.

나는 국방대학원에 갔다 와서 공군사관학교 교장을 해 보고 군복을 벗어야겠다고 마음먹었다. 당시 국방대학원으로 가라고 하면 다들 싫어했다. 1년 기간이지만 현장을 떠나면 자기를 따르던 부하들과도 멀어지기 때문이었다. 그러나 나는 마음을 비웠기 때문에 싫다거나 좋다거나 하는 생각도 들지 않았다. 그러는 사이 나에 대한 중상모략은 커져만 갔다. 심지어 내가 비행기를 몰고 북으로 넘어갔다는 소문까지 퍼졌다. 아내가 나에게 제발 좀 나가지 말고 집에 붙어 있으라 말할 정도였다.

당시에는 참모총장 임기가 끝날 때쯤이면 참모총장직을 한 번 더 하려는 움직임이 있었다. 이에 따라 차기 참모총장 후보라고 할 수 있는 참모차장을 국방대학원으로 보내려 했다. 나는 총장에 대한 욕심이 없었고 이미 군복을 벗을 계획까지 세웠기 때문에, 참모차장 대신 국방대학원에 가겠다고 자원하고 나섰다. 그런데 내가 국방대학원을 마치고 돌아오니 나를 참모차장에 앉히고, 참모차장을 국방대학원으로 보내는 것이었다. 자유당 정권 아래서는 내가 결코 참모총장에 오르지 못하리라는 것을 알고 참모차장을 시켰던 것이다.

그러나 4·19혁명이 일어난 뒤 당시 공군 참모총장은 임기를 채우지도 못한 채 물러났고, 과도 정부 아래 이종찬李鍾贊 장군이 국방부 장관이 됐다. 이종찬 장관은 나를 제6대 공군 참모총장에 임명했다. 이종찬 장관은 이승만 정권 시절 이 대통령과의 마찰로 육군 참모총장직을 사임한 적이 있었기 때문에, 내 처지를 잘 이해했던 것이다.

4·19혁명이 일어났을 때 국회의장 이기붕의 비서실장을 하던 한글 학자 한갑수韓甲洙 씨가 급한 마음에 나에게 전화를 걸어 온 적이 있다. 한갑수 씨는 예전 공군 본부 비서실에서 일을 같이한 적이 있었다. 그는 나에게 무슨 좋은 방법이 없겠느냐 물었다. 이기붕이 한갑수 씨에게 나에게 연락을 해 보라 지시한 것 같았다. 구체적으로 말을 하지는 않았지만 시위대에 타격을 입힐 방도가 없겠냐는 취지였다. 나는 그런 뜻은 접는 게 좋다고 단호하게 대답했다. 자유당 정권이 무너지자 나에 대한 감시나 모함은 사라졌다.

11장

공군 참모총장 재직과 5·16 군사쿠데타

5·16군사쿠데타의 뒷그림자

4·19혁명으로 이승만 정권이 무너지고 허정許政 과도 정부가 들어섰을 때 이종찬 장군은 국방부 장관이 됐다. 이종찬 장군은 3·15부정선거 때 이승만 대통령의 명령에 반기를 들었다가 육군 참모총장에서 해임, 좌천된 분이었다. 내가 국방대학에 갔다 와서 참모차장이 된 지 얼마 안 됐을 때, 이종찬 장군은 나에게 공군 참모총장을 맡기려 했다.

나는 참모차장이 된 지 얼마 안 됐고, 마음의 준비도 안 되어 있음을 이유로 들어 거절했다. 그러나 이종찬 장군은 잘못된 것을 고치기 위해 나서야 한다고 했다. 나는 명령을 어길 수는 없어 제6대 공군 참모총장에 취임했다. 공군 참모총장 업무는 그리 어렵지 않았다. 계속 공군에 있었고 환경이 변한 것도 아니었으므로 기존에 해 오던 운영을 그대로 이어 갔다.

그러다가 과도 정부가 선거를 통해 민주당에게 정권을 넘겼다. 윤보선尹潽善 씨가 대통령이 되고, 장면張勉 씨는 행정권을 이양받아 총리가 됐다. 그런데 민주당은 신파와 구파로 나뉘어 권력을 다투는 데 열을 올렸다. 국방부 장관도 자주 바뀌었고, 국군의 중심이라 할 육군 참모총장도 여러 번 바뀌었다. 처음에는 최영희崔榮喜 장군이 참모총장이 됐다가 다음에 최경록崔慶祿 장군이, 그다음에는 장도영張都映 장군이 맡았다.

정치적으로 혼란한 상황이다 보니 쿠데타를 꿈꾸는 사람들이 있었다. 바로 박정희였다. 사실 박정희는 자유당 때 쿠데타를 실행하려고 했다. 그러나 4·19혁명으로 이승만 대통령이 물러나자 쿠데타를 일으키려는 마음을 일단 접었다. 그런데 민주당 정권이 들어와서 하는 짓을 보니 혼란이 극심하기 짝이 없었다. 결국 자유당 때 계획한 쿠데타를 실행에 옮기기로 결심했다.

나는 공군 참모총장으로 있으면서 수시로 그런 움직임에 대해 보고를 받았다. 박정희가 쿠데타를 계획했을 때 육군 계통이 모두 한마음이 된 것은 아니었다. 박정희보다 계급이 높고 선배였던 장도영 장군은 처음에는 쿠데타의 전면에 나섰다. 그러나 일을 진행하면서 의견이 갈려 나중에는 반혁명으로 돌아섰다. 결국 박정희가 쿠데타에 성공하고 나서 장도영 장군은 사형 선고까지 받았다. 이후 조금씩 감형되어 풀려난 뒤, 망명이나 다를 바 없는 유학길에 올라야 했다.

나는 쿠데타가 일어난 후 육군 본부에 모이라는 연락을 받았다. 육군 본부에 도착하니 혁명군이 때때로 총을 쏘며 공포 분위기를 조성하고 있었다. 본부에 들어갔더니 장도영 장군도 있었고, 각 군에서 많은 사람이 모여 있었다. 나는 그곳에서 박정희 장군을 처음 봤다. 작은 키에 바짝 마르고 거무죽죽한 피부에 굳은 표정을 짓고 있었다. 박정희 장군은 나를 보고 아는 척을 했다.

공군 참모총장 재임 시절

이때 나는 백령도의 레이더 기지를 방문하여 운용 태세를 점검했다. 우리나라 서해 최북단 백령도의 전략적 중요성은 두말할 나위 없다. 내가 어린 시절을 보낸 황해 안악이 백령도에서 가깝고 보니 감회가 남달랐다.

"아, 김 장군은 저를 잘 몰라도 저는 잘 압니다. 『백범일지』를 여러 번 정독하고 깊이 감명받았습니다."

박정희 장군은 쿠데타를 일으키기 전에, 내가 쿠데타에 반대하지 않을 분이라고 생각했다고 말했다. 자유당 시절부터 어려운 일을 겪으며 다 참아 냈기 때문에 혁명군에 반대하기보다는 오히려 도움을 줄 것이라 판단했다는 것이다. 그리고 미리 연락을 안 드린 점은 죄송하다고 했다. 하지만 나에게 연락했다가 만약 쿠데타가 실패할 경우 내가 다시 여러 박해를 받을 것을 염려해서 연락하지 않은 것이라고 설명했다. 박정희 장군은 침착하게 요점만 간단히 말했다.

이승만 정권 시절 내가 끊임없이 감시당하고 중상모략에 시달린 것은 틀린 말이 아니었다. 박정희 장군은 쿠데타를 일으키기 전에 전명섭全明燮 장군을 통해 공군의 분위기를 다 파악했다. 그는 최악의 경우 비행장 활주로에 탱크만 갖다 놔도 비행기 이착륙을 통제할 수 있다는 생각에 공군에 대해 그리 큰 신경을 쓰지 않았다.

박정희 장군은 공군, 해군, 해병대 등 여러 군의 사람들과 얘기를 나누다가 장도영 장군에게 "당신이 앞에 서서 대업을 같이해 나가자"고 부탁했다. 쿠데타 직후만 하더라도 박정희 장군이 대내외적으로 나설 명분이 약했다. 장도영 장군이 거절 의사를 밝히자 혁명군 말단 장교들이 위압적인 태도로 돌변했다. 장도영 장군은 나를 총장 사무실에 딸린 침실로 불러 의견을 구했다.

"육군의 소령, 중령 등 젊은 애들이 총을 들이대려 하는데, 어떻게 하면 좋겠나?"

"계급이 문제가 아닙니다. 이들은 지금 목숨 내놓고 나온 사람들입니다. 누가 말한다고 해서 쉽게 말을 들을 사람들이 아닙니다. 그렇다고 강제로 진압하려 하면 서울 시내가 전쟁터가 될 것입니다. 이것만큼은 피해야 하지 않겠습니까?"

장도영 장군은 미국과의 관계에 대해서도 얘기를 꺼냈지만, 나는 이건 우리의 문제이기 때문에 미국과의 관계는 나중에 고민해도 된다고 말했다. 그러나 장도영 장군이 나에게 바란 대답은 자신과 협력해서 젊은 장교들을 힘으로 눌러 보자는 말이었을 것이다. 아무튼 이런 얘기를 나누고 있는데, 이한림李翰林 장군이 내가 육군 본부에 있는 걸 어떻게 알았는지 원주에서 전화를 해 왔다.

"당신, 공군 본부에 있지 않고 뭐 하러 육군 본부에 가 있나?"

"지금 중대한 사태가 벌어졌는데, 다 같이 모여 사후 처리를 강구하고 있습니다."

쿠데타가 일어났을 때 이한림 장군은 미군의 지시를 받고 서울로 올라와 진압 작전을 펼 생각이었다. 진압 작전을 펼치려면 공군의 의중을 알아야만 했다. 원주에서 부대를 동원해 서울 진입을 시도할 때, 중간에서 공군의 공격을 받으면 꼼짝할 수 없기 때문이었다. 그래서 이한림 장군은 내 생각을 알아보고자 전화를 했던 것이다. 이한림 장군은 내 대답을 듣고 공군도 혁명군에 가담했다고 판단했다. 그래서 진압 작전을 쉽게 결정하지 못하고 있던 차에 미국이 태도를 바꾸는 바람에 진압 작전은 이루어지지 않았다.

군 관계 문제가 정리된 뒤 박정희 장군은 3군 참모총장과 해병대 사령관, 그리고 유원식柳原植 대령과 함께 윤보선 대통령을 만나러 갔다. 윤보선 대통령은 올 것이 왔다면서 당신들이 알아서 하라며 발을 뺐다. 그러나 박정희 장군은 대내적인 문제는 자기가 다루더라도 대외적인 문제는 윤보선 대통령이 맡기를 바랐다. 박정희 장군과 유원식

참모총장 시절
나는 1960년부터 1962년까지 제6대 공군 참모총장으로
재직했다.

대령은 윤보선 대통령이 계속 업무를 보도록 설득했다.

나는 더 이상 그 자리에 있을 필요가 없다고 판단해 밖으로 나왔다. 이후 쿠데타에 걸림돌이 되는 사람들은 다 사직시키고, 잡아 가둘 사람은 가두는 일이 진행됐다. 이때 장도영 장군도 군사재판을 받았다. 그런데 장도영 장군이 나를 증인으로 채택했다. 처음부터 반혁명 쪽으로 갔다는 것에 대한 반대 증언을 위해 나를 증인으로 부른 것이었다.

나는 재판정에 출두해서 증언했다. 5·16이 난 다음에 총장실에서 둘이 무슨 얘기를 했냐고 묻기에, "그분이 나한테 당시의 상황에 대해 의견을 물었으며, 나는 국가의 앞날에 아주 중대한 사태가 벌어졌는데 어쨌든 서울 시내가 불바다가 되고 서로 피를 보는 일이 있어서는 안 된다고 했다"고 증언했다. 나의 증언이 장도영 장군의 주장을 뒷받침하는 데 어느 정도 도움이 되었던 것은 사실이다.

쿠데타 이후의 공군 개혁

내가 해방 후 공군에 들어갔을 때, 중국에 있다 온 사람은 나와 이영무
李永茂 씨, 그리고 최용덕崔用德 씨가 전부였다. 나머지는 거의 일본군에
있던 사람들이었다. 이영무 씨는 북한에 있는 중국계 동지들과 연결돼
있다고 누군가가 모함을 해서 북쪽으로 가고 말았다. 최용덕 씨는 국
방부 차관과 공군 참모총장을 지냈다. 육군의 상황은 더 심했다. 중국
에서 온 사람들은 배제하고, 일본군 출신들이 지휘권이 있는 요직을
모두 차지했다.

공군은 조종사 출신들이 지휘권을 가져야 하는 게 마땅하다. 그러
나 비행기 한번 타 보지 않은 사람들이 공군의 실권을 장악한 것이 큰
문제였다. 나는 공군 참모총장이 되면서 이것부터 청산해야겠다고 마
음먹었다. 마침 5·16군사쿠데타가 일어난 직후라 실행에 옮기기가 쉬
워졌다. 나는 가장 먼저 공군 본부에 있는 사람들 중에 공군과 직접적
으로 관련이 없는 사람들을 내보냈다. 이렇게 하자 내 아래 있던 일본
군 출신 장교가 와서 협박 비슷한 말을 했다.

"총장님, 아니 이제 임기가 얼마 남지도 않았는데, 무슨 배짱과 무
슨 배경으로 그렇게 합니까? 다음에 어떤 보복이 갈지 모릅니다."

나는 웃으며 대답했다.

"내 임기 최후의 5분까지 내 힘을 다 사용할 것이다. 임기 이후의
일을 걱정하거나 무서워하지 않는다."

나는 총장의 임기를 마쳤을 때, 그날로 집에 있던 경호사병, 운전
병, 자동차, 군대 전화 등을 모조리 공군 본부로 돌려보냈다. 전임 총
장들은 임기를 마치고도 자동차를 가지고 나가거나 근무병을 데리고

다녔는데, 나는 총장으로 있을 때 그런 것들을 전부 회수했다. 전임 총장들은 기분 나빠 했지만, 나는 전쟁에서 용감히 싸우는 것뿐만 아니라 국민이 낸 혈세를 낭비하지 않고 최대한 유용하게 쓰는 것도 군인의 애국이라 생각했다. 그래서 나 역시 임기를 마치고 나서 전부 반납했던 것이다.

나는 군인들이 가짜 영수증을 만들어 쓰지도 않은 돈을 썼다고 하면서 돈을 타 내어 자신의 배를 불리는 것을 본 적이 있다. 나는 공군 참모총장으로 있으면서 그런 관행을 모두 없애 버렸다. 국민의 혈세를 낭비해 자신의 배를 채우는 데 쓰는 것은 국가에 큰 해악을 끼치는 범죄라고 생각한 까닭이었다.

나의 신념 때문에 나를 원망하고 원한을 품는 사람도 있었겠지만, 수많은 젊은 장교들이 나를 지지했다. 그래서 지금도 내가 군부대를 방문할 때면, 나를 처음 본 젊은 장교들이 존경의 뜻을 표해 오는 일이 제법 있다. 나는 그것으로 흡족하다.

미국의 5·16군사쿠데타 승인 내막

박정희 소장이 쿠데타를 주도할 때 박정희를 따랐던 사람들 대부분은 계급이 높지 않았다. 그것도 대부분 육사 8기생, 중령 계급이 많았다. 쿠데타가 일어나자 미국은 박정희를 견제하기 위해 장도영 장군과 야전군 사령관 이한림 장군 등 박정희보다 계급이 높은 사람들을 이용하고자 했다. 그 주역은 유엔군 총사령관 겸 주한미군 사령관 카터 매그루더 장군이었다.

매그루더 장군은 미국 정부의 명령 때문이기도 했지만, 전역이 얼마 남지 않은 상황에서 경력에 흠집을 내고 싶지 않았다. 전방위적으로 박정희에게 압력을 넣기 위해 매그루더 장군은 부사령관인 공군 중장 에머리 위즐과 함께 미국과 좋은 관계를 유지하고 있는 장성들을 총동원했다.

"압력을 가하든 잘 타이르든 해라. 만일 무기를 놓고 원대 복귀하면 처벌을 하지 않겠다고 전해라."

그러나 이것은 매그루더 장군과 미국 정부의 착오였다. 미국 쪽에서는 한국에서 일어난 쿠데타가 남미에서 일어난 쿠데타처럼 오로지 정권을 잡기 위한 욕심에서 일어났다고 판단했다. 그러나 박정희의 쿠데타는 단순한 욕심 때문에 어느 날 갑자기 우발적으로 진행된 것이 아니었다. 자유당 시절부터 오랜 시간 치밀하게 계획해 오던 것이었다. 그렇기 때문에 협박이나 회유에 그만둘 박정희가 아니었다. 결국 매그루더는 박정희와 김종필을 직접 만났다.

"미국은 잠자코 있지 않겠다. 내가 총사령관으로서 명령하는데, 모두 무기를 내려놓고 그만두어라."

그러나 박정희는 웃음 띤 얼굴로 대답했다.

"우리는 목숨을 내놓은 사람들이다. 그렇게 간단히 그만둘 거면 애초에 시작도 하지 않았다. 우리는 나라를 바로잡고 살리고자 쿠데타를 일으켰다. 이것이 옳은 일은 아니지만, 지금으로서는 이 방법밖에 없다."

박정희가 강경하게 나오자 매그루더 역시 강하게 맞대응했다.

"이한림 장군 등 아직 당신들에게 동조하지 않은 군인들을 동원해 무력으로 진압하겠다."

그러나 박정희와 김종필은 끄떡도 하지 않았다.

"만일 그렇게 하면 서울에 있는 미군과 미국 민간인들의 안전을 책임질 수 없다. 우리도 대항하겠다."

매그루더는 그때서야 자신들의 압력으로 쿠데타를 돌이키기는 힘들다는 것을 깨달았다. 그러나 매그루더는 쿠데타를 인정할 수는 없었다. 매그루더는 다른 경로를 이용해서 문제를 해결해 보려 했다. 그 일환으로 위즐 장군을 통해 나를 설득하려 했다. 위즐 장군은 나를 집으로 불러 이렇게 말했다.

"매그루더 장군과 나는 곧 군대를 떠날 사람들인데, 체면을 좀 세워 주십시오. 공군에서 사람들을 좀 모아서 쿠데타를 해결해 주면 좋겠습니다."

그러나 나는 부탁을 들어줄 수 없었다.

"당신 생각은 틀렸습니다. 이 사람들은 죽을 각오를 하고 쿠데타를 일으켰습니다. 압력을 넣는다고 해서 그만둘 사람들이 아닙니다. 쿠데타를 반대하는 사람들이 있다고 해도 맞서 싸울 사람들입니다."

내가 위즐 장군과 이야기를 마쳤을 때, 미 해군 조지 프레시 제독은 해군 참모총장 이성호李成浩 장군과 해병대 사령관 김성은金聖恩 장군을 만나고 있었다. 프레시 제독도 위즐 장군이 나에게 했던 말과 비슷한 말을 하며 해군 장성들을 설득했다. 프레시 제독은 해군뿐만 아니라 공군인 나도 불렀다.

내가 해군 본부에 도착하자 미국 사람들끼리는 얘기가 다 끝나 있었다. 미국 쪽 입장은, '박정희는 색채가 굉장히 애매하다. 좌측인지 우측인지 모르겠지만, 좌측에 가깝다. 그러니 당신들도 앞날을 위해서는 몸조심해야 한다'는 것이었다. 한마디로 살고 싶으면 자신들 말대로 박정희를 설득해 쿠데타를 끝내라는 얘기였다.

쿠데타 직후 미군 측은 한국 고급 장성 가운데 미국에서 공부한 사람을 조사했다. 고급 장성 가운데는 나밖에 없었다. 당시 어떤 사람이 나에게 와서 미국 사람들을 만나지 말라고 귀띔했다. 미국이 나를 전면에 내세우려 한다는 이야기가 돌고 있다는 것이었다. 그리고 이미 혁명 세력 내부에 그런 이야기가 흘러 들어가고 있다고 했다. 실제로 나는 미군 장성들과 꽤 친분이 있었다. 나뿐만 아니라 내 아내도 영어를 꽤 잘했기 때문에 미군 장성들이 주최하는 파티에 부부 동반으로 참석할 때가 많았고, 때로는 미군 장성들을 집으로 초대해 식사를 함께하기도 했다.

미국은 전방위적으로 압력을 넣었지만 쿠데타를 진압할 수는 없었다. 결국 미국은 쿠데타를 진압하는 대신 승인하는 쪽으로 방향을 바꾸었다. 계속 이렇게 대치 상황으로 흐르다가는 북에서 밀고 내려올 위험이 있다고 판단했기 때문이다. 상황이 종료되자 정보 계통 책임자였던 위즐 중장은 군복을 벗고 민간 비행기를 타고 미국으로 돌아갔다. 매그루더 사령관도 전역 행사를 치르지 못한 채 쓸쓸히 귀국했다.

제4부

중화민국 주재 대사의 사명

12장

외교 무대의 막전 막후에서

타이완 대사로 발령을 받다

내가 공군 참모총장으로 재직할 때인 1961년에 5·16군사쿠데타가 일어났고, 이듬해인 1962년 9월 나는 주 중화민국 대사로 부임했다. 쿠데타를 반대하지 않은 사람들 가운데 박정희 장군보다 서열이 높은 장성들은 전부 해외 대사로 발령이 났다. 아무래도 자신보다 군 서열이 높은 사람들을 아랫사람으로 부리기는 껄끄러웠을 것이다. 이종찬李鍾贊 장군, 이형근李亨根 장군, 정일권丁—權 장군, 백선엽白善燁 장군 등이 쿠데타가 일어난 뒤 해외 대사로 발령을 받았다.

나 역시 해외로 내보내기로 정해져 있었다. 당시 개인적으로 알고 있던 김형욱金炯旭이 나에게 미리 언질을 주었다.

"형님, 이번에 참모총장을 관두면 타이완 대사로 갑니다."

나는 김형욱의 말을 듣고 오히려 좋아했다.

"말도 잘 통하고 아는 사람도 있으니 그거 잘됐군."

그런데 막상 공군 참모총장 임기를 마치고 집으로 돌아오니 당시에 국방부 장관이던 박병권朴炳權 장군이 집으로 찾아와서 내 예상과는 다른 말을 전했다.

"박정희 장군이 김 장군은 중국에서 오랫동안 고생을 하다 들어왔는데, 또 이렇게 내보내려니 마음이 너무 안 좋다고 하네. 김 장군이 혹시 섭섭하게 생각할 수도 있으니, 나가지 말라고 만류를 좀 하라고 해서 이렇게 찾아왔다네."

박정희 장군은 독할 때는 독했지만 자신이 좀 지나치게 했다 싶으면 다독일 줄도 아는 사람이었다. 박병권 장관은 계속 박정희 장군의 말을 전했다.

"박정희 장군은 자네와 같이 일하기를 원한다네. '나하고 같이 일하자고 해라. 체신부 장관 자리가 비어 있는데, 조금 쉬다가 체신부 장관을 하라고 해' 하고 말했다네."

박병권 장관은 박정희 장군의 말을 전하며 내가 타이완 대사로 나가는 것을 만류했다. 그러나 나는 결심을 꺾지 않았다.

"마음속으로 이미 결정을 내렸습니다. 군복을 오래 입었기 때문에 군복 때를 좀 벗어야겠습니다. 다른 분들도 다 나가는데 나라고 왜 못 나가겠습니까? 게다가 생활 습관, 언어, 과거의 관계 등 여러 면에서 타이완과 가까우니 제가 가는 게 좋을 겁니다."

타이완 대사로 나가기로 결정은 했지만, 한 가지 걱정되는 것이 있었다. 외교에 대한 지식이나 경험이 없다는 것이었다. 이제는 군인이 아니라 외교관 역할을 수행해야 하는데, 나는 외교관이 갖추어야 할 기본적인 상식조차 갖추고 있지 못했다. 정부 역시 이에 대한 대책을 전혀 세워 놓지 않았다. 정부에서는 외교에 대한 사전 교육도 없이 무조건 임명하고 밖으로 내보냈다.

그나마 군인이 민간인보다 조금 나은 것은, 고급 장성의 경우 미군 장성들과 교류할 기회가 많았고, 이에 따라 자리 배치를 비롯한 의전이나 기본적인 규칙에 대해서 어느 정도 알고 있다는 것이었다. 미국 장성들은 우리를 초대하면 국제 관례에 따라 대접했다. 자리 배치의 경우 초대한 사람의 계급 및 상하 관계에 따라 자리를 배정했다. 또한 남자와 여자도 자리를 나누어 앉혔다. 긴 테이블의 경우 정가운데 남자 주인과 여자 주인이 앉았다. 그리고 손님들 가운데 계급이 가장 높은 사람을 여자 주인의 오른쪽에 앉히고, 남자 주인의 오른쪽에는 그 부인을 앉혔다.

나중에 대사로 부임을 해서 겪어 보니, 외교 모임도 이와 크게 다르지 않았다. 예를 들어 장제스 총통이 사람들을 초대했을 때, 총통 오른쪽에는 외교단장이 앉았다. 외교단장은 여러 나라 대사들 중에 부임한 지 가장 오래된 사람이 맡았다. 국력에 따른 차별은 없었다. 이를테면 미국 대사가 부임한 지 1년 됐고, 파키스탄 대사가 부임한 지 3년이 됐다면, 파키스탄 대사가 미국 대사보다 높은 위치인 것이다.

그런데 외교단장이 장제스 총통의 바로 오른쪽 옆에 앉는 것이 아니고, 외교단장의 부인이 장제스 총통의 바로 오른쪽 옆에 앉았다. 그리고 그 옆에 외교단장이 앉고, 그 옆에 부단장의 부인이 앉고, 그 다음에 부단장이 앉았다. 순서에 따라 남녀 내외가 차례로 번갈아 앉는 것이다.

군 시절 미군들과 교류한 것이 대사로 부임했을 때 큰 도움이 됐다. 그렇다 하더라도 중요한 회의 참석이나 국가간의 문제가 생겼을 때 정부를 대표해서 발표하는 일 등 여러 외교 사안과 업무에 대처하는 법은 전혀 배우지 못한 채 부임해야 했다. 부임 지역 언어나 영어를 못하는 대사들은 외교 활동을 하는 데 더 큰 어려움을 겪었다. 통역을 통해 대화하기는 하지만, 아무래도 다른 사람을 거쳐 말이 전달되는 것이니 자기가 언어를 구사할 줄 아는 것과는 차이가 있을 수밖에 없었다. 다행히 나는 중국말을 잘하고 영어도 어느 정도 할 줄 알았기에 언어 문제는 전혀 없었다.

장제스 총통의 배려에 감격하다

나는 대사로 타이완에 부임하기 전에도 여러 번 타이완을 방문한 적이 있었다. 한번은 육군 참모총장 이형근 대장을 수행해 타이완을 방문했다. 김홍일金弘壹 장군이 대사로 있을 때였다. 육군 측은 이형근 총장이 공군 비행기를 타고 가니까 공군 쪽에서도 장성이 한 명 동행하면 좋겠다고 했다. 육군 측은 내가 중국말을 잘하는 것을 알고 나를 지목했다. 당시 일행 중에서 준장인 내가 계급이 제일 낮았다. 방문 일정이 끝나고 장제스 총통과 마지막 기념 촬영을 한 뒤 밖으로 나가려는데, 장제스 총통이 나를 불러 세웠다.

"김신, 이리 와. 나하고 단둘이 찍자."

순간 당황했지만, 나 혼자만 장제스 총통과 따로 기념 촬영을 했다. 내가 공군 참모총장이 된 뒤에 타이완 총통부를 방문했을 때, 장제스 총통은 무척 기뻐했다. 아버지와의 깊은 인연 때문이기도 했지만, 중국군 출신으로 한국 공군의 최고 위치에 올랐다는 점이 장제스 총통을 기쁘게 했을 법하다.

그러다 이제 군복을 벗고 주 중화민국 대사로 부임했으니, 내 마음도 매우 설레었다. 모든 준비를 마친 뒤 1962년 9월 20일 타이완에 도착해 신임장 제정식을 기다렸다. 그런데 열흘이 넘도록 총통부에서 소식이 없었다. 얼마 안 있으면 타이완의 건국 기념일인 쌍십절雙十節(10월 10일)이기 때문에 나는 애가 탔다. 쌍십절에 타이완 정부는 각국 대사들을 모두 초청해서 기념식을 치른다. 신임장 제정식을 마치지 못하면 공식적인 외교 활동을 할 수 없고, 쌍십절 행사에도 참석하기 힘들다.

타이완 외교부 장관이 나에게 제정식이 늦어지는 이유를 귀띔해 주었다. 장제스 총통이 몸이 안 좋다는 것이었다. 그러면서 조금만 더 기다려 달라고 했다. 다행히 제정식 날짜가 1962년 10월 9일로 정해졌다. 10월 9일이 되자 타이완 외교부 절차에 따라 예빈처 책임자가 한국 대사관으로 왔다. 그리고 나를 비롯한 대사관의 주요 인사들을 데리고 총통부로 갔다.

정복을 입은 타이완 경찰들이 오토바이를 타고 경호하는 가운데 호화로운 자동차 앞에 태극기를 달고 총통부로 가니, 뭐라 말할 수 없이 감격스러웠다. 중국에서 독립운동을 하신 어르신들 덕분에, 그분들의 피와 눈물 덕분에 내가 독립운동가의 후예로서 오늘날 이런 영광을 누리는 것이라고 생각하니 눈물이 났다. 조금 있으면 총통부에 도착하기 때문에 울음을 멈추려 애썼지만, 지난 일들이 주마등처럼 스쳐 지나가면서 눈물이 좀처럼 멈추지 않았다.

비교적 간단한 신임장 제정식 공식 절차를 마치고 장제스 총통과 환담하는 자리가 마련됐다. 나는 통역이 필요 없었으므로 귀빈실에 혼자 들어갔다. 장제스 총통은 외교 장관, 비서실장 등과 함께 들어왔다. 장제스 총통은 나와 마주하자마자 따뜻한 말부터 건네 왔다.

"난 당신을 외국의 대사로 취급하고 싶지가 않아. 우린 한집안 사

주 중화민국 대사 신임장 제정
1962년 10월 9일, 장제스 총통에게 신임장을 제정하고 중화민국 주재 제6대 대사로서 공식 업무를 시작했다.

람이야. 백범 선생하고 나는 수십 년간 동지의 위치에서 합동으로 항일 전쟁을 했지. 백범은 오로지 그 일을 위해 헌신하신 분이야."

장제스 총통은 옛일이 떠오르는지 잠시 눈을 감고 숨을 고른 뒤 나에게 다시 말했다.

"앞으로 무슨 일이든지, 일이 있으면 나를 직접 찾아와."

장제스 총통은 말을 계속 이어 갔다.

"징궈經國하고는 형제 같은 사이니까, 무슨 문제가 있으면 꼭 상의해라."

'징궈'는 장제스 총통의 아들 장징궈蔣經國를 말한다. 대화를 나누다 장제스 총통의 얼굴을 가만히 살펴보니 입술이 온통 부르터 있었다.

열병을 앓고 있는 흔적이었다. 장제스 총통은 쌍십절 전에 신임장 제정식을 마쳐야 한다는 내 입장을 고려해 몸이 온전치 않은 데도 제정식을 치러 주었던 것이다. 순간 나는 아버님의 얼굴이 떠올랐고, 코끝이 뜨거워졌다.

장제스 총통은 자주 나에게 타이완 내부 국정에 관해 의견을 물었다. 아랫사람들이 장제스 총통에게 좋지 않은 소식들은 보고하지 않기 때문이었다. 총통의 아들 장징궈는 사람들에게 신신당부를 했다.

"나에게 먼저 보고해라. 내가 아버지께 대신 말씀드리겠다."

장징궈의 이러한 태도를 반드시 권력욕 때문이라고 보기는 어렵다. 장제스 총통은 근심이나 문제가 있으면 아무리 사소한 일이라도 잠을 자지 않고 고민해서 대책을 궁리하는 만기친람萬機親覽 스타일이었다. 건강이 나빠질 수밖에 없었다. 그런 아버지를 걱정한 장징궈는 중간에서 모든 보고를 걸러 좋은 소식 위주로 보고하려 했다.

이러한 사실은 장제스 총통도 잘 알고 있었다. 그리고 안타까워했다. 장제스 총통은 중국 본토를 빼앗긴 이유 가운데 하나로 '보희불보우'報喜不報憂를 들곤 했다. '기쁘고 좋은 소식만 보고하고, 걱정스런 얘기는 전하지 않는다'는 뜻이다. 장제스 총통이 나를 더욱 가까이하려 한 것은, 내가 제3자의 입장이라 객관적으로 타이완의 일을 평가할 수 있다고 여겼기 때문이다. 장제스 총통은 나랏일뿐만 아니라 집안일까지도 나에게 의견을 구했다. 그럴 때마다 나는 난처한 마음을 드러냈다.

"저는 그런 건 알 수가 없습니다. 내정간섭이고……."

내가 말꼬리를 흐리면 총통이 정색을 하며 말했다.

"아니야, 그게 아니야. 너와 나는 한집안인데, 무슨 내정간섭이야.

그래, 네 눈으로 볼 땐 어떻게 보이더냐?"

이러다 보니 타이완 각 부처 관계자들 사이에 한국의 김신 대사는 장제스 총통이 가장 신임하는 사람이라는 소문이 났다. 나중에는 인사 청탁을 하는 사람들까지 생겼다.

"당신이 얘기만 잘해 주면 제가 이번에 진급할 수 있습니다."

나는 그런 사람들에게 단호히 말했다.

"그런 말 하지 마십시오. 내가 아무리 총통과 가깝다고 해도 그것은 내정 문제입니다."

나는 내정과 관련된 일은 절대로 도와줄 수도 없고, 개입할 생각도 없다고 못을 박았다.

장제스 총통, 미국의 생각을 떠보다

미국은 처음엔 박정희 대통령에게 거부감을 보였지만 베트남전을 계기로 한미 관계는 크게 개선됐다. 박정희 대통령은 미국의 파병 요구를 전격 수용하면서 미국에 여러 가지 요구를 했다. 먼저, 우리가 군대를 빼내어 참전을 하면 안보가 위태로우니 미국이 안보를 책임지라는 것, 그다음에는 군 장비를 최신 장비로 교체해 달라는 것이었다. 당시만 하더라도 국군의 개인 화기는 M-1 소총이었다. 미국은 베트남전 참전 한국군에게 M-16 소총을 지급했다.

1969년 8월 박정희 대통령과 미국 닉슨 대통령이 샌프란시스코에서 정상회담을 갖기로 했다. 이 소식을 들은 장제스 총통이 나에게 관저로 들어오라고 연락해 왔다. 일반적으로는 외교부를 거쳐 공식적으로 초대하지만, 이때는 나를 직접 부른 것이다. 총통은 비서와 서기, 그리고 경호관에게 모두 나가라고 명령했다. 총통은 나와 단둘이 있게 되자 대뜸 이렇게 말을 꺼냈다.

"다른 게 아니고, 김 대사가 수고 좀 해 줘야겠네."

"무엇을 말입니까? 말씀해 보십시오."

"이번에 들으니 박 대통령이 닉슨 대통령하고 샌프란시스코에서 정상회담을 한다고 하던데, 미국은 타이완을 어떻게 생각하는지 좀 물어봐 달라고 박 대통령에게 말씀드릴 수 없겠나?"

날이 갈수록 중화인민공화국은 강대해져 가는데 중화민국(타이완)은 그렇지 못하니 장제스 총통은 미래가 크게 걱정됐던 것이다. 만일 미국이 타이완을 버린다면 타이완의 운명은 바람 앞에 놓인 촛불일 수밖에 없었다. 나는 총통의 의중을 잘 알고 있기에 흔쾌히 대답했다.

"알겠습니다. 본국에 연락을 하겠습니다."

내가 본국 정부에 연락을 하겠다고 말하자 장제스 총통이 몸을 한껏 내 쪽으로 기울이며 말했다.

"이번 일은 자네가 직접 갔다 오든지, 아니면 편지를 써서 믿을 만한 사람을 통해 보내도록 하게. 절대로 통신 같은 것은 쓰지 말게."

장제스 총통은 중공 측이 도청할 것을 우려했던 것이다. 이름은 잘 기억나지 않지만 육사 2기 출신인 어떤 분이 타이완에 들렀다가 서울로 가게 됐다. 그래서 내가 같이 식사를 하면서 대통령께 보낼 극비 문서가 있는데 직접 전달해 줄 수 있겠느냐 물어보았다. 그분은 문제없다고 답했다. 그래서 그분을 통해 박정희 대통령에게 장제스 총통의 요청이 담긴 문서를 전달했다.

8월 22일, 박정희 대통령이 닉슨 대통령과 샌프란시스코에서 정상회담을 가졌다. 박정희 대통령은 닉슨 대통령과 베트남전 등 여러 얘기를 나누다 아시아 정세에 대한 이야기가 나올 때 슬쩍 타이완을 언급했다.

"미국 정부는 타이완에 있는 장제스 총통을 어떻게 생각하고 있습니까?"

"우리는 장제스 총통을 공산당의 바다에 갇혀 있는 중국 사람들의 희망의 등대라고 생각합니다."

닉슨 대통령은 박정희 대통령이 이미 장제스 총통과 모종의 의사를 교환한 뒤에 물어보는 것이라고 추측하고 대답했던 것이다. 나는 한미 정상회담에 관한 보고를 하기 위해 장제스 총통을 찾아뵈려 했다. 장제스 총통은 나에게 장징궈를 먼저 만나 보라고 얘기했다. 나는 장징궈를 만나 상황을 얘기한 뒤, 박정희 대통령이 정상회담 결과에 대해 친필로 쓴 편지를 가지고 있다고 알려 주었다. 내 말을 들은 장징궈는 매우 기뻐하며 곧 연락을 주겠다고 했다.

며칠 후, 연락이 와서 양밍산陽明山에 있는 약속 장소로 가 총통 부자父子와 만났다. 나는 장제스 총통과 이런저런 얘기를 나누다가 박정희 대통령으로부터 답신이 왔다고 말했다. '장 총통은 중화민국 정부와 타이완 사람들, 그리고 공산 지역에 있는 전全 중국 인민들의 희망의 등대'라는 내용이 포함되어 있었다. 장제스 총통의 눈에 눈물이 그렁그렁 맺혔다.

베트남전 참전을 요청한 타이완

타이완 정부는 5·16군사쿠데타 이후 한국의 정치 변화에 관심이 많았다. 타이완은 특히 박정희 대통령이 반공反共을 제1의 국시國是로 삼자 안심을 했다. 자신들에게 동지가 생겼다고 여겼기 때문이다. 만일 한국에서 반공에 대한 관심이 줄어들면 타이완은 완전히 외톨이가 될 가능성이 컸다.

사실 타이완 정부는 한국전쟁이 일어났을 때 참전을 고려했다. 장제스 총통은 미국 정부에 군대를 보내겠다는 뜻을 여러 번 전했다. 그러나 미국은 타이완의 뜻을 받아들이지 않았다. 타이완이 참전하면 중공도 참전하게 된다는 것이 이유였다. 결과적으로 타이완이 참전하지 않았어도 중공은 참전을 했지만 말이다. 그렇다고 타이완이 아무것도 보내지 않은 것은 아니었다. 중공군 포로를 심문할 때 타이완 통역관들이 와서 정보를 캐냈다.

타이완은 베트남전에도 참전하고 싶어 했다. 어느 일요일 한가한 시간을 보내고 있는데, 갑자기 총통 관저로 들어오라는 연락이 왔다. 당시 1966년 10월 24일에 필리핀 마닐라에서 린든 존슨 미국 대통령이 주도해 미국, 오스트레일리아, 뉴질랜드, 태국, 필리핀, 베트남, 그리고 우리나라 등 베트남 참전 7개국 정상회담이 열리기로 되어 있었다. 장제스 총통은 이렇게 말했다.

"박정희 대통령이 반공을 위해 베트남에서 싸우는 것 아니냐? 그렇다면 반공 국가인 우리도 책임이 있다. 우리는 베트남과 거리도 가까우니 여러 가지로 도움이 될 것이다. 그러니 박정희 대통령이 존슨 대통령에게 잘 말해 주면 좋겠다."

나는 이 얘기를 박정희 대통령에게 보고했다. 보고를 들은 박정희 대통령은 원수 회의를 마치고 얼마 후에 장문의 편지를 직접 써서 나에게 보내왔다. 박정희 대통령은 중요한 문제에 대해서는 친필로 편지를 써서 보내곤 했다. 편지에는 존슨 대통령에게 타이완의 참전을 부탁한 것에 대한 결과가 자세히 쓰여 있었다.

결론적으로 말해서 장제스 총통의 바람은 이루어지지 않았다. 존슨 대통령은 만일 타이완이 참전하면 중공도 참전할 테니 그런 일은 피하면 좋겠다고 말했다. 그러나 중공은 이미 타이완과 상관없이 비밀리에 북베트남(베트남 민주공화국)에 도움을 주고 있었다. 공식적으로 참전을 선언하지는 않았지만 공병 부대나 곡사포 부대를 북베트남 후방 지역으로 보냈던 것이다. 소련 역시 직접 참전하지는 않았지만 무기를 지원했다. 소련이 지원한 무기는 중공을 통해 북베트남으로 들어갔다.

타이완의 참전 의도는 단순히 몇몇 지역에서 미군을 도와 지하공작을 하려는 정도가 아니었다. 몇 개 사단을 파병해 베트남을 통해 중국 본토 윈난 성雲南省까지 밀고 들어갈 생각이었다. 타이완은 미국이 도와주기만 한다면 이 기회에 본토 일부를 수복하려는 뜻을 갖고 있었던 것이다. 타이완은 미국에 참전 의사를 전하기 전에 이미 상세한 계획을 다 세워 두었다. 베트남에 있는 타이완 대사관에서는 한국군이 미군에게 어떤 대우를 받는지, 베트남에서 어떻게 적응하는지 등을 꼼꼼히 살피고 있었다. 이렇게 철저히 준비하고 요청을 했는데도 받아들여지지 않자 장제스 총통은 크게 실망했다.

한국과 타이완의 우호 조약 체결

베트남전 당시 한국의 국회의원들이나 고급 장성들은 베트남으로 군인들을 위문하러 갈 때 반드시 타이완을 들렀다. 타이완 쪽에 눈도장이라도 한번 찍어 둘까 해서 방문했던 것이다. 타이완 측도 한국 정치인들이나 장성들의 방문을 마다하지 않았다. 한국 측 주요 인사들을 알아 두어서 나쁠 게 없기 때문이었다.

피곤한 사람은 나를 포함한 한국 대사관 직원들이었다. 거의 매일 주요 인사들의 방문이 이어지다 보니 비행장에 나가서 손님 맞는 것이 보통 일이 아니었다. 나중에는 어찌나 힘들던지 본국 정부에 항의했다. 나를 계속 타이완 대사로 있게 하고 싶으면 관광공사가 여기에 분점을 내게 하라고 말했다.

타이완을 방문한 국회의원들 대부분은 나에게 장제스 총통을 한번 만나게 해 달라고 부탁했다. 한번은 국회의원 열댓 명이 베트남에서 우리 군인들을 위문하고 오는 길에 타이완에 들렀는데, 장제스 총통을 만나게 해 달라고 부탁해 다리를 놔주었다. 장제스 총통은 한국과 좋은 관계를 유지하고 싶어서 그런 요청이 들어오면 거절하지 않았다.

그런데 국회의원들이 장제스 총통과의 만남을 마치고 기념 촬영을 할 때가 되자 서로 장제스 총통 옆에 서겠다며 난리를 피웠다. 그 모습을 보고 총통 경호원들은 놀라서 사색이 됐다. 국회의원들은 한국에 돌아가 사람들에게 과시하고 싶었을 것이다. 장제스 총통 바로 옆에서 사진을 찍은 뒤에 그것만 따로 떼어 내어 홍보를 하면 효과 만점이라고 생각했던 것이다.

당시 국회의원들의 수준이 이처럼 낮았다. 그나마 장성들은 좀 나

1964년 10월, 한중 우호 조약 가조인
가장 왼쪽에 있는 분이 장췬 비서실장, 태극기 바로 왼쪽 안경을 쓴 분이 정일권 국무총리이다.

아서 그래도 예의를 지켰다. 장제스 총통은 장성들을 만나면 좋은 관계를 유지하기 위해 훈장을 하나씩 달아 주었다. 한번은 내가 국내에 무슨 일이 있어 소환되어 보고를 하러 가는데, 장제스 총통이 이 소식을 듣고 만나자고 연락을 해 왔다. 총통 관저로 찾아가니 장제스 총통은 우호 조약에 관한 얘기를 꺼냈다.

"남녀가 결혼하면 정식으로 혼인 신고를 하고 부부가 되는데, 한국과 우리는 사이가 좋기는 하지만 정식으로 계약을 맺은 게 없다. 그러니 상징적이기는 하지만 우호 조약을 체결하는 게 어떠냐?"

사실 나는 장제스 총통의 말을 듣고 나서야 한국과 타이완 사이에 우호 조약이 체결된 적이 없다는 사실을 새삼 깨달았다. 이승만 대통령 때 우호 조약 체결 움직임이 있었지만, 이 대통령은 "각자 잘하면 되지 무슨 우호 조약이냐"며 관심을 보이지 않았다. 그러다 박정희 정권이 들어서면서 베트남전 때문에 국무총리, 국회의장, 국회의원 등 타이완을 오고 가는 한국 측 주요 인사들이 늘어나자, 장제스 총통은 이런 분위기를 타고 우호 조약을 체결하고자 한 것이다.

장제스 총통은 우호 조약에 관한 자세한 내용을 비서실 장췬張群 씨를 통해 설명했다. 장췬 씨는 장제스 총통과 일본 사관학교 동창생인데, 오랫동안 장제스 총통 옆에서 일을 도와주고 있었다. 우호 조약 건도 장췬 비서실장이 장제스 총통에게 구체적으로 건의해서 추진되었다.

나는 한국에 들어가 박정희 대통령에게 우호 조약에 관해 보고했다. 당시 박정희 대통령은 경제개발 5개년 계획으로 전국을 바쁘게 돌아다니고 있었다. 나는 기차를 타기 위해 자동차를 타고 서울역으로 가는 박정희 대통령에게 차 안에서 보고했다. 박정희 대통령은 그 자리에서 흔쾌히 한중韓中 우호 조약 추진을 지시했다. 1964년 10월 11일 한국 정부를 대표하는 나와 중화민국 정부를 대표하는 선창환沈昌煥 외교부장이 가조인하고, 타이완을 방문 중이던 정일권丁一權 국무총리가 입회했다. 그 뒤 1965년 12월에 우호 조약 비준서를 교환했다.

13장

박정희 대통령과 장제스 총통

박정희 대통령에게 도움을 준 장제스 총통

사실 많은 사람이 박정희 정권의 성격에 대해 의심을 품었다. 미국은 박정희 정권이 좌익 정권이 아닌지 주시했다. 박 대통령이 과거 여순 사건 때 붙잡힌 전력이 있기 때문이었다. 박 대통령은 주변의 의심을 불식시키기 위해서라도 반공을 제1의 국시로 삼아야 했다.

박정희 대통령이 반공을 국시로 삼자 장제스 총통은 무척 기뻐했다. 반공 동지가 생겼기 때문이다. 그러나 박 대통령이 이미지 개선을 위해 온갖 노력을 기울여도 현실은 녹록지 않았다. 무력으로 정권을 빼앗은 사실만큼은 바꿀 수 없기 때문이었다. 미국은 언제까지 군정을 할 것이냐는 의심의 눈초리로 박정희 정권을 바라봤다. 결국 박 대통령은 최후의 보루로 민정이양民政移讓 카드를 꺼내 들었다.

박정희 대통령이 민정이양을 발표하자 야당과 미국은 '그럼 언제 민정이양을 할 것인가'를 두고 박 대통령을 압박했다. 이들은 하루라도 빨리 박정희 대통령이 권력을 민간에 넘겨주고 원래의 자리로 돌아가

기를 바랐다. 그런데 민정이양 관련 소식을 접한 장제스 총통이 나를
관저로 불렀다. 그리고 이에 대한 자신의 의견을 진지하게 말했다.

"나는 지난 50년 동안 혁명을 완수하고 중국을 바로 세우려고 노력
했다. 그러나 아직도 과업을 완수하지 못했다. 그런데 한국은 이제 막
제대로 잡혀 가려는 때에 그만두려 하고 있다. 이는 잘못된 것이다. 혁
명 정신을 끝까지 관철해야지 중도에서 그만두면 이도 저도 안 된다."

장제스 총통은 잠시 숨을 고르고 흥분된 어조로 말을 이어 나갔다.

"정권을 이양한다면 다시 원위치로 돌아가는 거 아니냐? 그럼 애
당초 군사혁명을 왜 했나? 나왔으면 큰 뜻을 품고 개혁을 해서 나라를
바로잡아야지, 그런 압력에 굴복한다는 것은 말이 안 되는 얘기다. 이
미 물이 많이 흐려졌다면 민간인이 정화하기 어렵다. 내 오랜 경험으
로 볼 때 박 대통령은 자신의 뜻을 끝까지 밀고 나가야 한다."

장제스 총통은 마지막으로 자신의 의견을 한 번 더 강조하며 말을
마쳤다.

"국민이 지지한다면 선거를 통해 같이 해 나갈 수 있지 않겠는가.
무조건 민간으로 정권을 넘기고 그만두는 것은 애초에 하지 않은 것만
못하다."

아무리 한 나라의 수장이라 하더라도 이런 얘기를 외국 대사에게
하는 것은 외교 관례상 있을 수 없는 일이다. 일종의 내정간섭에 해당
하기 때문이다. 그러나 나는 장제스 총통의 말이 진심이라는 것을 알
기에, 국내에 보고할 기회가 있을 때 장제스 총통의 말을 박정희 대통
령에게 전했다.

장제스 총통의 말을 듣고 그런 것은 물론 아니었지만, 결국 박정희
대통령은 무조건적인 민정이양을 접었다. 그리고 군복을 벗고 민간인

신분으로 선거에 나서기로 결정했다. 이런 결심을 한 것은 미국을 의식한 때문이기도 했다. 미국이 민주주의 국가에 군사 원조를 하는 것은 공산주의의 확산을 막기 위한 것이었다. 계속 군사 독재 정권으로 지목되면 미국의 원조를 기대하기가 어려웠다. 선거를 통해 국민이 뽑아 준다면 미국도 반대할 이유가 없었다.

박정희 대통령이 선거를 하기로 결심을 굳힐 즈음, 가뭄으로 식량수급 사정이 극도로 나빠지기 시작했다. 정부는 식량 문제를 해결하기위해 고심했지만, 미국에서 가져오려니 거리가 너무 멀고, 베트남에서가져오려니 우리나라 사람들 입맛에 맞지 않았다. 결국 정부는 타이완으로 눈을 돌렸다. 타이완은 우리 입맛에 맞는 쌀을 가지고 있을 뿐만아니라 거리도 가까웠다. 문제는 타이완의 비축미가 비상시를 대비한것이어서 평시에는 손댈 수 없다는 점이었다. 그러나 한국 정부의 입장은 절박했다. 식량 수급 불안은 박 대통령의 당선 가능성이 낮아진다는 것을 뜻하기 때문이었다. 박 대통령은 타이완에서 식량을 들여오는 임무를 나에게 맡겼다.

"김 대사는 장제스 총통과 특별한 관계에 있지 않나? 공公은 공이고 사私는 사지만, 이것은 공사公私가 다 관계되는 것 아닌가?"

나는 임무를 부여받고 타이완 봉래미蓬萊米 구매를 성사시켜, 1963년7월 10일까지 도입 물량 전체를 들여올 수 있었다. 제5대 대통령 선거는 1963년 10월 15일에 치러졌다. 그러나 애당초 수송이 큰 문제였다.타이완 양식국糧食局 책임자 리롄춘李連春은 식량은 내줄 수 있지만 수송까지 책임질 수는 없다고 했다. 그러자 타이완군軍이 나섰다. 타이완군은 악천후 속에 군용 차량 수백 대를 동원해 가오슝高雄 항과 지룽基隆 항으로 식량을 날랐다. 장제스 총통은 오히려 나에게 미안한 마음을 표시했다.

"내 마음이 굉장히 부끄럽네. 내가 중국 본토에 있었으면 그까짓 몇십만 톤 한국에 그냥 줬으면 줬지, 돈 받고 팔았겠나."

나중에 박정희 대통령은 타이완을 방문했을 때 장제스 총통에게 감사의 인사를 전했다.

"어려울 때 격려도 해 주시고, 여러 가지로 도와주셔서 감사합니다."

민정이양을 결심했을 때 장제스 총통이 조언해 준 것과, 식량 문제를 해결하는 데 도움을 준 것에 대해 감사의 인사를 전한 것이다. 박정희 대통령의 감사 인사를 들은 장제스 총통은 박정희 대통령에게 부탁의 말을 전했다.

"박정희 대통령이 앞으로 아시아 지역 반공 투쟁의 영도자가 돼 주면 좋겠습니다."

박정희 대통령은 타이완을 포함해서 동남아 지역을 돌고 귀국해, 당·정·군 고위 인사들과 모임을 가졌다. 그 자리에서 박 대통령은 순방을 마치고 온 소감을 말했다.

"태국이나 말레이시아는 별것 없더라. 그런데 장제스 총통이 나에게 해 준 말은 마음에 와 닿는 것이 많았다. 장제스 총통이 나에게 아시아 지역의 반공 리더가 돼 달라고 부탁하더라."

교민들을 위해 학교를 세우다

내가 대사로 재직할 당시 타이완에는 한국 교포들이 그리 많지 않았다. 대부분 일제 강점기에 강제 동원됐던 사람들로, 타이완 사람과 결혼해 정착한 경우가 많았다. 교포들은 주로 타이완의 대표적인 항구 도시 가오슝과 지룽에 몰려 살았다. 가오슝은 우리나라의 부산, 지룽은 인천과 비슷한 곳이다. 지룽에는 상하이에서 살다가 중국 정부가 본토에서 후퇴할 때 타이완으로 건너온 교민들도 있었다. 그중 홀로 타이완으로 와서 조그만 교회를 열어 전도 활동을 하던 정성원鄭盛元 여사가 기억난다.

타이페이臺北 쪽에도 교포들이 살았지만, 그리 많지는 않았다. 교포들 외에 한국 사람은 타이완과 한국을 오가며 장사를 하는 사람들과 선원들, 그리고 유학생들이었다. 유학생들은 생각보다 그 수가 많았다. 나는 타이완 대사로 부임하고 나서 아이들을 타이페이에 있는 교민들이 다니는 소학교에 입학시켰다. 교민 소학교는 가오슝과 지룽에도 있었지만 타이페이에 비해 규모가 작았다. 교민들의 요청에 따라 문교부에서 가오슝과 지룽 소학교에도 교사를 파견해 주었다.

당시 우리 아이들이 다닌 학교의 교장은 국립대만사범대학에 유학 중이던 허세욱許世旭 씨였다. 허세욱 씨는 나중에 한국에 돌아가 고려대학교 중어중문학과 교수를 지냈다(2010년 7월 별세). 그런데 아이들이 초등학교 과정을 마치고 중학교로 진학할 때 문제가 생겼다. 타이완에는 교포들이 다니는 중학교가 없었다. 할 수 없이 아이들을 미국인이 다니는 학교에 입학시켰다.

교육 환경이 열악하다 보니 교민들의 소원은 학교를 새로 짓는 것이었다. 교민들의 소원을 들어주고 싶었지만 대사관에는 그런 여유가 없었다. 교민들은 내가 중국에서 오래 살았고 장제스 총통과 각별한 사이라는 것을 알고 있기 때문에 큰 기대를 가졌다. 나는 솔직히 부담스러웠다. 결국 하와이 교민들에게 도움을 청해 보기로 했다. 하와이에는 나와 친분이 있는 교민들이 제법 있었다.

하와이 교민들에게 타이완 교민들의 형편이 이러저러하니 좀 도와
달라 요청을 하자 돈을 보내 주었다. 그러나 학교를 새로 지을 수 있을
정도에는 미치지 못했다. 나는 그 돈을 교포 자녀들이 다니는 학교에
나눠 주면서 학교를 개선해 줄 것을 당부했다. 가오슝 지역의 경우는
내가 직접 천치촨陳啓川 시장을 찾아가 학교 설립 문제를 의논했다. 당
시 교민들은 가오슝 시 중심이 아니라 변두리에 살고 있었다. 대부분
생활 형편이 어려웠기 때문이다.

가오슝 시 변두리에 쮜잉左營이라는 곳이 있는데, 교민들이 모여 사
는 곳과 가깝고 학교를 세우기에 적당한 부지가 있었다. 문제는 이곳
일대가 해군 군사 기지라는 점이었다. 일반인의 출입도 자유롭지 못했
다. 천치촨 시장도 난색을 표명했다. 나는 장징궈 씨를 만나 가오슝 시
에 한국 교민 학교를 설립하는 문제에 대해 얘기를 꺼냈다.

"가오슝의 우리 교포들이 아이들을 위해 학교를 만들고 싶어 합니
다. 조그마한 학교를 하나 만들면 되는데, 지을 만한 땅이 없습니다.
도움을 줄 수 없겠습니까?"

"기꺼이 도와드리겠습니다. 그런데 어떻게 도와드리면 되겠습니
까?"

"교민들 얘기로는 괜찮은 땅이 있긴 한데, 거기가 군사 지역이라고
합니다. 혹시 가능하다면 학교를 세울 수 있도록 좀 도와주셨으면 합
니다."

"네, 알아보겠습니다."

장징궈 씨를 만나고 며칠이 지난 뒤에 전화가 왔다. 장징궈 씨는 나
에게 그곳의 정확한 위치가 어떻게 되냐고 물었다. 나는 구체적으로

알려 주었다. 위치를 알려 주자 장징궈 씨는 그곳에 있는 육전대(해병대)에 연락을 했다. 육전대는 장징궈 씨의 지시에 따라 불도저를 동원해 학교를 지을 수 있도록 땅을 정비해 주었다. 이후 나는 가오슝에 들러 천치촨 시장에게 감사의 인사를 전했다.

"덕분에 가오슝에 교민 학교를 세울 수 있었습니다. 감사합니다."

"나한테 감사할 필요는 없습니다. 그 누구도 접근하기 힘든 땅에 한국 학교를 만든 당신이 참으로 대단합니다."

교민들은 학교를 세운 뒤 학교 이름을 가오슝한국소학高雄韓國小學이라고 지었다. 교민들은 나에게 학교 명판 글씨를 써 달라고 부탁했다. 개교식에는 영화배우 최은희崔銀姬 씨도 참석했다. 최은희 씨가 홍콩에 일이 있어 갔다가 귀국하는 길에 타이완을 방문했는데, 내가 그 소식을 듣고 개교식에 참석해 달라 요청했던 것이다. 학교 설립은 어찌 보면 외교관의 임무는 아니었지만, 보람은 외교관 업무 못지않게 컸다.

타이완이 안정을 찾은 과정

장제스 총통이 공산당에게 본토를 빼앗기지 않으려고 최후까지 노력한 것은 다 아는 사실이다. 그는 사기가 떨어진 군대를 추슬러 쓰촨四川 지역으로 들어갔다. 그리고 충칭重慶과 우한武漢 근방에서 군대를 재정비했다. 그가 충칭 곳곳에 군대를 배치할 때 시안 쪽에서 공산군이 들어오고 있다는 연락이 왔다.

장제스 총통은 조바심이 생겼다. 만약 공산군 전투기가 대형 수송기가 이착륙할 수 있는 비행장을 폭격하면 도피할 방법이 없어진다. 그래서 그는 수송기를 타고 자신의 고향 지역인 저장 성浙江省 펑화奉化로 피신했다. 그곳에서 장제스 총통은 총통 자리를 리쭝런李宗仁에게 넘겨주고 국민당 총재 자리로 물러났다.

장제스 총통이 피신해 있을 때 공산군은 양쯔 강을 건너 상하이 시내까지 밀고 들어왔다. 장 총통은 대세가 완전히 기울었음을 깨닫고 1949년 12월 펑화 동쪽 저우산군도舟山群島에서 군함을 타고 타이완으로 건너갔다.

장제스 총통은 타이완으로 온 뒤 타이페이 지역의 지명을 몇 군데 바꿨다. 그중 하나가 양밍산陽明山이다. 양밍산의 본래 이름은 차오산草山이었다. 중국에서는 예전부터 비적匪賊들이 본거지로 삼고 있는 산을 차오산이라 불렀다. 국민당과 타이완은 공산군을 '공산비적'이라 일컬었다. 그래서 양밍산이라는 이름으로 바꿨다. 또 한군데는 가오슝 시내에 있는 다베이후大貝湖라는 곳이다. 중국어 '베이'貝는 슬프다는 의미의 '베이'悲와 발음이 같다. 잘못 들으면 대비大悲, 즉, 크게 비통하다는 뜻으로 오인할 수 있다. 그래서 이름을 다밍후大明湖로 바꿨다.

장제스 총통은 지명만 바꾼 것이 아니었다. 그는 타이완으로 쫓겨온 뒤, 중국 본토에 있을 때와 똑같이 해서는 살아남을 수 없으므로 새로운 정신으로 새롭게 시작하자고 다짐했다. 그는 결심한 것을 잊지 않기 위해 진먼다오金門島의 큰 절벽에 '무망재거'毋忘在莒라는 글을 새겨 넣었다. 이 말은 중국 고사에서 나온 것이다.

중국 춘추시대 제齊나라의 환공桓公이 자신의 형인 양공襄公의 부덕한 정치를 피해 거莒 땅으로 도망가 온갖 고생을 했다. 형 양공이 죽은 뒤에 돌아와 임금이 된 환공이 신하들에게 "앞으로 나라를 어떻게 다

스려야 할 것인가"라고 물었다. 이에 재상 관중管仲이 "거 땅에서 고생했던 일을 절대 잊지 마십시오"毋忘在莒라고 답했다.

장제스 총통은 중국 본토와 지척인 진먼다오를 요새화하는 등 군사적인 대비도 철저히 했고, 생활면에서도 개선하려는 노력을 기울였다. 당시 중국 사람들은 상을 차렸다 하면 스무 가지 요리를 올리는 것이 다반사였는데, 이것을 '사채일탕'四菜一湯, 즉 요리 네 가지에 탕 한 가지 또는 '삼채일탕'三菜一湯 정도로 간소화시켰다. 주택도 일본군이 주둔하면서 집 대부분이 다다미를 간 일본식 집이었던 것을 현대식으로 새롭게 개량했다. 장제스 총통의 여러 노력 덕분에 타이완은 경제적으로 빠르게 발전했다.

이승만 대통령 시절 장관직을 역임하고 박정희 정권 초기에 내각 수반을 지낸 김현철金顯哲 씨가 타이완을 방문한 적이 있다. 이분이 장제스 총통과 만난 자리에서 이런 질문을 던졌다.

"부패를 척결하기 위해서는 어떻게 해야 합니까?"

장제스 총통은 빙긋 웃더니 자신이 과거에 많이 겪어 보고 당해 봐서 잘 안다고 말하면서, 다음과 같은 글을 적어 보여 주었다.

"도고일척道高一尺, 마고일장魔高一丈."

글자 그대로 풀이하면 '바른 도道의 높이가 1척이면 삿된 것의 높이는 1장'이라는 뜻이다. 의역하면 '선비의 수양이 한 자 높아지면, 그에 따른 유혹은 한 길이나 높아진다'는 뜻이다. 장제스 총통이 이 글귀를 쓴 의도는 '법이 아무리 엄격해도 부패를 완전히 없애기는 매우 힘들다'는 뜻이기도 하고, '부패 척결이란 이렇게 어려운 법이니 여간 비상한 노력으로 애쓰지 않으면 안 된다'는 뜻이기도 했다. 총통은 글귀를 써서 보여 준 뒤 이렇게 말했다.

"일이란 것은 결국 사람이 하는 것이므로 사람을 잘 판단하고 설득해야 하겠습니다."

미국의 전방위 정찰 활동

내가 공군 참모총장으로 있을 때, 타이완 공군 사령관은 천자상陳嘉尙이라는 분이었다. 그분은 내가 인도에서 비행 훈련을 받을 때 교육 주임으로 있었다. 천자상 사령관이 한국을 방문한 적이 있다. 1961년 9월 15일 중공군 예비역 장교 자오시옌곱希彥과 견습생 가오유쭝高佑宗이 쌍엽기 AN-2기를 몰고 제주도에 착륙한 사건 때문이었다. 산둥 반도에서 곧장 동쪽으로 향하면 한국인데, 혹시 잘못해서 북한으로 갈까 봐 남쪽으로 멀찍이 내려갔다가 간신히 제주도에 도착했던 것이다.

우리 정부는 비행기를 수리한 뒤 일반인들이 구경할 수 있도록 전시했다. 천자상 사령관은 나에게 농담 반 진담 반으로 전시가 끝나면 타이완에 빌려 줄 수 없겠느냐 물었다. 빌려 주면 타이완으로 가져가 총통부 앞에서 전시를 하겠다는 것이다. 그래서 나는 한번 노력해 보겠노라 답하고, 박정희 대통령에게 타이완에서 AN-2기를 빌리고 싶어 한다고 보고했다. 대통령은 시원스럽게 말했다.

"뜨지도 못하는 비행기를 우리가 갖고 있으면 뭐 하겠소? 빌려 주소."

그런데 당시 비행기 안에는 베이징 근방에서 비행기가 이착륙할 때의 주요 항로航路와 무전 주파수 등 기밀에 해당하는 자료들이 있었다. 천자상 사령관은 이 모든 것을 고려해서 빌려 달라고 한 것이었다. 비

천자상 사령관의 박정희 의장 예방　1961년 9월 20일, 천자상 타이완 공군 사령관이 방한하여 당시 국가재건최고회의 박정희 의장을 예방하는 자리에서 천자상 장군을 소개했다.

행기를 타이완으로 보내 줬더니 비행기에 새로 페인트를 칠한 뒤, 마치 자기들이 포획한 것인양 대대적으로 선전했다. 국민의 사기를 올리기 위해서였다.

타이완 공군 측은 중국 공군 출신 김신 장군이 윗선에 특별히 보고해서 성사되었다고 장제스 총통에게 보고했다. 이런 일도 있고 해서 내가 타이완에 대사로 부임하기 전부터 장 총통은 나를 매우 좋게 생각했다. 나중에 미국 정보국에서도 AN-2기 사건 정보를 입수하고, 그 안에 있던 자료를 좀 보내 달라는 요청을 해 왔다. 그러나 이미 타이완으로 비행기를 보내고 난 다음이기도 해서 미국 정보국에 자료를 보내 줄 수 없다고 답했다.

당시 미국은 중국 본토에서 이루어지는 핵무기 개발 움직임에 대한 정보를 수집하는 데 열심이었다(중국이 핵실험에 처음 성공한 것은 1964년 10월이다). 미국은 주로 신장 성新疆省 지역을 정찰했다. 정찰에는 장거리 고공 정찰기 U2기를 활용했다. 그런데 1960년 5월 1일 U2기가 소련 우랄 산맥 상공에서 격추되는 사건이 일어났다. 당시 낙하산을 타고 탈출해 사로잡힌 미군 조종사가 소련 스파이와 교환되어 화제를 모으기도 했다.

상황이 이러했기에 미국은 신장 성 지역을 정찰할 때 타이완 조종사를 U2기에 태웠다. 정찰하다가 격추되기라도 하면 발뺌할 요량이었던 것이다. 타이완 조종사가 정찰 활동을 끝내고 돌아오면 미국 측은 필름을 타이완에는 주지 않고 가져갔다. 그런데 타이완 조종사가 모는 U2기는 타이완을 출발하여 우리나라의 군산 비행장에 착륙했다가 다시 이륙하여 중국 영공으로 진입했다. 복귀할 때는 우리나라를 거치지 않고 곧바로 타이완으로 복귀했다. 미국은 그런 방식으로 정찰 작전을 하기 전에 우리 측에 먼저 허락을 구했다.

어느 날 정보 계통 요직에 있는 미국 사람이 나를 찾아와서 이러저러한 일 때문에 정찰이 필요하다고 했다. 그리고 구두로라도 윗분에게 보고를 해 달라 했다. 나는 박정희 대통령에게 보고했다. 대통령은 미국의 요청을 받아들이며 이렇게 말했다.

"못할 게 뭐 있나? 좋은 정보가 있으면 우리에게도 좀 알려 달라고 그래."

나중에 알았지만, U2기를 탔던 타이완 조종사 중에는 내 동창생들도 있었다. 그들은 중공만 정찰한 것이 아니라 만주 쪽으로 해서 북한까지 정찰했다. 나는 U2기가 북한까지 정찰한 것을 알고 난 뒤에 대사관 앞에 있는 타이완 공군 본부를 방문해서 협조를 구했다. 우리도 여러 가지로 협조하고 있으니 타이완도 협조해 달라는 취지였다. 중공 쪽 정보는 몰라도 북한 관련 정보는 반드시 알려 달라고 요청했다. 그랬더니 장징궈 씨가 나에게 은밀히 물었다.

"북한이 핵무기 개발을 추진한다는데, 알고 있습니까?"

자신들이 파악한 정보에 따르면 북한으로 핵무기 관련 장비들이 흘러 들어가고 있다는 것이었다. 그때가 1965년쯤이다. 나는 이 사실을 즉시 박정희 대통령에게 보고했다. 타이완이 이런 정보를 파악할 수 있었던 것은 U2기 정찰 활동에 참여한 결과라고도 할 수 있지만, 사실 타이완도 핵 개발을 추진하고 있었기 때문이기도 하다. 핵 개발에 필요한 장비, 물자를 확보해 나가는 경험을 바탕으로 북한의 비슷한 동향을 감지할 수 있었던 것이다. 당시로서도 그렇지만 지금 생각해도 매우 중요한 정보였다. 그러나 당시 우리나라 정보 당국과 관계자들은 북한 핵 개발 정보를 대단치 않게 여겼다. '그게 말이 되느냐'는 분위기였다.

언젠가는 내가 타이완 공군 본부를 방문했을 때, 옛날 비행 학교 학생으로 있을 때 선배였던 사람들이 줄을 쭉 서서 나에게 경례를 했다. 예전에는 내가 후배였지만, 그때는 대사로서 방문한 것이기 때문에 예의를 차렸던 것이다. 타이완 공군은 태극기를 게양하고 군악대를 동원해 애국가를 연주하며 나를 맞이해 주었다. 나는 본부 안으로 들어가서 인사했다.

"나는 지금 이렇게 민간인이 되어 대사로 왔지만, 아직도 중국 공군에 입대해 있는 기분입니다."

사람들은 내가 무슨 말을 하는지 몰라 어리둥절해했다. 그래서 알기 쉽게 말해 주었다.

"아침저녁으로 당신들이 일과를 알리는 나팔을 부는데, 나는 그 소리를 들으며 당신들과 똑같이 하루를 보내고 있습니다."

모두들 파안대소했다. 당시 한국 대사관은 타이완 공군 본부 바로 건너편에 있었다. 당시 타이완 공군 고위 장성들과 만나는 자리에서도 U2기 정찰에 관한 이야기가 나왔다. 타이완 공군은 나중에 윗선의 허락을 받고 우리가 요구하는 지역의 사진을 전해 주었다. 타이완 공군이 넘겨준 사진은 비행장, 항만 등 북한의 주요 군사 시설을 찍은 사진들이었다. 미국이 타이완 측에 정보 주기를 꺼려 했지만, 타이완도 나름대로 정보를 빼내고 있었던 것이다.

14장

신, 당신은 한국 대사야!

너 설마 병역 피하려고 유학 온 거냐?

타이완에 유학 온 학생들은 말은 어느 정도 익혀서 왔지만 한자에 약했다. 그래서 공부하는 데 지장이 많았다. 오늘날 중국으로 유학 가는 학생들도 그런 경향이 있는 것 같아 안타까운 마음이 들곤 한다.

언젠가 독립운동가의 딸로 중국에서 살아온 분이 남편, 손녀와 함께 고국을 방문한 적이 있다. 그 손녀는 대학 입학시험을 마치고 발표를 기다리는 동안 짬이 나서 할머니를 따라 한국을 방문했다. 손녀에게 홍콩에서 출간된 정치·경제·사회·문화 평론이 실린 책을 한 권 선물했다. 간체자簡體字가 아닌 번체자繁體字로 쓰인 책이었는데, 손녀는 학교에서 간체자로만 배웠기 때문에 내가 선물한 책을 잘 읽지 못했다.

문화는 한번 바뀌면 좀처럼 되돌리기 힘들다. 요새 중국으로 유학 가는 학생들 대부분은 간체자를 주로 익히는 경향이 있는데, 물론 간체자가 편리한 점이 있지만 중국의 전통과 문화를 제대로 알려면 번체자도 익혀야 한다는 게 내 생각이다. 간체자를 쓰는 중국의 영향력이 커지다 보니 해외 화교들도 간체자를 제법 쓰는 추세지만, 번체자가 필요하다는 주장도 만만치 않다.

아무튼 타이완의 한국 유학생들은 국내에서 한자 공부를 제대로 하지 못하고 유학을 떠나와 공부하는 데 어려움을 많이 겪었다. 교민 학교 선생님인 허세욱 씨처럼 일찍부터 서당을 다니며 한문을 익혀서 한문에 어려움이 없는 경우는 드물었다. 나는 대사로 있으면서 유학생들에게 관심을 많이 가졌다. 한국 유학생 숫자가 결코 적은 편은 아니었지만, 나는 한국 학생들이 열심히 공부에 임하는지도 나름대로 파악했다. 그리고 부모 대신이다 생각하고 야단을 치기도 했다.

"너 설마 병역 피하려고 유학 온 거냐?"

"아, 아닙니다."

"그럼 공부를 정말 열심히 해야지. 유학한다는 게 드문 기회인데, 있는 동안 하나라도 더 열심히 배우고 또 배워라."

나중에 안 사실이지만, 내가 이렇게 야단을 치니 유학생들이 대사관에 오는 것을 어려워했다고 한다. 그러나 후회는 없다. 젊은 시절 부모, 가족과 멀리 떨어져 공부하고 훈련받았던 경험 때문에, 나는 유학생들의 고충을 잘 이해하는 편이었다.

나는 유학생들을 야단만 치지는 않았다. 우리나라의 설을 중국에서는 춘절春節이라 부르는데, 이때는 학교가 기숙사만 남겨 둔 채 모두 문을 닫고 상점도 대부분 문을 닫았다. 그러다 보니 유학생들은 밥 먹을 곳 찾기가 어려웠다. 그래서 대사관에서 음식을 장만해 유학생들을 불렀다. 대사관 직원 부인들은 춘절에 모여서 음식을 함께 만들고, 유학생들은 2, 3일간 대사관에 와서 밥을 먹었다.

유학생들뿐만 아니라 교민 가운데 홀로 지내거나 형편이 여의치 않은 분들도 춘절 기간에 대사관에서 숙식을 해결할 수 있도록 했는데, 지금도 이런 일을 생각하면 아내에게 고맙기 그지없다. 아내는 김치와 밑반찬을 만들고 밀가루를 비롯한 식재료도 장만해서 직접 유학생들이 사는 기숙사를 찾아가 전달하며 격려하기도 했다. 그래서 아내가 기숙사를 다녀간 날은 '한국 유학생들의 파티 날'이라는 말을 듣기도 했다.

당시 타이완에는 우리나라 국가 대표팀이 방문하는 일이 드물지 않았다. 지금과 달리 타이완에서 국제대회가 제법 열리기도 했으니 말이다. 그럴 때면 아내는 과일이며 김치며 불고기며 한가득 준비해서 우리 선수들을 대접하곤 했다. 특히 외국에서 고국과 다른 물을 마시게 되면 탈이 나기 쉽기 때문에 보리차를 끓여서 선수들에게 제공한 것이 큰 인기를 끌기도 했다. '한국 대사 부인이 한국 대표팀 선수들에게 인삼차를 끓여 먹여 선수들이 힘을 낸다'는 소문이 돌기도 했다.

사실 그런 일은 대사관의 공식 업무가 아닌 것은 물론이거니와, 굳이 그렇게 하지 않더라도 누가 탓할 것도 아니었다. 그러나 아내는 기꺼이 그런 일을 도맡아 해냈다. 주위 사람이 '힘드신데 왜 그렇게 하시느냐?' 하고 아내에게 물었던 모양이다. 그때 아내는 이렇게 대답했다.

"언젠가 만일 내 자식들이 외국에서 공부하게 된다면, 이렇게 누군가가 따뜻하게 대접해 주고 격려해 주면 얼마나 좋고 힘이 되겠어요? 다 내 자식 같고 해서 이렇게 하는 겁니다."

타이완의 방첩 활동과 진먼다오 포격 사건

장제스 총통은 부정부패를 일소하고 새로운 국가를 건설하는 데 전력을 기울였다. 타이완 내부에 공산당이 침투하지 못하도록 하는 데도 크게 신경을 썼다. 예컨대 같은 사무실 사람들끼리 서로의 일상생활에 대해 보고서를 쓰도록 했다. 심한 것 아닌가 싶기도 하겠지만, 실제로 타이완 군대 후쭝난胡宗南 장군의 참모장이 중공이 오래전부터 심어 놓은 첩자였다는 사실이 밝혀지기도 했다. 타이완에는 산악 지대가 많아 입산 금지 구역이 많았다. 공산당이 산으로 도망가면 찾기 힘들다는 생각에서였다. 일이 있어 산에 들어가려면 군 당국의 허가를 받아야 했다.

타이완 정부는 제대 군인에게도 신경을 많이 썼다. 당시 본토에서 온 군인들은 제대하면 갈 곳이 막막했다. 그런 사람들을 모아서 산악 도로 건설에 투입하기도 했다.

타이완 지형은 특히 동해 쪽으로 산이 높고 험하다. 그래서 타이중臺中이란 곳에서 산악 지대를 관통하는 횡단 도로를 뚫기로 했다. 유사 시 빠른 병력 이동과 함께, 제대 장병들에게 일자리를 만들어 주는 목적도 있었다. 횡단 도로 건설을 기획하고 지휘한 사람은 장제스 총통의 아들 장징궈였다. 장징궈는 제대 군인을 위한 양로원을 만들고 생계를 돌봐 주는 보도위원회라는 것도 만들었다.

장제스 총통은 1949년부터 1975년까지 계엄령 상태로 국가를 다스렸다. 1975년 장제스 총통이 서거한 다음, 장징궈 씨가 총통을 계승하면서 계엄령은 해제됐다. 여전히 국민당 일당 독재였다. 그러나 정치를 제외하면 경제 활동을 비롯해 일반인들이 생활하는 데 큰 압박을 느끼지는 않는 상황이었다.

장제스 총통은 한국 문제에 관심이 무척 많아서 나와 자주 대화를 나누었다. 그러다 보니 외무부는 물론이고 박정희 대통령까지 나에게 주의를 주었다.

"김 대사, 당신은 한국 대사야. 잊지 말아요."

타이완 정부도 나와 중국인 동창생들이 접촉하는 것에 신경을 많이 썼다. 지금은 엄연히 한 나라를 대표해서 파견된 대사이기 때문에 함부로 만나거나 대화를 해서는 안 된다고, 동창생들에게 주의를 주기도 했다.

타이완 정부에 대한 불평불만이나 정보가 대화 도중에 나올까 봐 미리 단속했던 것이다. 그러나 아무리 단속을 한다 해도 어떤 식으로든 타이완 정부에 관한 얘기가 내 귀로 흘러 들어올 수밖에 없었다.

중공은 장제스 총통이 타이완에서 어떤 일을 벌이는지 끊임없이 감시했다. 중공은 이를 위해 홍콩에 스파이를 많이 심어 두었다. 타이완 고위 인사의 부인들이 홍콩으로 쇼핑을 많이 오기 때문이었다. 스파이들은 고위 인사 부인들과 친분을 맺고, 부인들이 홍콩에 오면 동행하면서 이것저것 정보를 캐냈다.

장제스 총통을 그림자처럼 수행하는 사람의 부인이 홍콩에 놀러 갔는데, 홍콩에 사는 친구가 며칠 더 놀다 가라며 친구를 붙잡았다. 그러나 부인은 빨리 가 봐야 한다며 부지런히 짐을 챙겼다. 뭔가 이유가 있음을 짐작한 친구가 넌지시 부인에게 물었다.

"무슨 일 때문에 그렇게 서두르는 거니?"

"우리 영감이 며칠 있다 출장을 가기 때문에 그래."

남편이 출장 간다는 것은 곧 장제스 총통을 수행해서 어딘가로 간다는 것을 뜻했다.

"어디로 가는데?"

"진먼다오金門島에 가."

이런 식으로 장제스 총통이 언제 진먼다오에 간다는 정보를 캐낼 수 있었다. 중공은 장제스 총통이 진먼다오를 방문하는 시간에 맞춰 대규모 포격을 시작했다. 정작 장제스 총통은 진먼다오 도착 직후 급한 일이 생겨 곧바로 비행기를 타고 총통부로 돌아갔다. 총통을 수행한 국방부 장관 위다웨이兪大維 등 몇몇 고급 장성이 진먼다오에 남아 점심 식사를 할 무렵, 포탄이 비 오듯 떨어졌다. 1958년 8월 23일부터 10월 5일까지 44만 발의 포탄이 진먼다오에 떨어졌다. 물론 타이완도 응사했다. 이 포격 사건 이후 진먼다오의 군사 시설은 모두 땅굴 속에 자리 잡았다. 그 뒤로도 포격전이 간헐적으로 이루어졌다.

장징궈의 이복동생 장웨이궈蔣緯國의 부인도 중공의 포섭 대상이었다. 장웨이궈는 내가 중국 공군에서 훈련받을 때, 내 동창의 누이동생 스징이石靜宜와 결혼했다. 스 씨 집안은 시안西安과 시베이西北 지방 일대에서 알아주는 거부巨富이자 명문가였다. 스 씨는 어렸을 때부터 풍족한 환경에서 귀하게 자랐기 때문에 낭비벽이 심했다. 결혼한 뒤에도 홍콩에 가서 쇼핑을 즐기곤 했다.

그때마다 스 씨와 예전부터 안면이 있던 사람들이 접근해서 선물을 주며 환심을 샀다. 이들은 스 씨와 친해지고 난 뒤에 여러 정보를 빼내 갔다. 스 씨는 홍콩을 다니면서 밀수 아닌 밀수를 하기도 했다. 장웨이궈의 부인이므로 홍콩을 왕래하는 데 큰 제약을 받지 않기 때문이었다. 스 씨의 행각은 어처구니없는 일 때문에 발각됐다.

장웨이궈가 미국 방문단의 일원으로 미국에 가게 됐는데, 스 씨는 자기도 미국에 데려가 달라고 떼를 썼다. 그러나 장웨이궈는 스 씨의 청을 거절했다. 스 씨는 화가 나서 장웨이궈의 여권을 그 자리에서 찢어 버렸다. 결국 장웨이궈는 방문단과 같이 미국에 갈 수 없게 됐다. 장제스 총통은 이 일을 보고받고 철저한 조사를 지시했다. 조사를 통해 스 씨의 여러 행각이 밝혀졌다. 장제스 총통은 1953년 며느리 스 씨를 사형에 처했다.

장제스 총통의 눈물

내가 타이완 대사로 있을 때인 1966년 월터 매카나기가 미국 대사로 부임했다. 타이완 정부는 매카나기가 대사로 부임하는 것을 무척 껄끄럽게 여겼다. 매카나기는 1959년 12월부터 1961년 4월까지 한국에서도 대사를 했던 사람인데, 이승만 대통령을 하야시키는 데 큰 역할을 했다는 말이 돌았다. 이런 전력 때문에 타이완에서는 그가 장제스 총통을 견제하고 제거할 목적으로 온 것이 아닌가 의심했다. 타이완 정부는 미국 대사관저에 정부 쪽 요원들을 경호원이나 가정부 등으로 위장해 심어 두었다.

타이완에 대사를 파견한 나라는 생각보다 적었다. 이미 적지 않은 나라들이 중공을 승인한 상태였기 때문이다. 예컨대 유럽 주요국 가운데 스페인 대사가 있었던 것을 제외하면 영국, 프랑스, 이탈리아 대사는 없었다. 내가 타이완에 머물 때 외교단 단장은 필리핀 대사와 스페인 대사가 차례로 맡았고, 나는 스페인 대사가 단장을 할 때 부단장을 맡았다. 외교단이라고 해서 특별한 것은 아니었다. 가끔씩 친목 모임을

가졌고, 타이완 쪽에서 큰 행사가 있으면 함께 가서 축하를 해 주는 정
도였다. 대사들끼리는 생각보다 자주 어울리지 않았다.

　타이완에 약 8년 정도 대사로 머물자, 정부에서는 다른 나라로 부
임하는 것이 어떻겠냐고 의견을 물어 오며 이탈리아를 제안했다. 그러
나 나는 다른 곳으로 가서 대사 생활을 하고 싶지는 않았다. 타이완 대
사로 내정됐을 때는 언어나 인간관계나 여러 면에서 나에게 적합하다
고 판단해 받아들였던 것이다. 요컨대 외교관 생활을 하고 싶었던 것
은 아니었다.

　나 말고도 정일권 장군을 비롯해 이종찬, 백선엽, 이형근, 강영훈姜
英勳, 유재흥柳載興 등 많은 사람이 외국으로 대사 발령을 받아 나갔는
데, 여러 뜻이 포함된 인사였다. 이들이 국내에 있으면 껄끄러운 점이
없지 않기 때문이기도 했고, 한편으로는 그동안 고생했으니 해외에서
바람 좀 쐬고 오라는 뜻도 담겨 있었다. 내 경우도 별반 다르지 않았다
고 생각한다.

　타이완에서 8년을 보내고 나니 더 이상 외교관 생활을 하고 싶은
생각은 들지 않았다. 아이들 교육 문제 때문에라도 귀국하려는 마음이
굳어졌다. 큰아이는 타이완에서 고등학교 2학년을 마치고 미국으로 건
너가 고등학교를 졸업한 뒤 미국 대학에 입학했다. 나머지 아이들은
타이완에서 교민 학교를 졸업하고 미국인 학교에 입학해서 공부했다.
아이들이 여기저기 흩어져 공부하니 좋을 리가 없었다. 더구나 앞으로
평생 외국에서 활동할 거라면 몰라도, 고국에서 살아가려면 아무래도
고국에서 교육받는 게 좋다고 판단했다. 큰아이는 어쩔 수 없다 하더
라도 나머지 아이들만큼은 국내로 데려가고 싶었다.

　내가 타이완 대사를 마치고 귀국하게 된 데는 아내의 공도 컸다. 아

박정희 대통령 내외와 함께　1966년 2월, 박정희 대통령의 타이완 방문 당시 위안산반점圓山飯店에서. 위안산반점은 국빈을 맞는 영빈관 역할을 했다.

내는 육영수 여사와 가까운 사이였다. 내가 공군 참모총장으로 있을 때 육해공군 고위 장성들은 대통령 내외와 부부 동반으로 자주 모임을 가졌는데, 그때 아내는 육영수 여사와 친분을 쌓았다. 내가 타이완에 대사로 있으면서 가끔 한국에 갈 때면 육영수 여사는 아내를 청와대로 따로 불러 담소를 나누기도 했다. 육영수 여사가 타이완에 왔을 때도 아내와 즐거운 시간을 보냈다.

이런 사이다 보니 아내는 귀국하고 싶다는 의사를 육영수 여사에게 자연스럽게 전할 수 있었다. 아내는 특히 아이들 교육 문제의 고충을 언급하며, 이제는 한국으로 돌아가야 할 것 같다고 얘기를 꺼낸 모양이었다. 이렇게 해서 내가 한국으로 돌아가는 문제가 본격적으로 거론되기 시작했다.

장제스 총통은 매년 한두 번 정도 외교단 전체를 총통 관저로 초대해 식사를 대접했다. 주로 추석 때 초대하는 경우가 많았다. 초대를 받으면 부부 동반으로 갔는데, 장제스 총통 역시 쑹메이링宋美齡 여사와 함께 우리를 맞이했다.

나는 임기를 마치고 타이완을 떠나기 전에 장제스 총통이 여는 연회에 마지막으로 참석할 기회가 있었다. 외교단이 연회에 참석하면 장제스 총통 오른쪽에 외교단장의 부인이 앉고, 쑹메이링 여사 오른쪽에는 외교단장이 앉는 것이 관례였다.

그런데 이날은 장제스 총통 옆자리에 내 아내를 앉혔다. 그리고 나는 쑹메이링 여사 옆에 앉았다. 나는 이러한 자리 배치를 보고 나를 환송하는 자리라는 것을 알아차렸다. 아니나 다를까 장제스 총통은 각국 대사들의 노고를 치하하는 인사를 한 뒤, 김신 대사 부부가 임기를 끝마치고 본국에 가기 때문에 환송을 겸해서 이런 자리를 마련했다고 얘

장제스 총통 내외와 함께 중국 최고위층 부인들 중에는 쑹메이링 여사를 비롯하여 상하이 출신이 많았다. 상하이 말에 능통한 아내는 그들 사이에서 '외국 대사 부인'이 아니라 같은 고향 사람이었다.

기했다. 장제스 총통이 본국으로 돌아가는 대사를 위해 환송연을 베푸는 것은 전례 없는 일이었다. 박정희 대통령도 내가 타이완 대사를 그만두자 이렇게 말했다.

"장 총통이 김신 대사를 친자식처럼 여기며 가깝게 지냈는데, 대사를 그만두고 떠난다고 하면 무척 섭섭해할 거다."

박정희 대통령은 장제스 총통에게 손수 편지를 써서 보내왔다. 나는 이임 인사를 하면서 장제스 총통에게 대통령의 편지를 전달했다.

'김신 대사가 다년간 있는 동안에 많이 도와줘서 감사합니다. 이제 본국으로 불러서 일을 맡겨야 할 시기가 되었으니 양해하시기 바랍니다.'

장제스 총통은 박정희 대통령의 편지를 읽고 나서 충격을 감추지 못했다.

"김 대사, 정말 집에 가는 거냐? 더 오랫동안 여기에……."

장제스 총통은 눈물이 핑 돌아 더 이상 말을 잇지 못했다. 장제스 총통의 나이가 80이 넘다 보니 마음이 약해진 탓도 있어 보였다. 나는 다시 장 총통과 각별한 사이였던 아버지가 떠올랐고, 친아버지처럼 대해 준 장제스 총통의 배려에 감개가 무량했다. 장제스 총통은 잠시 숨을 고른 후에 말을 이었다.

"본국에 가서도 우리 중한 양국의 우호를 위해서 많이 노력해 주게."

내 후임으로는 육군에 있던 김계원金桂元 장군이 임명됐다. 김계원 장군은 나중에 박정희 대통령이 서거할 때 비서실장을 한 인물이다.

나는 타이완을 떠날 때 타이완 정부로부터 훈장을 받았다. 타이완에서 발행하는 《중앙일보》中央日報는 사설을 통해 내게 환송의 말을 전했다. 나는 장제스 총통이 베풀어 준 환송연에서 마지막 인사를 했다.

"대사 생활 8년 동안 가장 중점을 두었던 것은 한중 양국의 교량 역할이었습니다. 저는 나름대로 이 임무를 충실히 수행했다고 생각합니다. 한국 대사가 아니라 중국 대사로 오해를 받을 정도로 열심히 했습니다."

어느 나라를 대표하는 대사인가를 따지기 전에 서로를 이해하고 돕는 데 최선의 노력을 다했다는 뜻이 담긴 말이었다.

나는 대사 생활을 하는 동안 본국 정부와의 관계 문제에서 고지식한 적도 있었다. 1960년대 초중반에는 우리나라의 식량 사정이 워낙 어려워서 타이완의 쌀 도입이 추진되기도 했다. 추진 과정에서 경제기획원 장관은 내가 자기에게 보고를 잘 하지 않는다며 화를 냈다. 경제기획원 장관은 나에게 차가운 목소리로 말했다.

"일의 진척 상황을 나에게 직접 보고하시오."

나는 단호하게 대답했다.

"시킬 일이 있으면 명령 계통을 통해 절차를 밟아서 하십시오."

내 대답을 듣고 화가 난 장관은 박정희 대통령을 찾아갔다.

"제가 지휘를 맡은 일이고 상당히 긴급한 일인데, 현지 대사가 불복종합니다."

장관의 불평에 박정희 대통령은 빙긋이 웃으면서 대답했다.

"아, 그 사람은 군대 생활을 오래 한 사람인데 당연한 거 아니냐. 엄연히 명령 계통이 있는데, 왜 월권 행위를 하나. 그렇게 해서는 안 돼. 연대장은 사단장이 얘기를 하면 듣지만 군단장이 얘기를 하면 오히려 듣지 않는 수가 있어. 그게 명령 계통이야."

박정희 대통령은 내 기질을 잘 알고 있기에 나를 감싸 주는 말을 했던 것이다.

제5부

다시 시대를 생각한다

15장

국회의원과 교통부 장관 시절

국회의원 출마와 낙선의 고배

타이완에서 귀국한 뒤 박정희 대통령에게 보고하러 갔을 때였다. 대통령이 단도직입적으로 말했다.

"자, 이제는 날 좀 도와주시오."

"어떻게 도와드리면 됩니까?"

"용산 지역에서 국회의원 출마를 해 주면 좋겠소."

"국회의원은 관심이 없습니다."

나는 거절했지만 대통령은 쉽게 물러서지 않았다.

"그래도 한번 경험을 해 보는 게 좋아. 젊은 중령들도 국회의원이 되어 활동하는데, 안 될 게 뭐가 있나?"

나는 다시 한 번 거부 의사를 밝혔다. 그러자 대통령은 이번 한 번만 도와 달라고 했다. 박정희 대통령이 도와 달라고 한 데는 이유가 있었다. 당시 집권 공화당의 인기는 바닥이었다. 이에 따라 1971년 5월 25일 제8대 총선을 앞둔 공화당의 위기감은 매우 컸다. 지명도가 높은 외부 인사들을 끌어들일 필요가 있었던 것이다.

나는 대통령의 요청을 끝내 물리치지 못했다. 1971년 1월 16일에 공화당 용산 지역구 공천자로 확정 발표되었다. 그런데 대통령이 나에게 출마를 권유한 사실이 유진산柳珍山 씨의 귀에 들어갔다. 공천 확정 발표 전이었다. 유진산 씨는 내가 타이완에 다녀올 것이라는 정보를 입수하고 김포공항에서 나를 기다렸다. 내가 공항에 도착하자 유진산 씨는 나에게 인사를 하며 신민당 입당을 제안했다.

"전국구 1번 자리는 내가 하고, 2번 자리를 줄 테니 고생하지 말고 신민당으로 들어오시오. 이미 한독당도 신민당으로 들어와 있소."

아버지가 만들었던 한독당은 그때까지도 겨우 명맥은 유지하고 있었다. 그러다 선거를 앞두고 신민당과 통합을 했던 것이다. 나는 대통령과 이미 약속한 상태였기 때문에 유진산 씨의 권유를 받아들일 수가 없었다. 결국 나는 공화당 후보로 용산에 출마해 신민당 김원만金元萬 후보와 승부를 겨루었다. 김원만 씨는 정치 쪽으로는 베테랑이었다. 나는 선거 경험도 없고 정치판을 몰랐기 때문에 선거 운동은 악전고투의 연속이었다.

당시에는 선거 때마다 나타나는 선거몰이꾼들이 있었다. 그들은 '자신을 잘 대접하면 1천 표 정도는 문제없다'는 식으로 말하며 이곳저곳을 기웃거렸다. 내 편 네 편 따지지 않고 양쪽을 돌아다니며 다 걸어 먹었다. 자진해서 도와주겠다는 사람들도 있었지만, 말이 자진해서지 무료 봉사로 도와주지는 않았다.

선거몰이꾼 중에는 상대편을 비방하는 유언비어를 전문적으로 퍼뜨리는 사람들도 있었다. 상대편을 깎아내리기 위해 비열한 방법을 쓰는 사람도 있었다. 예컨대 선거일 직전에 봉투에 당시 돈으로 100원

정도를 넣은 다음 상대방 후보의 이름을 쓰고, 봉투로 돌을 싸서 한밤 중에 남의 집 유리창에 던지는 일을 했다. 봉투를 펴 본 사람들은 이름 이 적힌 후보 욕을 하게 되는 것이다. 상대 후보 측에 가짜 정보를 흘 려 혼란에 빠지게 하는 수법도 썼다.

수단 방법 가리지 않는 이런 선거판을 보며 '아, 정치란 이런 것이 구나!' 깨달았다. 구렁텅이에 들어가 봤자 내가 할 일은 아무것도 없을 것 같았다. 이런 마음을 가지고 있어서였는지 나는 선거에서 보기 좋 게 떨어졌다. 개표 결과 공화당 소속으로 서울에서 당선된 이는 장덕 진張德鎭 씨밖에 없었다. 그나마 신민당 당수 유진산 씨에게 돈을 건네 고 후보에서 사퇴시킨 뒤에 당선됐다. 일명 '진산파동'으로 불리는 사 건이다. 신민당 청년 당원들은 유진산 씨에게 돈 받아먹고 국회의원 자리를 팔았다며 욕을 해 댔다. 그러나 유진산 씨는 떳떳하게 자신의 입장을 밝혔다.

"이 돈이면 여러 사람을 당선시킬 수 있습니다. 적에게 받은 총알 로 적을 쓰러뜨릴 수 있습니다."

결과적으로 유진산 씨 말대로 공화당은 서울에서 한 지역을 제외하 고는 전멸하고 말았다. 내가 선거에서 패한 데는 경험 부족 탓도 있었 지만, 시간 여유 없이 후보로 나섰던 것도 하나의 원인이었다. 나는 이 에 대해 박정희 대통령에게 불평을 하기도 했다.

"아니, 이건 한밤중에 낙하산 부대를 베트남 원시림에 떨어뜨려 작 전하는 것이나 마찬가지 아닙니까?"

전혀 근거 없는 불평은 아니었다. 너무 기습적으로 나갔기 때문에 사람들의 이목을 끌기에 시간이 부족했던 것도 사실이었다. 나는 선거 에서 떨어진 후 꽃다발을 하나 사 가지고 김원만 씨를 찾아갔다. 김원만 씨는 내가 찾아온 것을 보고 매우 놀랐다. 설마 상대편 후보가 축하하러 오리라고는 생각도 하지 못했기 때문이었다. 그렇지만 나는 패배를 깨끗이 인정하고 당선을 축하하는 것이 상대편 후보에 대한 예의라고 생각했다.

무엇으로도 대신할 수 없는 아내의 빈자리

오랜 외국 생활을 마치고 돌아오자마자 선거 운동 돕는다고 따라나섰던 아내의 지병이 악화되고 말았다. 아내는 타이완에 있을 때부터 위가 좋지 않아 음식을 잘 먹지 못했다. 병원에 데려가도 정확한 원인을 알아내지 못했다. 선거 운동을 돕느라 몸 상태가 더욱 나빠진 아내를 데리고 세브란스 병원으로 가서 정밀 검사를 받았다. 결과는 암 진단.

의사는 입원해도 별 소용이 없을 것이라며 6개월을 넘기기 어렵다고 했다. 나는 선거에 떨어진 데다가 우환까지 겹치자 무엇을 어떻게 해야 할지 판단이 서지 않았다. 나 혼자 애들 키우고 시집, 장가보내야 한다고 생각하니 눈앞이 캄캄해졌다. 아내에게 미안하고 또 미안했다. 선거 출마는 나에게 패배의 아픔뿐만 아니라 아내를 잃는 고통까지 준 셈이었다.

아내는 1947년 내가 미국에서 중국으로 돌아와 제대를 하기 위해 상하이를 경유해 난징으로 갈 때, 김동수金東洙 선생의 소개로 만났다. 결혼식은 한국에서 올렸는데, 그때 아내가 스물셋, 내가 스물일곱이었다. 아내가 나와 결혼하기 위해 한국에 왔을 때 가장 놀란 것은 산이 무척 많다는 것이었다. 아내는 상하이에서 태어나 그곳에서만 자랐는

데, 상하이에서는 산을 볼 수가 없다.

우리는 1948년 12월에 결혼을 하고 경교장에서 아버지를 모시고 살았다. 아버지가 1949년 6월 26일에 돌아가셨으니, 모신 기간이 그리 길지는 않았다. 아내는 비록 짧은 기간이었지만 경교장에 찾아오는 사람들을 잘 대접하고 아버지도 잘 모시면서 며느리 역할을 착실히 해냈다. 아내는 아버지에게 밥상을 차려 드릴 때, 아버지 옷에 앞치마 같은 것을 묶어 드렸다. 아버지의 흰 한복에 음식이 묻을까 염려한 까닭이었다. 며느리가 그렇게 해 드리면 아버지는 무척 좋아하셨다.

아내는 중국에서만 살다가 한국으로 들어왔기 때문에 한국 문화나 풍습에 적응하기 위해 많은 노력을 했다. 예를 들어 중국에서는 여자들이 치파오라는 비교적 간편한 복장을 했는데, 한국에서는 한복을 차려입어야 했다. 아내는 잘 적응했다. 특히 절약하는 습관이 철저했다. 아내는 쌀 씻을 때 껍질이 그대로 남아 있는 쌀이 나오면 버리지 않고 쌀을 입으로 깨물어 껍질을 벗겨 냈다. 아내는 꼼꼼하고 세심하며 내성적인 성격이었다.

아내는 1949년 아버지가 돌아가신 뒤, 그해 10월에 첫아이 김진金振을 낳았다. 그리고 한국전쟁 중에 대구에서 둘째 김양金揚을 낳았고, 수원에서 셋째 김휘金揮를 낳았다. 막내딸 김미金美는 서울에서 낳았다. 아내는 아이들 옷을 털실로 손수 짜서 입혔다. 손재주가 뛰어났기 때문에 일주일이면 애들 옷을 하나씩 만들어 내곤 했다. 아내는 절약이 몸에 밴 사람이었지만 써야 할 때는 아낌없이 썼다. 특히 남을 도와주는 데는 손이 컸다. 어려운 사람을 보면 그냥 지나치지 않았다.

나는 아내가 입원해도 소용없다는 말을 듣고 아내를 집으로 데려왔다. 아내가 고통을 호소하면 모르핀 주사를 직접 놔 주었다. 모르핀을

장인어른, 장모님을 모시고 가족과 함께
왼쪽부터 첫 아이 진, 셋째 휘, 막내 미, 둘째 양.

자주 맞다 보니 내성이 생겨 진통 효과가 오래가지 않았다. 이때까지도 나는 아내에게 어떤 병에 걸렸는지 말해 주지 않았다. 아이들에게도 얘기하지 않았다. 어떤 방법을 써도 고통이 가라앉지 않자 아내가 나에게 물었다.

"여보, 내가 무슨 병인지 솔직히 얘기해 주세요."

그러나 나는 차마 암이라고 얘기할 수가 없었다. 나는 아무 말도 하지 않고 모르핀 주사를 놔 주었다. 모르핀의 양을 점점 늘려도 통증이 가라앉지 않자, 아내는 자신이 불치병에 걸렸다는 사실을 눈치챘다. 어느 날 아내는 나에게 조용히 부탁했다.

"당신이 얘기 안 해도 다 알고 있어요. 아이들을 모두 불러 주세요."

아이들이 다 모이자 아내는 나도 같이 잘 들으라며 유언을 남겼다.

"애들아, 그동안 너희들에게 얘기를 못했는데, 지금 내가 앓는 병은 불치병이야. 내가 죽고 나서 너희 아버지가 새엄마를 데려오더라도 반대하지 않았으면 좋겠다."

아내는 자신이 죽고 나서 남편 혼자 아이 넷을 키우는 것은 불가능하다고 생각해서 이런 부탁을 한 것이었다. 아이들은 어머니의 유언을 듣고 무슨 그런 말을 하냐며 듣지 않으려 했다. 아내는 아버지 혼자 너희들을 키울 수 없으니 새엄마가 오더라도 반대해서는 안 된다고 계속 강조했다. 이것이 유언이라는 생각에 다 같이 한참을 울었다.

아내는 내가 공군 참모총장을 할 때도 내조를 잘해 주었다. 나는 미8군에 자주 초대를 받았기 때문에 그 답례로 우리 집에도 초대를 많이 했다. 아내는 외국 사람들 구미에 맞게 음식을 잘 마련하고 테이블 장식까지 완벽하게 해냈다. 아내는 영어를 잘했기 때문에 외국 여성들과 좋은 관계를 유지했다. 미군 주최 파티에 가면 대부분의 한국 여성들은 한구석에 모여 자기들끼리 얘기했지만, 아내는 외국 사람들과 잘 어울렸다.

아내가 가장 행복한 생활을 한 곳은 타이완이었다. 당시 장제스 총통의 측근 중에 상하이와 저장 출신이 제법 있었다. 상하이와 저장 말은 표준어인 베이징어와 많이 달라서 나도 잘 알아듣지 못할 정도였다. 그러나 아내는 상하이 토박이였기 때문에 장제스 총통 주변 사람들과 잘 어울렸다. 장제스 총통의 부인 쑹메이링 여사와도 자유롭게 대화했다.

아내가 타이완 생활을 행복하게 여긴 또 하나의 이유는 나에 대한 걱정을 할 필요가 없다는 점이었다. 내가 공군에 있을 때 아내는 오늘도 남편이 무사히 지낼 수 있을지 늘 마음 졸이며 살았다. 하지만 타이완에서는 그런 걱정을 할 필요가 없었다. 그뿐만 아니라 타이완에서는 업무만 마치면 바로 집으로 퇴근했기 때문에 가정에 충실할 수 있었다. 그래서 아내는 타이완 시절이 인생에서 가장 행복했던 때라고 입버릇처럼 말했다. 아내는 1971년 11월 11일에 세상을 떠났다. 장인, 장모를 모신 곳에서 조금 떨어진 곳에 아내를 묻었다.

아내가 세상을 떠나고 난 뒤 나는 예전과 달리 혼자 술을 마시는 때가 많아졌다. 아내의 명복을 빌며 기도하는 때도 많았는데, 특히 저녁상을 받을 때면 아내가 더욱 생각나 기도를 하지 않을 수 없었다. 내가 신앙심이 유달리 깊어서 그런 것은 아니었다. 내가 의지할 곳, 상의할 곳, 함께 웃고 울며 그야말로 고락苦樂을 같이할 사람이 이제는 곁에 없다는 처절한 외로움, 바로 그것이 나로 하여금 기도를 올리게 만들었다.

더 멀리 돌이켜보면 나는 어릴 적에 할머니가 간절하게 기도하시고 찬송가 부르시는 모습을 보며 자랐다. 할머니와 내 주위에는 마음 깊이 의지할 사람이 없었다. 늘 감시당하면서 언제 잡혀갈지 모르는 상황 속에 의지할 곳이라고는 진정 하늘밖에 없었다. 그래서 살림이라고 할 것까지도 없는 궁색한 처지에서도 할머니는 교회에 헌금을 하시고 나에게도 헌금하라며 돈을 주셨다.

할머니가 즐겨 부르시던 「멀리 멀리 갔더니」와 「내 주를 가까이 하게 함은」이라는 찬송가 소리가 지금도 귓가에 선하다. 그중에서도 「멀리 멀리 갔더니」를 좋아하셨는데 가사를 다시 찾아보니 다음과 같다.

멀리 멀리 갔더니 처량하고 곤하며
슬프고 또 외로워 정처 없이 다니니
예수 예수 내 주여 지금 내게 오셔서
떠나가지 마시고 길이 함께하소서

예수 예수 내 주여 섭섭하여 울 때에
눈물 씻어 주시고 나를 위로하소서
예수 예수 내 주여 지금 내게 오셔서
떠나가지 마시고 길이 함께하소서

가사의 한 구절 한 구절이 곤궁하고 외롭기 짝이 없던 그 시절 할머니의 마음을 대신 말해 주는 것만 같다. 사실 아내도 타이완에 살던 시절, 타이완 현지에 교민 교회 세 군데를 세우는 데 많은 기여를 했다. 어느 나라에서든 교민 사회는 교민 간 알력이나 반목, 다툼이 어느 정도는 있게 마련이다. 먼 외국에 나와서 살기 때문에 단합이 잘될 것 같지만 현실은 그렇지 못하다. 아내가 교민 교회를 세우는 데 많은 노력을 기울인 것은 전적으로 종교적인 이유라기보다는, 교민들이 마음으로 위로 받고 정신적으로 안정을 찾으면서 교민 공동체의 우의友誼도 깊어지게 할 수 있다는 판단에서였다.

세상 그 누구로도, 세상 그 무엇으로도 대신할 길 없는 아내의 빈자리를 느낄 때마다 나는 찬송가 「멀리 멀리 갔더니」를 떠올리곤 했다. 그렇게 찬송가를 떠올리노라면 나의 할머니, 나의 형님, 또 일찍이 세상을 떠나신 많은 분들을 생각하며 새삼 가슴 뭉클해지는 것이다.

다행히 아이들은 스스로 알아서 장가도 가고 시집도 갔다. 자식들이 제 어미 없이도 잘 자라 주고, 또 제 앞가림하며 살아가는 것은 두고두고 고마운 일이다.

철마는 달리고 싶다

아내의 장례를 치른 후, 나와 아이들은 허공에 붕 떠 있는 기분으로 지냈다. 한마디로 제정신이 아니었다. 나는 두문불출하며 집에서 붓글씨 쓰는 일로 겨우 마음을 달랬다. 그러던 중 김종필 국무총리에게서 전화가 왔다. 교통부 장관을 맡으라고 했다. 박정희 대통령은 내가 상처하고 집에 틀어박혀 있다는 것을 잘 알았다. 그래서 일이라도 맡겨 분주하게 해 줘야겠다는 생각에 교통부 장관 자리를 맡기려고 했던 것이다. 아내가 세상을 떠나고 약 2주 뒤인 1971년 11월 23일에 나는 교통부 장관으로 임명됐다.

교통부 장관 임명 1971년 교통부 장관으로 임명되어 박정희 대통령에게 임명장을 받았다. 당시 국무총리였던 김종필 씨의 모습도 보인다.

전임 장관은 공군 출신 장성환 장군이었다. 장성환 장군은 공군 참모총장을 그만두고 태국 대사로 나갔다가 나보다 먼저 국내에 들어와 교통부 장관을 1년 정도 하다가 그만두었다. 사실 박정희 대통령이 나를 선거에 내보낼 때 당선을 확신한 것은 아니었다. 떨어지더라도 어느 정도 표를 얻고 떨어지면 그것만으로도 자신에게 도움이 된다고 생각해서 내보냈던 것이다. 그래서 박정희 대통령은 나에게 선거에 나가 달라고 부탁할 때, '당선이 안 되어도 다음에 또 같이 일할 기회가 있을 것'이라고 했다.

박정희 대통령은 나에게 임명장을 주면서 위로의 말을 많이 건넸다. 아내가 암 진단을 받고 투병할 때 육영수 여사가 집으로 전화를 걸

어 아내와 우리 가족에게 격려의 말씀을 해 주기도 했다. 나는 장관이
된 직후부터 밤낮으로 분주하게 뛰어다녔다. 그러다 보니 마음의 고통
도 어느 정도 접어 둘 수 있었다. 교통부 장관은 할 일이 정말 많았다.
나는 교통 시설 현황을 직접 알아보기 위해 현장 답사를 많이 다녔다.
전국에 있는 주요 항만, 철도, 도로들을 모두 둘러봤다. 당시에는 교통
부가 관광 업무도 같이 맡고 있었기에 해야 할 일이 산적해 있었다.

교통 업무에는 특히 인허가 관련 업무들이 많았다. 군대 행정 업무
나 외교관 업무와는 많이 달랐다. 예컨대 각 도道의 버스 회사들이 노
선을 신청할 때, 노선 허가는 각 도에서 맡아서 하면 될 텐데 그런 것
까지 중앙 부처에서 처리했다. 군대나 외교관 업무와 달리 업무 계통
이 제대로 서 있지 않은 셈이었다. 그렇게 인허가 사항이 많다 보니 지
방에서 인허가를 받기 위해서는 서울로 올라와 교통부 직원들에게 식
사 대접 같은 것을 하며 부탁하는 경우가 많았다. 나는 업무 회의에서
이 문제를 지적했다.

"지방 버스 노선을 허가하는 문제 같은 건 도지사에게 맡기면 다
알아서 할 텐데, 중앙에서 그런 것까지 해야 하나? 인허가에 관한 권한
을 지방으로 다 내려 주게."

그러나 직원들은 전부 안 된다며 반대를 했다. 이런저런 이유를 대
기는 했지만, 결국 자신들이 누려 온 권한을 내놓기 싫은 것이 진짜 이
유였다. 결국 내 의견은 빛을 보지 못하고 말았다. 그만큼 기득권을 지
키려는 관료 사회의 벽은 높기만 했다.

장관이 되어 기차를 타고 전국의 역을 돌아다니면서, 각 역의 표지
판이 모두 한글과 영어로만 되어 있는 것을 발견했다. 박정희 대통령
이 한글 전용을 강조했기 때문에 역 이름을 한글로 크게 쓰고 그 밑에

영어로 표기했다. 나는 표지판에 한자가 없다는 것에 의문을 가졌다. 한자는 우리가 오래전부터 쓰던 글자이고, 앞으로 일본 사람이나 중국 사람이 우리나라를 많이 방문할 날이 올 텐데 이래서야 되겠나 싶었다. 그래서 직원들에게 지시했다.

"표지판에 한자를 넣어라."

직원들은 난색을 표했다. 전국에 표지판이 몇만 개가 넘는데, 그것을 다 뜯어고치려면 예산이 너무 많이 든다는 것이었다. 나는 쉽게 고칠 수 있는 방법을 제안했다.

"표지판을 새로 만들 필요는 없다. 한글과 영어 사이에 한자를 써넣으면 된다."

나의 제안으로 표지판을 새로 만들지 않고 한자를 한글과 영어 사이에 써 넣었다. 어느 때는 기차를 타고 38선 근처 철도종단점까지 간 적이 있었다. 그곳에 갔더니 표지판에 철도종단점이라고 쓰여 있었다. 그런데 당시는 철도종단점이 맞는 말이지만 언젠가는 다시 철도가 이어질 것이라는 생각이 들었다. 그렇게 생각하고 보니 철도종단점이라는 말이 너무 비관적이라는 생각이 들었다. 그래서 철도청장을 불러서 말했다.

"언젠가 통일이 되면 종단점이라는 이름이 문제가 있지 않겠나? 철도종단점이란 이름을 다른 이름으로 바꾸면 좋겠다."

철도청장은 내 말을 듣고 여러 사람에게 의견을 물어서 다양한 안건을 가지고 왔다. 검토를 해 보니 그중에서 '철마鐵馬는 달리고 싶다'라는 말이 눈길을 끌었다. 그래서 철도청장에게 그걸로 고치라고 얘기했다. 이때부터 철도종단점에 '철마는 달리고 싶다'라는 표지판이 생겼다.

정부는 내가 교통부 장관이 되기 전부터 고속도로 건설에 많은 힘을 쏟았다. 그런데 정작 고속도로에는 고속버스 외에 국도를 다니는 지방 버스나 트럭 같은 차들은 다닐 수가 없었다. 나는 이것이 불합리하다고 생각해서 지시를 내렸다.

"고속도로는 국가의 동맥으로, 인원과 물자 수송을 많이 하면 할수록 국가에 도움이 된다. 따라서 국도를 다니는 버스나 트럭을 고속도로에서 못 다니게 하는 것은 말도 안 된다. 이게 어느 나라 법인가? 국민의 세금으로 만든 고속도로에 왜 다른 차들은 못 다니게 하는가? 당장 모든 차가 고속도로로 다닐 수 있도록 해라."

모든 차를 고속도로로 다닐 수 있게 하려고 하자, 고속도로 통행 특허를 받은 고속버스 회사들이 격렬하게 반대했다. 특허받은 고속버스 회사들은 고속도로는 자신들의 전용 길이라며 완강하게 버텼다. 그들이 반대로 내세우는 이유는 실로 어처구니가 없었다.

"국도로 다니는 차들은 먼지 나는 길을 다니기 때문에 차가 더러워서, 새로 만든 아스팔트 고속도로에 올라오면 고속도로를 더럽힙니다."

얼토당토않은 이유였다. 나는 해결책을 제시했다.

"그러면 고속도로에 진입하기 전에 물로 바퀴를 청소하면 될 거 아닌가."

결국 나는 모든 차가 고속도로로 다닐 수 있도록 했다. 능력은 부족했지만, 장관 자리에 있는 동안 내가 할 수 있는 일에는 최선을 다했다. 나는 1974년 9월까지 2년 10개월간 교통부 장관 자리에 있었다. 교통부에서 그 정도 기간 장관을 지낸 것은 굉장히 오래 한 것이었다. 대부분 1년이었고, 길어야 2년 정도였다. 지금도 그때 느꼈던 보람이 엊그제 일만 같다.

경제수석이 불참한 까닭

교통부 장관이 되고 얼마 안 있어 대통령 연두 순시를 치렀다. 대통령 연두 순시 때는 장관이 직접 보고를 해야 했다. 브리핑 자료는 작년과 올해를 비교해 다른 점이 있으면 수정을 해서 슬라이드 자료로 만들었다. 나는 브리핑 자료를 준비하느라 강행군을 했다. 직접 설명을 하고 질문에 답도 해야 했기 때문에 업무 관련 내용을 속속들이 정확하게 파악해야만 했다.

브리핑 준비를 마치고 출장을 다녀오니까 차관 이하 국장들이 모두 풀이 죽어 있었다. 왜 그러느냐 물었더니 정소영鄭昭英 청와대 경제수석이 다녀갔다는 것이다. 정소영 경제수석은 대구 출신으로 서울 상대를 나와 미국에서 공부하고 돌아온, 나이가 마흔 정도밖에 안 되는 젊은 사람이었다.

정소영 경제수석은 대통령 연두 순시 사전 점검 차원에서 미리 둘러보러 온 것이었다. 그는 자료를 살펴보고 나서 작년과 크게 다른 점이 없다며 다시 만들라고 지시했다. 차관 이하 국장급들은 그의 지시를 나에게 전하면서, 다시 만들려면 시간이 부족해 새로 만들기가 어렵다고 말했다. 나는 일단 직원들을 안심시켰다.

"내가 얘기할 거니까 고치지 않아도 된다. 만든 그대로 내가 보고하겠다."

그러자 부하 직원들은 나에게 그 사람이 청와대에서 대단한 존재라고 말하며 걱정스런 표정을 지었다. 정소영 경제수석이 이후 준비 상황을 물어 왔을 때 부하 직원들은 장관님께서 그대로 진행하기로 했다고 보고했다. 정소영 경제수석은 그러면 안 된다고 다시 부하 직원들을 닦달했다. 나는 직원들의 보고를 받고 단호히 말했다.

"나는 경제수석이 임명한 사람이 아니라 대통령이 임명한 사람이다. 만일 브리핑 결과가 좋지 않으면 그 자리에서 사표를 내겠다."

내 말을 들은 부하 직원들은 깜짝 놀라며 원래 진행하던 대로 준비했다. 나는 대통령이 순시를 왔을 때 직원들이 준비한 대로 브리핑을 했다. 그런데 브리핑 직전 주위를 둘러보니 정소영 경제수석의 모습이 보이지 않았다. 나중에 알고 보니 박종규朴宗奎 경호실장이 미리 언질을 주어 참석하지 않았던 것이다.

정소영 경제수석은 내가 자신의 말을 듣지 않자, 동향 사람인 박종규 경호실장을 찾아가 내 애기를 했다. 박종규 실장은 타이완에서 나에게 호되게 당한 경험이 있었다. 1966년 2월 박정희 대통령이 타이완을 방문했을 때, 당연히 박종규 실장을 필두로 경호원들도 많이 왔다. 경호팀은 대통령이 베트남, 태국, 말레이시아 등을 방문할 때 현지 대사관 직원들을 무던히도 괴롭혔다. 걸핏하면 이런저런 물건을 사 내라, 어디어디에 술 먹으러 가자 등등 경호 업무와 관련 없는 일로 대사관 직원들을 괴롭혔던 것이다.

타이완에서도 마찬가지였다. 당시 박정희 대통령은 전용기가 없었기 때문에 독일의 루프트한자 비행기를 빌려 타고 타이완에 도착했다. 착륙한 곳은 쑹산松山 비행장이었다. 그런데 대통령이 타고 온 비행기를 지켜야 할 경호원들이 한밤중에 타이완 측 경호원들만 남겨 둔 채 대부분 술을 마시러 갔다. 타이완 측 책임자는 어떻게 이럴 수가 있느냐며 한탄했다. 한밤중에 비행기를 지키고 있으려면 모기에 시달리는 등 어려운 점이 많지만, 국가 원수가 타고 온 비행기를 다른 나라 사람에게 맡긴 채 술 마시러 간다는 것은 있을 수 없는 일이었다.

그뿐만이 아니었다. 경호원들은 대사관 직원들을 자기 종처럼 부려 먹으려 했다. 심지어 윤하정尹河珽 참사관에게까지 '뭐 사 내라', '어디 놀러 가자' 닦달을 했다. 나는 윤 참사관에게 이렇게 말하며 그들의 말을 들어주지 말라고 지시했다.

"지금 대통령을 수행해 일을 보는 것에 집중해야 하는데, 무슨 선물을 사 주고 어디를 놀러 다닌다는 것이냐."

그러자 경호원들은 윤 참사관의 멱살을 잡고 협박하며 욕을 퍼부었다. 참다못한 윤 참사관이 나에게 찾아와서 말했다.

"사표를 내고 한국으로 돌아가겠습니다."

참사관이면 당시에는 공사公使가 없었기 때문에 대사관 서열 2위에 해당하는 직위였다. 직급으로 따지면 한참 아래인 경호원들이 말도 안되는 일을 시키고 협박을 하니 더 이상 참지 못하고 폭발했던 것이다. 나는 일단 윤 참사관을 진정시키고 사표 내는 것을 막았다. 나는 이 문제를 대통령과 단둘이 있을 때 말해야겠다고 생각했다. 마침 대통령과 단둘이 차를 타고 갈 기회가 생겼다.

"그냥 지나치기 힘들어서 말씀드려야 할 일이 있으니, 귀에 좀 거슬리더라도 들어주십시오."

나는 대통령에게 경호팀의 불성실하고 불미스런 행태를 모두 말했다. 그때까지 어떤 다른 대사도 대통령에게 그런 얘기를 꺼내지 못했다. 내 얘기를 들은 대통령은 일을 마치고 자정이 다 되어 호텔에서 긴급회의를 소집해 모든 수행원을 자신의 방으로 불러들였다. 그런데 그 시간까지도 밖에서 노느라 호텔에 들어오지 못한 수행원들이 있었다. 그중 대부분이 경호원들이었다. 박정희 대통령은 호통을 쳤다. 얼마나 화를 냈는지 호텔을 지키던 타이완 측 경호원이 무슨 일이 벌어진 줄 알고 놀라기도 했다. 이런 일이 있은 뒤 외무부 장관이 나를 불러서 넌지시 말을 건넸다.

"혹시 대사님께서 각하께 무슨 말씀을 하신 게 있습니까?"

"네, 말씀드린 적 있습니다. 주위 사람들의 잘못된 행동을 보고도 눈을 감으면 대통령은 아무것도 모를 수밖에 없습니다. 결과적으로 대통령에게 큰 누를 끼치게 됩니다."

나 때문에 대통령에게 크게 혼이 난 경험이 있는 박종규 실장은 경제수석이자 동향 후배인 정소영 수석이 자신을 찾아와 상담을 하자 조심하라고 타일렀다.

"너, 잘못 건드렸다. 그 사람한테는 그러지 마라."

정소영 경제수석은 선배의 말을 듣고 뜨끔한 마음이 들어 브리핑하는 자리에 참석하지 않았던 것이다.

육영수 여사의 비극과 지하철 1호선 개통

1969년 3월 1일 한진상사가 대한항공공사의 운영권을 이어받고 (주)대한항공으로 상호를 변경했다. 내가 교통부 장관일 때만 해도 대한항공은 사실상 신생 항공사였다. 교통부가 민간 항공 담당 주무 부처이다 보니 대한항공 사람들이 교통부를 자주 방문했다. 조중훈趙重薰 씨도 자주 방문했는데, 특히 조종사 문제 때문이었다.

공군에서 복무한 조종사와 정비사들 중에 제대한 뒤 대한항공에 입사하는 이들이 많았다. 항공기를 조종하기 위해서는 기초부터 차근차근 배워야 하는데, 당시에는 이렇게 배운 조종사를 구할 곳이 공군밖

지하철 1호선 개통식
1974년 8월 15일, 우리나라 지하철 시대를 연 역사적인 지하철 1호선 개통식이 있었다.

에 없었다. 전투기를 주로 몰던 공군 조종사들도 조종법에 큰 차이는 없어서 민간 항공기를 어렵지 않게 몰 수 있었다.

조중훈 씨는 내가 공군 쪽과 잘 알기 때문에 나를 통해 조종사를 확보하려고 했다. 그러나 공군에서 10년, 20년 경험을 쌓은 사람들을 모두 데려가면 국방에 큰 문제가 생길 수 있기 때문에, 함부로 들어줄 수는 없는 일이었다. 조중훈 씨가 나에게 부탁한 다른 한 가지는 조종사들이 일단 항공 회사에 들어오면 다른 곳으로 못 가게 하는 법령을 만들어 달라는 것이었다.

민간 항공기를 조종하기 위해서는 미국 항공 회사에서 설립한 비행 학교에서 공부를 하고 자격증을 받아야 했다. 비행 학교에서는 항공기

종류에 따른 조종법을 가르치고, 모든 과정이 끝나면 조종사 면허증을 발급했다. 이 면허증만 있으면 전 세계 어느 나라에 가서도 조종사로 일을 할 수 있었다. 대한항공 역시 미국의 비행 학교를 졸업한 한국 조종사들을 데려다 썼는데, 조종사들에게 월급을 제대로 챙겨 주지 못했다.

대한항공 조종사들은 외국 조종사 월급의 10분의 1 정도밖에 받지 못했다. 대한항공 조종사들은 이러한 사실을 잘 알고 있었다. 조종사들은 영어에 능숙했기 때문에 외국 조종사들과 만나면 휴가는 얼마나 되고, 비행 시간은 얼마며, 급료는 얼마나 되는지 쉽게 알 수 있었다.

자신들이 부당한 대우를 받는다는 사실을 알게 된 조종사들은 회사 측에 급료를 올려 달라고 요청했다. 회사 측에서 올려 줄 수 없다고 하자 조종사들은 다른 곳으로 가겠다며 강경하게 나왔다. 이 때문에 조중훈 씨가 나를 찾아와 한국 조종사들이 외국에 취직하지 못하게 하는 법령을 만들어 달라고 요청했던 것이다. 조종사들 역시 나를 찾아와서 외국 조종사에 비해 자신들의 급료가 무척 적다고 하소연했다.

나는 조종사들의 주장에 일리가 있다고 판단했다. 그래서 조중훈 씨를 불러 조종사의 급료를 올려 주라고 했다. 다만, 갑자기 외국 항공사와 똑같이 줄 수는 없더라도 단계적으로 올려 주라고 했다. 이렇게 해 주면 내가 조종사들에게 '앞으로 나아질 테니 좀 참아 보라'고 얘기를 해 주겠다고 했다. 다행히 양쪽이 모두 내 의견을 받아들여 회사와 조종사의 갈등은 해결되었다.

항공 쪽 일도 많았지만, 철도를 확충하고 현대화하는 일도 매우 중요했다. 그런데 교통부 장관 재임 기간 중 철도와 관련해서 가슴 아픈 기억이 하나 있다. 바로 1974년 8월 15일에 있었던 지하철 1호선 개통식이다. 지하철 1호선은 청량리에서 서울역까지 개통됐는데, 국립극장에서 광복절 기념식을 마친 뒤 박정희 대통령과 육영수 여사가 지하철을 시승하기로 되어 있었다. 그러나 광복절 기념식장에서 문세광文世光이 박정희 대통령을 저격하려다 실패하고 육영수 여사를 저격하는 사건이 터지고 말았다. 결국 개통식에는 정일권 국무총리만 와서 지하철을 시승했다.

육영수 여사는 나의 아내와 교분이 두터운 분이기도 했고, 국민에게 널리 존경받는 영부인이었다. 강력한 추진력과 카리스마로 사람을 꼼짝 못하게 만드는 면이 있던 박정희 대통령과 달리, 육영수 여사는 누구에게나 자애로운 느낌으로 다가왔던 분이다. 더구나 박정희 대통령에게 육영수 여사는 아내 그 이상의 의미를 지닌 분이었다고 생각한다. 참으로 안타깝고 슬픈 일이자, 분단의 비극이 낳은 또 하나의 비극이 아닐 수 없었다.

16장

백범기념관, 우뚝 서다

국회의원이 되다

나는 교통부 장관을 그만두고 나서는 대통령 추천 전국 선거구 의원들의 원내 교섭단체인 유신정우회維新政友會, 즉 유정회 소속 국회의원이 됐다. 1976년 2월에 추천, 발표된 제9대 국회 유정회 2기였다. 유정회는 원내 교섭단체로 일종의 준정당 조직이었지만, 사실상 공화당의 산하 조직이었다. 나는 군인 출신이었기 때문에 국방위원회에 들어갔다.

내가 국방위원회에 있을 때 큰 사건이 벌어졌다. 당시에는 비행기들이 한강을 넘어오는 것이 금지되어 있었다. 청와대가 있었기 때문이다. 만일의 사태에 대비하기 위해 한강 주변에는 대공포가 배치되어 있었다. 어느 날 미국 민항기가 실수로 한강을 조금 넘어왔다. 그러자 대공 포대에서는 아무런 경고 없이 미국 민항기에 대공포를 쏘았다. 다행히 민항기가 포탄에 맞지는 않았지만, 자칫 엄청난 파장을 몰고 올 수 있는 사건이었다.

나는 유정회에 속해 있었기 때문에 정부 입장에서 뭔가 변명을 해야 했지만, 아무리 생각해도 변명의 여지가 없는 사건이었다. 이 사건으로 열린 국방위원회 청문회에 연합사령부의 책임자가 증인으로 불려 나왔다. 다른 국회의원들은 항공 지식이 부족했기 때문에 주로 내가 질문을 했다.

나는 책임자에게 당시 민항기의 비행 속도, 고도, 방향 등에 대해 기술적인 질문을 던졌다. 그리고 민항기가 대공포에 맞았더라면 국제적으로 어떤 문제가 발생했을지 아느냐고 몰아붙였다. 이런 식으로 조목조목 따져 물으니 책임자는 궁지에 몰려 어쩔 줄 몰라 했다. 이 모습을 보고 야당 의원들은 속 시원히 잘 따져 물었다고 말했다. 아무리 여당인 유정회 소속이라 하더라도 정부에 따질 것은 따져야 한다고 생각하고 철저히 물었다. 그리고 지금도 그 판단에 후회가 없다.

국회의원일 당시 나는 시간이 날 때마다 실내 수영장을 찾아 1킬로미터 정도씩 수영을 하곤 했다. 그런데 하루는 현오봉玄梧鳳 의원이 수영장으로 나를 찾아왔다. 1978년 2월이었다. 현오봉 의원은 자유당 때도 국회의원을 했지만 공화당으로 옮겨서도 계속 국회의원 생활을 하면서 중진으로 자리 잡고 있었다. 나와 현오봉 의원 사이에는 과거에 껄끄러운 일이 조금 있었다.

자유당 정권 때는 위아래 할 것 없이 부정부패가 심했고, 특히 부정선거와 부정 투표가 많았다. 현오봉 씨는 당시 제주도의 유력 정치인이었다. 그는 선거가 시작되자 선거 홍보물을 군용 수송기를 이용해서 수송해 달라고 내게 부탁했다. 군용기를 이용해 특정 후보자의 선거 홍보물을 수송한다는 것은 있을 수 없는 일이었다. 그럼에도 현오봉 씨 측에서는 내가 당연히 부탁을 들어주리라 생각했던 것이다. 당시 작전 참모부장이었던 나는 화가 치밀었지만, 그렇다고 전면에 나서서 안 된다고 하기도 어려운 입장이었다.

결국 비행기는 선거 관련 홍보물을 싣고 제주도로 떠나게 됐다. 나는 좋은 생각이 떠올랐다. 비행기가 떠나기 전 조종사를 불러 지시했다.

"사실 이렇게 선거 홍보물을 군용기에 싣고 가는 것은 위법이다. 그러니 너는 비행을 하다가 이렇게 저렇게 해라."

내 명령을 받고 출발한 조종사는 바다 위를 지나갈 무렵 일부러 엔진 하나를 꺼트렸다. 수송기 엔진은 2개였는데 그중 하나가 멈추니 갑자기 속도와 고도가 떨어질 수밖에 없었다. 조종사는 내가 미리 지시한대로 선거 홍보물을 모두 바다에 버렸다. 비행기 무게를 줄이기 위해 어쩔 수 없었다는 핑계를 댈 수 있게 된 것이다. 그리고 수리하기 위해 가까운 기지로 향하는 척했다.

그러나 수송기는 선거 홍보물을 모두 버린 뒤에 귀항하는 척하다가 멈췄던 엔진의 발동을 걸고 그대로 제주도로 갔다. 수송기에는 제주도로 가져갈 군용 물자도 실려 있었다. 군 수송기 본연의 임무만 수행했던 것이다. 현오봉 의원의 당시 심정이 어떠했겠는가. 나와 현오봉 의원 사이에 이런 악연이 있기는 했지만, 공화당 시절에는 같은 당 소속이기 때문에 서로 얼굴 붉힐 일은 없었다. 아무튼 수영장으로까지 나를 찾아온 현 의원은 뜻밖의 말을 꺼냈다.

"각하께서 김 장군을 국방위원회에서 다른 위원회로 옮기라고 지시하셨습니다."

"어느 위원회로 가라는 말입니까?"

"농수산위원회 위원장으로 내정됐습니다."

나는 그 말을 듣는 순간, 국방위원회에서 정부 입장을 곤란하게 만들었기 때문이 아닌가 짐작했다. 그러나 현오봉 의원은 나에게 위원장

으로 진급해 간다며 축하 인사를 했다. 나는 농수산 쪽에 대해 아는 것
이 없기 때문에 공부를 열심히 했다. 그러나 결과적으로 열심히 공부
한 것이 아무런 소용이 없었다. 농수산위원회는 이해관계가 복잡하게
얽혀 있는 곳이어서 충돌이 많이 일어났다.

야당 의원들은 위원장이 농수산에 대해 아는 것이 뭐가 있냐며 내
멱살을 잡기까지 했다. 안건을 의결하려고 하면, 의결하지 못하게 방
망이를 빼앗아 가는 일도 잦았다. 농수산위원회는 정책을 판단하고 결
정하기 위한 지식보다는, 여야 중 누구의 힘이 더 센가가 중요한 곳이
었다. 다른 위원회도 사정은 다르지 않았다. 전국 선거구 국회의원들
은 지역구 선거로 당선된 의원들처럼 임기가 6년이 아니라 1, 2기로
나누어 임기가 3년이었기 때문에, 농수산위원회에 그리 오래 있지는
않았다.

내가 유정회에 들어갈 때 같이 들어간 군인 출신으로 이종찬 장군
이 있다. 나는 이종찬 장군과 나란히 앉아 국회가 돌아가는 것을 보며
한탄을 하곤 했다. 공작과 술수와 충돌이 난무하는 정치판이라는 게 바
로 이런 것이구나, 실감하지 않을 수 없었다. 우리는 그런 모습을 보면
서도 잠자코 있을 수밖에 없었다. 한마디로 우리는 찬밥 신세였다.

무엇 때문에 이곳에 이렇게 앉아 있어야 하는지 이해가 되지 않았
다. 회기 중에 이종찬 장군과 나란히 하게 될 때면, 서로 한시漢詩 구절
을 주고받으며 시간을 보내곤 했다. 내가 한 구절 써서 이종찬 장군에
게 넘기면, 이종찬 장군이 대구를 써서 나에게 넘기는 식으로 시작詩作
을 주고받았다. 그렇게 해서, 본의 아니게 시작된 어색하고 불편했던
나의 국회의원 시절도 지나갔다.

안춘생 장군과 독립기념관

미국에 있는 큰아들 집에서 휴식을 취하던 1982년 여름, 청와대 비서실에서 전화가 왔다. 독립기념관을 건립하기로 했는데, 나보고 건립추진위원회 위원장을 맡아 달라는 전화였다. 나는 그 말을 듣는 즉시 사양했다. 내 위로 이강훈李康勳 선생이나 안춘생安椿生 장군 같은 분이 계셨기에 내가 위원장을 맡는 것은 있을 수 없는 일이라 판단했다.

안춘생 장군은 독립운동을 한 경력으로 보나 나이로 보나 당시 살아 계신 분들 가운데 위원장을 맡기에 가장 적합한 분이었다. 정부는 그해 8월 말에 건립추진위원회 위원장에 박순천朴順天 씨를 내정해 추대 절차까지 밟았지만, 박순천 씨가 일제강점기 때 조선 학생들에게 일본군에 자원입대할 것을 권유하고 연설한 행적 때문에 많은 독립유공자들이 반대했다. 더구나 당시 박순천 씨는 여든다섯의 고령에 건강도 좋지 않았다(1983년 1월 별세). 결국 안춘생 장군이 1982년 10월에 독립기념관 건립추진위원회의 위원장이 됐다.

나는 될 사람이 됐다고 생각했다. 안춘생 장군은 황포군관학교 10기생으로, 1937년 중국군 소속으로 상하이에서 전투를 하던 중 일본군의 총에 맞아 다리에 부상을 입기도 했다. 생존 광복군 가운데 일본군과 전투를 하다 부상당한 사람은 안춘생 장군밖에 없었다. 사실 광복군 출신 중에는 광복군에 이름만 걸어 놓았다 해도 지나친 말이 아닌 사람들이 적지 않았다. 내가 교통부 장관에 취임했을 때 직원 명부를 훑어본 적이 있었다. 당시 이재철李在澈 차관의 경력 난에 '광복군'이라고 적혀 있는 것이 눈에 들어왔다. 반가운 마음에 즉시 이 차관을 불렀다.

"이 차관, 광복군을 했습니까?"

내 질문에 이재철 차관은 민망한 표정을 지으며 대답했다.

"아이고, 창피해서 말씀드리기가 좀 그렇습니다."

"그러지 말고 얘기해 보세요."

"사실 저는 1945년 8월 14일까지 상하이의 일본 기마 부대에서 말을 관리했습니다."

1945년 8월 15일 일본이 항복을 하고, 일본군은 수용소에 갇혔다. 수용소에 있는 일본군 가운데 조선 병사들은 강제로 끌려온 것이기 때문에, 임시정부는 장제스 총통에게 조선 병사들을 별도 수용해 달라고 요청했다. 그들을 광복군에 편입시켜 훈련을 시킨 뒤 데리고 가겠다고 하자, 장제스 총통은 중국 전 지역과 타이완에까지 명령을 내려 조선 사람들을 일본 병사와 따로 수용하고 광복군에 소속될 수 있도록 해 주었다. 그렇게 해서 광복군이 된 사람이 꽤 많았다.

안춘생 장군이 돋보이는 이유가 여기에 있다. 광복군의 대부분은 광복군 활동을 얼마 하지 못하고 해방이 되어 국내로 들어왔다. 주로 시안西安, 쿤밍昆明 등에서 활동하다 해방이 되어 들어왔기 때문에 실제 전투에 나가서 총 한번 쏴 보지 못한 사람이 많았다.

이후 김윤환金潤煥 씨로부터 연락이 왔다. 이번에는 내가 독립기념관 이사장을 맡아 주면 좋겠다는 연락이었다. 안춘생 장군이 초대 관장으로 내정되었다는 사실도 말해 주었다. 이사장으로 일하며 안춘생 장군을 돕는 일이라면 좋다고 판단했다. 나는 1986년 6월 말에 독립기념관 초대 이사장으로 내정됐고, 약 2년 정도 일했다. 이사장으로 일하면서 기념관 조직의 관료주의에 답답할 때도 있었지만, 기념관의 기틀을 다진다는 각별한 사명감으로 업무에 임했다.

분단과 전쟁, 그리고 친일파

독립유공자로 선정된 사람들 가운데 광복군 출신 외에 중국군에서 활동하던 분들도 있었다. 이범석李範奭 장군, 김홍일金弘壹 장군 등이 대표적이다. 박은식朴殷植 선생의 맏아들 박시창朴始昌 장군 같은 경우는 1937년 7·7사변, 즉 루거우차오 사건이 일어났을 때 베이징 남서쪽 바오딩保定이라는 곳에 있었다. 당시 그곳 중국군 군단장은 류안치劉安祺라는 사람이었다. 류안치는 나중에 타이완에서 육군 참모총장 자리에까지 올랐다. 언젠가 류안치 참모총장이 서울을 방문했을 때, 나는 박시창 장군과 함께 류안치 총장을 만났다. 류안치 총장은 박시창 장군을 보자마자 예전을 회고하며 이렇게 말했다.

"아이고, 내가 박시창 장군 때문에 여러 번 혼이 났습니다."

류안치 총장이 그렇게 말한 데는 이유가 있었다. 류안치 총장이 바오딩에서 군단장으로 있을 때, 일본군도 바오딩 근처로 내려와 대치하고 있었다. 당시 포병 연대를 맡고 있던 박시창 장군은 일본군이 조금이라도 도발을 하면 가차 없이 무력으로 맞섰다. 그러다 보니 바오딩에는 크고 작은 일들이 항상 벌어졌다. 류안치 군단장 입장에서는 골치 아픈 일이었을 법도 하다.

박시창 장군이 일본군의 작은 도발에도 강경하게 대응한 것은, 일본과 중국이 싸움을 하길 바랐기 때문이다. 일본과 중국이 싸움을 하는 것이 독립운동을 하는 데 유리한 상황이라고 판단한 것이다. 이 외에도 만주 지역의 독립군들은 국경을 넘어 소련으로 가서 일본 진지를 향해 사격을 하기도 했다. 중국에서와 마찬가지로 일본과 소련이 전쟁을 하기를 바랐던 것이다. 소련군과 일본군이 자주 충돌을 일으키자

스탈린은 충돌 원인을 조사하도록 했고, 한국 독립군이 하나의 원인이라는 것을 파악했다.

스탈린이 연해주 한인들을 중앙아시아 타슈켄트 지역으로 강제 이주시킨 이유 가운데 하나가 바로 그것이기도 했다. 이때 타슈켄트 지역 한인 대표인 이충모李忠模 씨가 탈출해서 신장新疆 사막 지역을 넘어 임시정부를 찾아왔다. 이충모 씨는 나에게 소련 지역에서 나온 신문이나 잡지를 읽을 수 있는 곳이 있느냐 물었다. 나는 이충모 씨를 소련 대사관의 문헌관으로 안내해 주었다. 이충모 씨는 그곳에서 소련의 신문과 잡지를 얻어서 읽었다.

이충모 씨가 임시정부를 찾아온 이유는 강제 이주당한 한인들의 상황을 국제사회에 알려서 한인들이 살길을 찾아보려는 것이었다. 임시정부 국무회의에서는 이충모 씨의 얘기를 듣고, 그의 의견에 따라 소련, 중국, 영국, 미국 등 4대 강국 지도자들에게 호소했다. 이충모 씨는 일본이 항복을 선언한 뒤에는 쑤이위안 성綏遠省 지역에서 한인들의 권익을 보호하는 일을 맡았다. 쑤이위안 성은 지금의 내몽골 자치구 지역에 해당한다.

그러나 이충모 씨는 일을 제대로 할 수 없었다. 중국의 정책이 자주 바뀌었기 때문이다. 이충모 씨 자신은 중앙아시아 지역으로 강제 이주된 한인 문제까지 해결해 보려고 했지만 뜻대로 되지 않았다. 이충모 씨는 공산당이 만주를 점령하자 베이징으로 갔다. 그는 조선의용군에서 활약한 문정일文正一 씨와 베이징에서 접촉했다. 북한에 가려고 마음먹었기 때문이다. 그러나 이충모 씨는 북한에 가지 못한 채 병에 걸려 객사하고 말았다. 이에 관한 얘기는 1988년 내가 비밀리에 베이징을 방문했을 때, 문정일 씨가 직접 말해 주어 알게 되었다.

어쨌거나 장제스 총통이 임시정부의 부탁을 받아들여 일본군에 속해 있던 조선 사람들을 따로 모아 주자, 임시정부에서는 기초적인 군사 훈련과 애국 교육을 시킨 뒤 광복군에 합류시켰다. 안타깝게도 광복군의 국내 진입은 마음대로 되지 않았다.

제2차 세계대전 때 미국은 아시아 지역 동맹국으로 'CBI', 즉 차이나(중국), 버마(미얀마), 인도를 두고 있었다. CBI 전구戰區 미군 사령관은 조지프 스틸웰 중장이었다. 그는 중국 방면 연합군사령부 참모장도 맡았다. 사령관은 장제스였지만 실질적인 군권은 스틸웰에게 있었다. 스틸웰은 중국 군대를 버마와 인도 방면에 투입하려 했다. 그러나 중국은 워낙 넓은 지역에 걸쳐 군대를 배치해야 했기 때문에 그 방면으로 따로 병력을 돌릴 여력이 없었다.

장제스와 스틸웰은 이 문제로 자주 충돌했다. 장제스에게 마음이 상한 스틸웰은 중국공산당을 조금씩 도왔고, 이 때문에 장제스와 사이가 더 벌어졌다. 이때 장제스의 아내 쑹메이링 여사가 미국을 방문했다. 쑹메이링 여사는 미국 웨슬리대학을 다녔기 때문에 영어를 잘했고, 장제스의 외교 특보나 마찬가지였다. 쑹메이링 여사는 루스벨트 대통령을 만나 중국이 버마와 인도를 도와줄 수 없는 상황에 대해 설명하고, 때문에 스틸웰과 사이가 벌어졌다는 것도 얘기했다. 그러자 미국은 스틸웰 대신에 앨버트 웨드마이어 중장을 중국으로 보냈다. 웨드마이어는 스틸웰과 달리 성격이 차분한 사람이었다.

그 와중에 일본이 항복을 하자 한국은 맥아더 장군의 관할로 들어갔다. 한국이 웨드마이어가 관할하는 중국 지역으로 편입되었다면, 광복군을 그대로 국군으로 전환시킬 수도 있었을지 모른다는 것이 내 생각이다. 한국이 맥아더 사령관 관할로 넘어가자, 맥아더 장군 직계에 있던 존 하지 장군은 한국에 주둔한 일본군을 무장 해제하고 나서 치안과 행정 업무에 친일파를 그대로 쓰게 했다. 남북이 갈라진 것도 비극이고, 전쟁이 일어난 것도 비극이지만, 친일파의 뿌리를 뽑지 못한 것이 비극 중의 비극이다.

백범기념관을 건립하다

내가 타이완에서 대사로 있을 때 국내에서는 이미 백범선생기념사업회가 만들어져 활발히 활동하고 있었다. 1969년 대사 재직 때 국내에 들어와 박정희 대통령과 술을 마신 일이 있었다. 그때는 한일 국교 정상화(1965년)가 이루어진 다음이었지만, 국교 정상화에 대한 비판적인 분위기가 여전했다. 박정희 대통령은 술을 마시며 나에게 물었다.

"조금 있으면 3·1운동 50주년인데, 기념식을 할 때 대대적으로 시위가 일어날지도 몰라. 그러니 뭐든 좀 해야 할 텐데, 기념할 만한 것이 뭐 없겠나?"

나는 별 고민 없이 대답했다.

"독립선언서 공약 3장의 '최후의 마지막 사람, 최후의 마지막 순간까지' 독립 투쟁을 해야 한다는 것을 실천으로 옮긴 사람이 누구입니까? 임정 간판을 끝까지 지키기 위해 중국 천지를 누비며 온갖 고생을 다하면서 투쟁한 사람이 누구입니까?"

내가 이렇게 대답하자, 박정희 대통령은 잠시 생각에 잠긴 뒤에 대답했다.

"그럼 김구 선생님의 동상을 남산에 세우도록 하지."

아버지의 동상 제막식

1969년 8월 23일, 남산에서 동상 제막식이 열렸다. 당시 중화민국 고시원장 쑨커孫科(쑨원의 아들. 사진 왼쪽) 선생이 장제스 총통의 특사로 참석했다. 장제스 총통은 동상 건립을 기념하는 친필 휘호도 보내주었다.

백범기념관 건립
백범 사후 53년 만인 2002년에 완공된 백범기념관

"남산보다는 서울 시청 앞에 세우는 건 어떻겠습니까?"

"사람들이 와서 꽃도 놓고 참배도 해야 하는데, 그곳은 너무 복잡해서 안 돼. 그리고 자동차 매연 때문에 동상이 더러워질 수도 있어."

결국 1969년 3·1운동 50주년을 맞이해서 아버님의 동상을 남산에 세우기로 하여, 그해 8월 23일에 제막식이 거행되었다. 사실, 박정희 대통령은 집권하면서부터 독립유공자들을 돌보는 데 힘썼다. 그는 집권하자마자 맞이한 3·1절 기념식에서 독립운동을 한 사람들에게 훈장을 수여했다. 그리고 유족들이 학교에 다니고 취직을 하는 데 도움을 주었다. 이후로 내 기억으로는 박정희 대통령만큼 독립유공자를 위해 힘쓴 대통령은 많지 않았다. 나는 김영삼 대통령이 중앙청 건물을 허물기로 했을 때 한 가지 건의를 했다.

"중앙청을 허무는 대신에 독립을 기념하는 건물을 따로 하나 지어야 하지 않겠습니까?"

그러나 나의 바람은 이루어지지 않았다. 백범기념관은 수많은 우여곡절 끝에 건립할 수 있었다. 백범기념관은 이승만 정권이 무너진 뒤 온 국민의 열망으로 건립이 추진됐다. 그러나 여러 문제로 무산되고 말았다. 그러다가 전두환 정권 시절 다시 건립 얘기가 나왔다. 그러나 이 역시 무산됐다. 노태우 정권 시절에도 대통령이 직접 백범기념관 건립에 대해 언급했지만 이루어지지 않았다. 백범기념관은 결국 김대중 정권에 와서야 건립될 수 있었다. 백범기념관은 2000년에 첫 삽을 떠서 2002년에 완공됐다. 아버지가 돌아가시고 53년이 지난 뒤의 일이다.

17장

한중 수교, 막후에서

아무에게도 말하지 못한 타이완행

1987년 1월 말이었을 것이다. 정보 계통에서 긴급한 연락이 왔다. 급히 타이완으로 가달라는 내용이었다. 극비 사항이니 주위에는 어떤 용무로 출국하는지 절대로 알리지 말아달라는 부탁과 함께였다. 나는 눈이 많이 내리던 날 가족들에게도 정확히 무슨 일 때문에 출국하는지 말하지 않고 김포공항으로 향했다. 내가 부탁받은 일은 타이완 장징궈 총통과 최고위 인사들을 설득하는 일이었다.

우리나라에서뿐만 아니라 세계적으로도 큰 화제가 된 김만철 씨 일가의 탈북. 그들은 50톤급 철선을 타고 북한을 떠나 동해를 항해하다 표류한 끝에 1월 20일 일본 후쿠이福井 현 미쿠니三國 항 앞바다에 도착했다. 어린아이부터 노인까지 11명이 타고 있었으니 한국전쟁 이후 사실상 최초의 집단 대규모 탈북 사건이었다.

일본 정부는 무척 난감했다. 한국으로 망명시켜 주자니 안 그래도 일본 어선 선장이 북한에 억류되어 있던 탓에 긴장되어 있던 북·일 관계가 더욱 미묘해지고, 그렇다고 망명 추진에 소극적이면 한국과의 관계에 악영향을 미칠 수 있었으니 말이다. 더구나 김만철 씨 일행의 내부 의견도 통일되지 못한 상태였다. 결국 한국행이냐 제3국행이냐 갈림길에서 한국행 쪽으로 의견이 모였지만 문제는 구체적인 경로와 방법이었다.

그 경로와 방법이란 김씨 일가를 일단 타이완으로 보냈다가 한국으로 송환하는 것이었다. 타이완과의 교섭은 일본 정부가 아니라 우리 정부가 맡았다. 그러나 타이완 정부는 그러한 방법이 선례가 되어 외교적으로 난처한 입장에 서게 될 것을 우려한 나머지 우리 측 요청을 거부했다. 내가 전화를 받은 것은 바로 그 때문이었다. 우리 정부는 장징궈 총통을 비롯한 타이완 최고 지도부와 깊은 친분이 있는 내가 적임자라고 판단했던 것이다.

외교라는 건 본래 외부로 알려지는 공식적인 무대에서만 이루어지는 것이 아니다. 오히려 공식적으로는 알려지지 않은, 어떤 의미에서는 알려서는 곤란한 막후에서 협상과 설득이 이뤄지며 중요한 일이 성사되는 경우가 많다. 공식적인 발표나 외교적 모양새를 갖추는 일은 그다음인 것이다. 중국의 협상 문화는 더더욱 그러해서, 잘 풀릴 것 같지 않은 일도 오랜 인연을 쌓은 인맥을 통하면 뜻밖에 쉽게 잘 풀리는 일이 많다.

결국 김씨 일행은 일본에서 타이완으로 옮겨진 뒤 20여 시간을 머물고 2월 8일 저녁 대한항공 편으로 우리 땅에 도착할 수 있었다. 당시 내가 타이완으로 향하기 전 가족에게 남긴 말은 단 한마디였다.

"급히 필요하니까 이 늙은이를 찾는구먼. 이건 꼭 필요한 나랏일이니까 열일 제쳐 두고 빨리 가야지!"

나라가 필요로 한다면 언제든 최우선적으로 그 부름에 응해 최선을 다해야 하는 것이 마땅하다. 그렇게 나를 불러 주는 나라가 있다는 것, 내가 나라를 위해 조금이라도 도움이 될 수 있다는 것, 그런 사실 자체가 나에게는 큰 행복이자 보람이었다.

중국공산당 간부의 뜻밖의 방문

내가 독립기념관 이사장으로 재직하던 1988년, 중국공산당에서 중요한 자리를 차지하고 있는 사람이 나를 만나고 싶다며 찾아왔다. 당시만 하더라도 미수교국인 중국의 공산당 간부가 한국을 방문한다는 것은 극히 드문 일이었다. 그런데 이런 사람이 나를 만나고 싶다며 찾아왔으니 호기심과 궁금함이 클 수밖에 없었다. 나를 찾아온 중국공산당 간부는 신익철申益澈이라는 조선족이었다.

신익철 씨는 친지 방문 목적으로 한국에 왔지만, 그건 어디까지나 겉으로 드러난 목적이고, 진짜 목적은 한국 내부 상황을 파악하는 데 있었다. 그가 순수하게 친지 방문만을 목적으로 삼았다면 체류 기간을 연장하면서까지 한국에 남아 있지는 않았을 것이다. 신익철 씨는 체류 기간을 연장하고 국가안전기획부 직원의 안내를 받으며 약 6개월 동안 전국을 다녔다.

신익철 씨는 한국 사람들이 중국에 대해 느끼는 감정, 한국의 경제 상황, 민심 등 여러 정보를 수집했다. 그리고 마지막으로 나를 만나고 싶다며 찾아온 것이다. 신익철 씨는 자신의 아내와 함께 방문했다. 신익철 씨는 나와 한참 동안 대화를 나누다가 아내에게 밖으로 나가 있으라고 했다. 신익철 씨의 아내가 나간 다음부터는 내가 중국에서 활동하던 시절 이야기를 주로 나눴다. 그런데 대화를 하다 보니 신익철 씨가 나의 행적을 매우 자세히 알고 있다는 느낌이 들었다. 나에 대한 정보를 사전에 충분히 파악하고 온 듯했다.

신익철 씨는 나와 대화를 나눈 후 중국으로 돌아갔다. 그가 한국을 방문해 여러 조사를 한 것은 한중 수교를 위한 사전 작업의 일환이었다. 신익철 씨는 자신이 입수한 내용을 중국공산당 중앙 부서에 보고했다. 그는 중국이 한국과 수교하기 위해 접촉해야 할 주요 루트로 나를 추천했다. 그러나 당시 나로서는 신익철 씨가 왜 나를 찾아왔는지 알 도리가 없었다. 그런데 어느 날 나와 안면이 있는 홍콩 사람으로부터 갑자기 홍콩으로 와 달라는 연락이 왔다.

"몇 월 며칠까지 홍콩으로 와 주십시오."

"무슨 일 때문입니까?"

"와 보시면 압니다."

무슨 영문인지 몰라 답답했지만, 무언가 중요한 일이 있다는 것은 느낄 수 있었다. 그래서 일단 홍콩을 방문하기로 했다. 나중에 알고 보니 중요한 일이란 바로 중국과 국교를 맺는 일이었다. 중국은 북한을 의식하지 않을 수 없었기 때문에 가능한 한 비밀리에 일을 추진했던 것이다.

홍콩을 거쳐 베이징으로 가다

나는 사람들의 관심이 온통 올림픽에만 쏠려 있던 1988년 9월 18일,

큰아들과 함께 홍콩으로 떠났다. 홍콩에 도착하니 어떤 중국 사람이 나를 마중하러 나와 있었다. 지금도 이름을 밝히기 곤란하므로, 이 사람이 주로 사용하던 체스터 정이라는 영어 이름으로 부르도록 하겠다. 영어도 잘하고 전형적인 지식인풍 인물인 체스터 정은 정보 계통 사람이었기에 자신의 정확한 신분과 직위를 밝히지 않았다.

그와 얘기를 나누며 알게 된 사항은, 그가 본래 국민당 시절 신문기자로 일했고, 공산당에게 붙잡힌 뒤 반동분자로 찍혀 내몽골 지역 황무지로 가족과 함께 쫓겨난 전력이 있다는 것이다. 그곳에서 그는 분뇨를 퍼 나르며 가축 기르는 일을 했다. 그러다가 다시 발탁되어 정보 계통 업무에 종사하게 되었던 것이다. 중국공산당은 능력 있고 쓸 만한 사람들을 벽지로 내쫓았다가 다시 불러들여 쓰곤 했는데, 그도 그런 경우였다.

당시 홍콩에는 김홍일 장군의 아들 김용재金勇哉 씨가 살고 있었는데, 나에게 가능하면 바깥출입을 하지 말라고 당부했다. 내가 홍콩에 간 것이 드러나면 비밀이 새 나갈까 봐 그런 것이다. 중국에 가려면 런민비人民幣가 필요할 것 같아 달러를 런민비로 바꾸려 했지만, 당시만 해도 홍콩에서 공식적으로 달러와 런민비를 교환할 수는 없었다. 그래서 김용재 씨에게 부탁해 비공식적으로 환전하는 곳에서 1달러에 런민비 8.8원꼴로 모두 1천 달러 정도를 교환했다. 그리고 9월 23일에 베이징으로 들어갔다.

베이징에 도착해 베이징반점北京飯店에 여장을 풀었다. 그곳에서 중국 측 인사가 나를 만찬에 초대했다. 그 사람은 만찬이 끝날 무렵 케이크를 들여오게 했는데, 그 케이크에는 '생일을 축하합니다. 만수무강'이라는 뜻의 글자가 쓰여 있었다. 나는 뜬금없이 생일 케이크가 들어

오기에 질문을 했다.

"오늘이 어떤 분의 생일입니까?"

"김신 장군, 당신 생일 아닙니까?"

순간, 나는 얼마 전 내 생일이 지났음을 깨달았다. 정작 나는 9월 21일인 내 생일을 잊어버렸는데, 그 사람은 여권에 적힌 내 생일을 보고 뒤늦게라도 축하해 주기 위해 준비를 했던 것이다. 만찬에 참석한 사람들은 약 50여 명 정도였다. 어떤 기관에서 무슨 일을 하는 사람들인지는 알 수가 없었다. 만찬을 주재한 이는 마오궈화毛國華라는 사람이었다. 그는 신문기자 출신으로 미국 주재 특파원까지 했다. 정확한 신분은 모르지만 체스터 정보다 상급자라는 것은 분명했다. 체스터 정은 마오궈화가 무슨 말을 하면 '네네' 하면서 경청했다.

체스터 정은 홍콩에서부터 나를 안내해 중국의 각 지방을 다닐 때도 동행했다. 지방에 갈 때는 주로 비행기를 탔는데, 나는 비행장 귀빈실을 이용했다. 귀빈실은 특별히 연락을 해 두지 않으면 그냥 닫아 두는 곳이다. 그런데 체스터 정이 나서서 무슨 증명서 같은 걸 보여 주면 모든 것이 해결됐다.

그래서 내가 농담으로 체스터 정에게 '신통광대'神通廣大라는 말을 썼다. 신통광대는 '못하는 것 없이 만사가 다 해결된다'는 중국 표현이다. 체스터 정은 내 말을 듣더니 그냥 빙긋이 웃고는 별다른 말을 하지 않았다. 내가 중국 땅을 다시 밟은 것은 거의 40년 만의 일이었다. 그러다 보니 흥분된 마음을 가라앉힐 수가 없었다. 틈나는 대로 밖에 나가 이곳저곳을 돌아다녔다. 베이징에 있는 동안 톈안먼, 고궁박물원, 만리장성, 명십삼릉, 이화원 등도 돌아봤다. 그리고 루거우차오의 인민항일전쟁기념관도 구경했다. 이곳을 구경할 때는 중국공산당에서

인민정치협상회의 부주석 청쓰위앤과 함께

김진기라는 조선족 교수 한 명을 붙여 줬다.

9월 27일에는 인민정치협상회의 부주석으로 있는 청쓰위앤程思遠이라는 사람을 만났다. 정치협상회의는 본래 국민당과 공산당이 합작할 때 국민당 계통 및 제3세력 군소 정당까지 아울렀던 회의였다. 청쓰위앤 씨는 1949년 1월 장제스 총통이 퇴임한 뒤 총통 대리를 맡은 리쭝런李宗仁의 비서실장이었다. 이런 거물급 인사가 직접 나타난 것을 보고 나는 드디어 막후 실력자가 모습을 드러낼 것이라 생각했다.

사실 청쓰위앤 부주석은 충칭에서 아버님을 뵌 적이 있는 인물이었다. 그래서 우리 집안 배경과 임시정부에 관해 훤히 알고 있었다. 그러나 식사를 하는 동안 호의적인 모습만 보일 뿐 속에 있는 얘기는 전혀 꺼내지 않았다. 나중에 국내로 돌아와 노태우 대통령의 비서실장 홍성철洪性澈 씨에게 청쓰위앤 부주석과 만났다고 하니, 아주 대단한 사람에게 접대를 받았다며 놀라워했다.

잡초 무성한 공자묘를 둘러보다

나는 베이징에서 며칠 머문 다음 동북 지방의 선양瀋陽과 창춘長春을 방문할 예정이었다. 베이징을 떠나기 직전, 한국에서 만났던 신익철 씨가 아내와 함께 나를 방문했다. 당시 신익철 씨 부부는 헤이룽장 성黑龍江省 외사판공실外事辦公室 주임 왕즈젠王志堅 씨와 함께 나를 찾아왔다. 왕즈젠 씨는 하얼빈에 있으면서 김일성을 세 번 정도 안내한 적이 있는 사람이었다. 김일성은 당시 모스크바까지 철도로 이동하면서 하얼빈에서 잠시 쉬어 갔다.

그러나 선양과 창춘은 방문하지 못하게 됐다. 마오궈화 씨가 내가 그쪽 지역을 방문하다가 혹시 아는 사람이라도 만나면 중국 방문 사실이 북한에 알려져 외교적으로 곤란해질까 봐 말렸던 것이다. 최악의 경우 북측이 나를 납치할 가능성마저 염두에 두고 있었다.

그래서 나는 방향을 바꿔 산둥의 지난濟南을 방문했다. 지난에서는 이틀을 지냈는데, 우리나라의 관광국장에 해당하는 여유국장旅遊局長 장쿠이성蔣奎生 씨가 우리를 접대했다. 지금도 기억에 남는 것은 당시 장쿠이성 씨가 지방 정부의 국장급이면서도 리펑李鵬 총리를 자기 친구 부르듯이 불렀던 일이다. 그러면서 리펑은 인물이 이렇고 저렇다며 자기 마음대로 평가를 내렸다. 알고 보니 장쿠이성 씨는 리펑 총리와 모스크바에서 같이 공부한 동창이었다. 리펑은 총리가 됐고, 자신은 지방 관광국에서 일을 하고 있으니 일종의 자격지심에서 그렇게 떠벌렸던 게 아닌가 싶다.

지난 다음으로는 타이산泰山을 방문해 케이블카를 타고 타이산 정상까지 올라갔다. 타이산에서 내려와서는 펑위샹馮玉祥 장군 묘지에 들렀다. 펑위샹 장군은 장제스와 북벌을 함께한 사람으로 서북국민연합군 총사령관이었다. 장제스와는 의형제까지 맺은 사이였지만, 나중에 사이가 벌어져 항일 전쟁 때는 중책을 맡지 못했다. 펑위샹의 딸 펑리다馮理達는 나와 안후이중학 동창이다.

펑위샹 장군은 나중에 장제스와 완전히 사이가 틀어져 1947년에는 미국에서 반反장제스 성명을 발표하기도 했다. 그러다가 인민정치협상회의에 참가하기 위해 소련을 거쳐 귀국하던 도중 흑해에서 배에 불이 나 죽고 말았다. 유족들이 어떻게 유골을 수습했는지는 모르겠지만, 펑위샹의 묘를 타이산 밑에 있는 도시 타이안泰安에 마련했다. 그곳에는 일조사日照寺라는 절이 있는데, 펑위샹의 일생을 다룬 사진이 전시되어 있었다. 사진을 쭉 살펴보는데, 펑리다의 이름이 적힌 사진이 있었다. 나는 체스터 정에게 말했다.

"이 사람은 내 중학교 동창입니다."

"그러십니까? 이분은 지금 높은 지위에 있습니다."

나중에 알았지만 펑리다는 러시아 상트페테르부르크대학에 유학을 다녀온 뒤 의학 분야에서 크게 활동했고, 중국 해군 소장 직위에까지 오르며 인민정치협상회의에서도 활약하다가 2008년에 세상을 떠났다. 펑위샹의 묘를 둘러보고 나서는 공자孔子의 고향인 취푸曲阜에 들렀다. 취푸에는 공부孔府, 공묘孔廟, 공림孔林이 있고, 공림에는 공자의 자손들이 모두 묻혀 있었다.

1988년 당시만 하더라도 중국에서는 공자에 대한 평가가 박했다. 문화혁명 때 '비공비림'批孔批林이라 하며 린뱌오林彪와 함께 배척당하고 격하된 여파가 남아 있을 때였다. 이런 사정이다 보니 공묘의 지붕에서 풀이 자라고 있었고, 다른 곳들도 제대로 관리되지 못한 상태였다. 나는 큰아들에게 말했다.

"이곳은 동아시아 역사의 위대한 인물인 공자의 묘소니까 참배를 하고 가자."

나는 취푸에서 하룻밤 묵고 다음 날 지난으로 돌아왔다. 지난에서는 지루빈관濟魯賓館이라는 호텔에 묵었는데, 장쿠이성 씨가 환송한다며 저녁 식사를 대접했다. 그가 나에게 부탁했다.

"김 선생이 이번에 중국 산둥까지 와서 여러 가지를 보셨는데, 혹시 우리가 시정할 점이 있으면 좋은 말씀을 많이 해 주십시오."

"특별히 드릴 말씀이 없습니다."

"그러지 말고 말씀해 주십시오. 한국에서 교통부 장관까지 지낸 분인데, 뭔가 시정할 점이 눈에 들어왔을 거 아닙니까?"

그렇지만 나는 좋지 않은 말을 할 수가 없어서 간단히 대답했다.

"도로가 잘 닦여 있는 것 같습니다."

내가 도로에 대해 얘기를 꺼내자 장쿠이성 씨가 고민거리를 털어 놨다.

"취푸에서 공자묘까지 가는 길을 닦아 놨는데, 차들이 별로 다니지 않습니다."

"한국도 그랬는데, 자동차가 순식간에 늘어나더군요."

실제로 한국에서 고속도로를 처음 건설했을 때는 차가 몇 대 다니지 않았다. 이 때문에 야당은 정부를 격렬히 비판했다. 언론에서도 돈

많은 사람들 자동차 타고 드라이브 다니라고 만들어 놨냐며 강하게 비판했다. 아무튼 나는 장쿠이성 씨에게 계속 좋은 얘기만 했다.

"내가 보니 타이산 가는 도로도 준비를 잘 해 놨고, 타이산 정상에 올라가는 것도 준비를 잘 해 놨더군요."

그런데 장쿠이성 씨는 계속 무언가 지적할 것이 있으면 얘기를 해 달라고 졸랐다. 나는 장쿠이성 씨가 계속 졸라 대니 귀찮기도 하고 취기도 조금 올라서 하고 싶은 얘기를 꺼냈다.

"그럼, 당신 귀에 거슬릴지도 모르지만 한 소리 하겠습니다."

나는 양해를 구한 뒤에 내가 느낀 문제점에 대해 말했다.

"공자는 중국만의 위인이 아닙니다. 세계적으로도 손꼽히는 위인입니다. 그런데 공자의 고향에 가 봤더니 관리를 하지 않아 잡초가 무성하더군요. 한국만 하더라도 성균관에서 공자에게 제사를 지내는데, 중국에서는 어떻게 이럴 수 있습니까? 한국에 돌아가 사실을 있는 그대로 얘기하면 사람들이 깜짝 놀랄 겁니다. 우리나라에서 공자묘를 관리하기 위한 목적으로 모금을 하면 금방 많이 모일 겁니다. 모금한 돈을 갖다드려도 되겠습니까?"

장쿠이성 씨는 어떤 식으로든 답변을 할 수 있는 입장이 아니었다. 장쿠이성 씨는 답변을 하기 전에 체스터 정에게 물었다.

"김 선생이 베이징에 돌아가서 높은 분들을 만날 기회가 있습니까?"

"있습니다."

체스터 정의 답변을 들은 장쿠이성 씨가 나에게 말했다.

"김 선생, 그것은 제가 좋다 나쁘다 할 위치가 아니니 베이징 가서 높은 분 만날 때, 다시 한 번 말씀해 주세요."

공자묘에 관한 이야기를 마무리한 다음에는 한국과 산둥 지역의 관계에 대해 얘기를 나누었다. 나는 한국과 산둥 지역은 거리가 가까운 편이고 예로부터 인연도 깊으니, 두 나라의 관계가 좋아지면 교류 협력이 크게 늘어날 것이라고 말했다. 장쿠이성 씨도 내 말에 동의를 표했다.

18장

『백범일지』 중국어판을 출간하다

조선의용군 출신 문정일과의 만남

1988년 9월 28일에 나는 지난에서 베이징으로 돌아갔다. 베이징에 당도하니 문정일文正一(1914~2003) 씨가 나를 찾아왔다. 그는 난징에서 형님과 같이 독립운동을 했다. 나중에 김약산 계통으로 넘어가 1940년 중국공산당에 가입하고, 형님까지 그쪽으로 데려가려 하기도 했다. 그런데 문정일 씨는 내 큰아들이 사업차 둥베이東北 지방을 왕래하는 것을 어떻게 알았는지, 큰아들과 만주에서 만나기도 했다. 신익철 씨가 중간에서 얘기해 만났던 것인데, 그는 큰아들에게 이렇게 말했다고 한다.

"나는 너희 집 삼대와 모두 인연이 있다. 네 증조모님, 할아버지, 큰아버지와 잘 아는 사이다. 기회가 되면 네 아버지도 한번 봤으면 좋겠다. 여러 가지 할 얘기가 많다."

결국은 기회가 돼서 만났다. 문정일 씨는 조선족자치주 창설에 참여했고, 국가민족사무위원회 부주임, 인민정치협상회의 전국위원회 상무위원을 지내는 등 중국공산당에서 제법 높은 위치를 누렸다. 문정일 씨의 원래 이름은 이근형李根亨이고, 이운룡李雲龍이라는 이름도 썼다. 독립운동을 할 때는 신분 노출을 피하기 위해 성씨를 바꾸는 일이 많았다. 예컨대 김홍일金弘壹 장군도 왕일서王逸曙라는 이름으로 바꾸기도 했다.

문정일 씨는 조선의용군으로 중일전쟁에 참전해 화베이華北, 옌안延安 등지에서 활동하고 타이항산太行山 전투에도 참가했다. 그러다 보니 중국에서도 그는 완전히 중국 사람처럼 대우받고 있었다. 나는 문정일 씨가 자기 집에서 식사를 하자고 청해서 그를 따라나섰다. 그는 장관급이 사는 아파트에 살고 있었다. 집에는 독립운동과 관련된 자료들이 많았다. 나는 자료를 살펴보다가 문정일 씨에게 말했다.

"이거 정리를 좀 해서 책이라도 내시죠."

"그렇지 않아도 베이징대학에 다니는 옌볜延邊 출신 학생 세 명이 지금 정리하고 있어요."

문정일 씨와는 식사를 두 번 정도 같이하고, 내가 묵는 호텔 방에서 얘기를 나누기도 했다. 그런데 그는 나와 얘기를 나눌 때 라디오를 크게 틀어 놓곤 했다. 중국공산당에는 기율위원회라는 곳이 있어서 당원들을 감시했다. 기율위원회에 걸리면 고위직도 단번에 직위를 박탈당하는 경우가 많았다. 문정일 씨는 바로 중앙기율검사위원회 위원으로 일한 적이 있었다. 그래서 라디오를 크게 틀어 놓고 얘기를 나누며 나에게도 조심하라고 당부했다.

문정일 씨가 나를 만나자고 한 것은 무언가 집히는 것이 있었기 때문이다. 당시는 미수교 상태라서 한국 사람이 개인적으로 중국을 방문할 때는 줄을 대기 위해 문정일 씨를 찾는 일이 많았다. 중국 정부도 한국 인사와 접촉할 일이 있으면 문정일 씨를 내세우곤 했다. 그런데 그는 내가 중국에 왔다는 소식은 들었지만, 그 뒤로는 자기한테 별 소식이 들리지 않으니 내가 보통 일로 들어온 것이 아니라고 짐작한 것이다.

10월 2일에는 예즈룽葉之龍이란 사람을 만났다. 예즈룽 씨는 10년 넘게 마오쩌둥을 최측근에서 보좌한 인물이다. 예즈룽 씨를 만난 곳은 베이징반점의 VIP룸이었는데, 마오궈화·체스터 정 같은 사람도 참석하지 못했다. VIP룸에 들어가니 다섯 명 정도의 노인이 앉아 있었다. 당시 중국 주석은 양상쿤楊尙昆이었는데, 자신이 전면에 나설 수 없었으므로 현직에서 은퇴한 원로들을 내세웠던 것이다. 예즈룽 씨는 정치적인 얘기는 꺼내지 않았다. 그는 나에게 장쿠이성 씨가 했던 것과 비슷한 질문을 던졌다.

"김 선생님, 중국에 오랜만에 왔는데, 혹시 보시고 우리가 수정할 거라든지 좋은 말씀이 있으면 많이 해 주십시오."

나는 질문을 받고 공자묘에 대한 얘기를 꺼냈다. 그러자 예즈룽 씨는 빙긋 웃으며 대답했다.

"벌써 중앙에서 손을 보기로 내정이 돼 있습니다."

나중에 내가 미국에 있을 때 산둥의 여유국장 장쿠이성 씨가 초대장을 보내왔다. 공자의 묘소를 단장하고 그 행사를 거국적으로 크게 하니까 꼭 참석해 달라는 내용의 초대장이었다. 그런데 건물과 주변은 대대적으로 정비했지만, 정작 유교식으로 제를 지내는 절차와 방법은 몰랐다. 그래서 나는 한국에 가서 절차와 방법을 배워 오는 게 좋겠다고 제안했다. 그래서 관계자들이 한국의 성균관대학에 와서 모든 절차와 방법을 배워 갔다.

아무튼 예즈룽 씨 같은 원로들이 나를 만난 것은 일종의 테스트 비숫했다. 과연 내가 믿을 만한 사람인가 시험해 본 것이다. 중국 정부는 한국과 수교를 할 계획은 갖고 있었지만, 처음부터 정부가 전면에 나섰다가 일이 성사되지 않으면 여러 문제가 발생할 수도 있기 때문에, 이처럼 우회적인 방법으로 일을 진행했던 것이다.

시안과 충칭을 둘러보며 추억에 잠기다

베이징에서 원로들을 만난 다음에는 시안을 방문했다. 시안에서는 런민다사人民大廈라는 호텔에서 묵었는데, 소련이 중국 건국을 축하하는 의미로 지어 준 호텔이었다. 시안에서는 먼저 병마용兵馬俑을 구경하고 시내를 둘러보았다. 시안에서 가장 볼만한 것은 박물관과 성城이었다. 성은 명나라 때 만들어진 것인데, 시안은 시베이西北 지방 이민족들과 인접해 있었기 때문에 각별히 튼튼하게 만들었다.

시안을 둘러본 다음에는 쌍발 프로펠러기를 타고 충칭으로 이동했다. 호텔에서 하룻밤을 잔 뒤 단쯔스彈子石를 찾아가 다시 허상산和尙山 묘지를 찾았는데, 한인 묘지뿐만 아니라 허상산 묘지 자체가 남아 있지 않았다. 그래도 어떻게든 예전의 기억을 더듬어 한인 묘지 자리를 찾아보려고 했지만, 지형이 너무 많이 변해서 찾기가 힘들었다. 결국 차를 타고 가면서 찾는 것은 포기하고 옛날에 다녔던 것처럼 손가화원에서 걸어서 찾아가 보기로 했다.

다행히도 옛길을 따라가다 보니 한인 묘지 자리가 기억이 났다. 한인 묘지를 기억하는 사람은 당시에 나밖에 없었다. 예전에 조동걸趙東杰 교수 일행이 중국인의 안내를 받아 찾아간 곳은 잘못된 장소였다. 조동걸 교수가 찾아간 곳은 새로 생긴 묘지로, 관인산觀音山 묘지라 부르는 곳이었다. 허상산 묘지는 도로를 건설할 때 없어져 버렸다. 그곳에 있던 비석은 모두 도로를 만드는 데 사용됐다.

허상산 묘지 다음으로는 한인들이 모여 살았던 투차오土橋를 방문했다. 이곳도 옛 건물들은 전혀 남아 있지 않았다. 투차오에는 폭포가 있고 그곳에 큰 느티나무가 한 그루 있었는데, 그것도 잘라냈는지 보이지 않았다. 폭포 바로 건너편에는 칭화중학淸華中學이 있었는데, 이곳에 소수의 한국 학생들이 다녔다. 엄항섭嚴恒燮 선생의 큰딸 엄기선嚴基善 씨도 칭화중학을 다녔다. 칭화중학을 방문하니 교장을 하던 분은 베이징으로 떠났다 하고, 젊었을 때부터 있던 사람이 마중을 나왔는데 예전 일을 다 기억하고 있었다.

칭화중학 다음으로는 난원취안南溫泉에 들렀다. 난원취안은 옛날에는 일반인들이 가기 힘든 장소였다. 이곳에는 장제스 총통의 아내 쑹메이링 여사의 별장이 그대로 남아 있었다. 이곳을 둘러보고 나서는 자오톈먼朝天門과 우스예샹吳師爺巷을 방문했다. 그다음에 내가 다녔던 칭무관靑木關의 학교를 둘러보았다. 그리고 홍옌혁명기념관紅岩革命紀念館과 충칭의 제일 높은 언덕에 있는 피파산枇杷山 박물관에 가 보았다.

이미 움직이고 있던 또 다른 비선秘線

나는 귀국해서 홍성철 청와대 비서실장을 찾아가 중국에서 겪은 모든 일을 자세히 말했다. 사실 중국 측에서 나를 비밀리에 부른 것도 내가 귀국해서 고위층에 보고하기를 바라고 부른 것이었다. 중국 측이 나를 여러 가지로 테스트한 것은, 한국의 다른 인사들처럼 중국을 방문하고 돌아가서 정치적으로 이용하려는 건 아닌지 알아보기 위해서였다. 당시 국내 정치인들은 중국 가서 누구누구와 만났다고 하면서 정치적으로 이용하는 일이 많았다. 그래서 중국 측은 내가 귀국하기 전에 철저하게 당부했다.

"당신이 한국으로 돌아가 정치적으로 이용하기 위해 여기서 누구누구와 만났다는 얘기를 하면, 우리는 일절 그런 일이 없었다고 부인할 겁니다."

"염려하지 마십시오. 절대로 그런 일은 없을 것입니다."

홍성철 씨는 내가 말한 사항을 노태우 대통령에게 보고했다. 당시 정부는 중국과 관계를 트기 위해 따로 노력하고 있었다. 노태우 대통령의 처남 김복동金復東 씨가 일을 맡아 진행했는데, 김복동 씨는 중국과 무역하는 사람을 통해 경제 담당 부총리 톈지원田紀雲에게 줄을 대려는 중이었다. 홍성철 씨는 나에게 김복동 씨를 한번 만나 보라 권했다. 나는 강남에 있는 김복동 씨 사무실로 찾아가서 중국에 갔던 일을 얘기했다. 김복동 씨의 반응은 영 시원치 않았다. 자신이 이미 일을 진행하고 있는데 왜 중간에서 개입하느냐는 분위기가 역력했다.

한번은 체스터 정이 직접 서울로 찾아와 김복동 씨와 함께 자리를 마련한 적도 있었다. 그런데 김복동 씨는 그 자리에 수행 비서조차 데려오지 않았다. 그 모습을 보고 나는 김복동 씨가 이 일을 독차지하고 싶어 한다는 인상을 받았다. 그래서 나는 체스터 정에게 내 생각을 말했다.

"지금 김복동 씨 쪽에서도 일을 진행하고 있으니 우리 일은 그만둡시다. 저는 이 일에서 빠지고 싶습니다."

그러나 체스터 정은 내 말을 받아들이지 않았다.

"당신이 빠지면 곤란해집니다. 완전히 어그러질 수도 있습니다. 할 수 있는 데까지 한번 해 봅시다."

체스터 정의 입장에서는 나를 통해 성사시키는 것이 자신에게도 도움이 되기 때문에 그렇게까지 나를 설득하려 한 것이다. 아무튼 일이 조금씩 진행되어 가는 와중에 마오궈화 씨에게서도 여러 사람을 거쳐 연락이 왔다. 방콕에서 만나자는 내용이었다. 중국의 문화예술단이 태국에 친선 공연을 하러 가는데, 자신이 단장으로 간다는 것이었다. 내가 홍콩에서 만나는 게 어떠냐고 하자, 그곳은 사람의 눈이 많고 말이 자꾸 새 나가기 때문에 좋지 않다고 했다.

나는 셋째 아들을 데리고 마오궈화 씨를 만나기 위해 방콕으로 갔다. 방콕에 가 보니 체스터 정이 미리 와서 나를 기다리고 있었다. 마오궈화 씨는 한밤중에 나를 찾아왔다. 나는 마오궈화 씨와 여러 얘기를 나누면서 체스터 정에게 했던 말과 비슷한 내용을 마오궈화 씨에게도 말했다.

"국내에 들어가서 중국에서 있었던 일을 얘기했고, 그 얘기는 청와대에까지 보고되었습니다. 그런데 한국 정부 쪽에서 다른 사람이 나서서 비슷한 일을 진행하고 있습니다. 일이 중복되면 곤란하니 그쪽과 일을 진행할 거라면 저는 빠지는 게 좋겠습니다."

그런데 마오궈화 씨는 뜬금없이 베이징 주재 북한 대사관의 당 비서가 나를 만나고 싶어 한다고 했다. 나는 이상한 생각이 들어 마오궈화 씨에게 까칠하게 말했다.

"지금 우리끼리의 문제를 얘기하는데 왜 북한 당 비서 얘기를 꺼냅니까? 그게 무슨 상관입니까?"

마오궈화 씨는 침착하게 대답했다.

"뭐 별다른 것은 아닙니다. 제가 그 사람과 개인적으로 잘 알기 때문에 이런저런 애기를 하다가 지금 당신과 접촉 중이라는 애기도 나왔습니다. 그러자 그 사람이 자기도 같이 만나면 좋겠다고 하더군요."

나는 그건 아니다 싶어 마오궈화 씨에게 분명히 말했다.

"이건 다른 문제입니다. 저는 중국과 한국의 관계에 대해 애기하고 일을 추진하는 것입니다. 여기에 추호라도 북한이 끼면 일만 복잡해지고 무슨 파장이 일어날지 모릅니다. 저는 절대로 북한 사람과 만나지 않겠습니다."

이후로 체스터 정과 한 번 더 만난 적이 있는데, 그때는 김복동 씨가 진행하는 일에 많은 사람이 참여하고 있었다. 나는 체스터 정에게 다시 한 번 빠지겠다는 의사를 전달했다. 체스터 정은 단념하듯 말했다.

"알겠습니다. 그러나 만일 필요하면 꼭 연락을 주십시오."

나는 이후로는 한중 수교 과정에 관여하지 않았다.

중국 인민대회당에서 『백범일지』 출판기념식을 열다

나는 1988년에 중국을 다녀온 뒤로도 개인적으로 중국을 자주 방문했다. 모두 50차례 가깝게 다녀왔는데, 중국의 거의 모든 성과 자치주, 주요 도시들을 방문했다. 방문할 때마다 새로운 감회를 느꼈지만, 1994년 『백범일지』 중국어판 출간을 즈음해 방문한 것이 지금도 엊그제 일만 같다.

1994년 6월 26일 아버지의 45주기 추모식 때 중국어판 『백범일지』

를 고유告由할 수 있었다. 『백범일지』 중국어판은 한국어 전문가 쉬안더우宣德五·장밍후이張明惠 씨 부부가 번역하고, 내가 문장과 내용 감수를 했다. 중국 인문학술계의 거목인 지셴린季羨林(1911~2009) 선생이 서문을 써서 민주와건설 출판사民主與建設出版社에서 292쪽 분량으로 출간됐다. 1992년부터 중국 측과 교섭에 나서 2년여 동안 준비한 끝에 결실을 맺을 수 있었다.

출간 당시만 해도 많은 중국인들과 조선족들이 한국의 항일 운동을 북한 집권 세력이 주도한 것으로 알고 있었다. 『백범일지』 중국어판 출간은 우리 독립운동사에 대한 중국 내 인식을 바로잡는다는 의미도 지니고 있었다. 아버지와 임시정부, 수많은 우리 독립운동가들의 피와 땀과 눈물이 서린 땅이 중국이었기에 출간 그 자체만으로도 큰 의의가 있는 일이었다.

베이징 인민대회당人民大會堂에서 출판기념식을 열고자 했지만, 관계자들은 모두 부정적인 입장이었다. 중국 주재 한국 대사관에 있던 국가안전기획부 모 인사는 인민대회당에서 출판기념식을 여는 것은 불가능하다고 단언했다. 당시 주중 대사 황병태黃秉泰 씨도 같은 생각을 밝혔다. 한중 수교가 1992년에 이루어졌으니, 그로부터 불과 2년 뒤였던 당시 상황에서 모두들 어렵다고 본 것이다. 그러나 나는 충분히 가능하다고 판단했다. 문화부장(문화부 장관에 해당)을 지낸 주무즈朱穆之 중한中韓우호협회 회장과 친분이 있었기 때문이다. 주무즈 회장은 출판기념식에도 참석했다.

나중에 들은 얘기지만, 중국 측도 북한과의 관계를 의식해서, 출판기념식을 하기 전에 북한 대사관에 연락해 의견을 물었다고 한다. 그런데 당시 북한 대사관의 반응은 의외였다.

「백범일지」 중국어판 출판기념식

1994년 7월 12일, 베이징 인민대회당 광시청廣西廳에서 출판기념식이 열렸다.

"그분은 우리도 존경하는 분이다. 출판기념식에 우리 쪽 사람들도 보내겠다."

그렇게 해서 1994년 7월 12일 베이징 인민대회당에서 『백범일지』 출판기념식을 할 수 있었다. 출판기념식에는 중국 《인민일보》人民日報 와 《광명일보》光明日報 등이 취재하러 오기로 했다. 그리고 중국 중앙TV 도 촬영하러 오겠다고 했다. 그런데 출판기념식을 며칠 앞둔 7월 8일에 김일성의 사망 소식이 들려왔다. 이 때문에 중앙TV 촬영은 취소됐다.

아버지가 쓴 『백범일지』를 중국어로 번역해 중국 인민대회당에서 출판기념식을 개최한 일은 이래저래 감회가 깊었다. 중국의 이곳저곳 을 넘나들며 오직 조국의 광복을 위해 독립 투쟁을 펼친 아버지였다.

다시 시대를 돌아본다. 독립선언서 공약 3장의 말처럼 '최후의 마 지막 사람, 최후의 마지막 순간까지' 독립을 위해 분투한 사람은 누구 였을까?

한국 땅에서, 만주에서, 상하이에서, 충칭에서, 연해주에서, 미주에 서 일신의 안위를 돌보지 않고 목숨마저 내걸고 풍찬노숙하며 투쟁했 던 수많은 선열들이 있다. 그 존경스럽고 자랑스러운 선열들 가운데 나의 아버지가 있다. '3·1운동으로 건립된 대한민국임시정부의 법통' 을 계승한 나의 조국 대한민국. 오늘날 대한민국의 눈부신 번영을 아 버지는 하늘에서 지켜보고 계실 것이다. 오늘날까지 남과 북이 갈라져 있는 현실도 역시 지켜보고 계실 것이다.

중국 땅에서 기념식을 거행하는 동안, 나는 『백범일지』에서 손을 떼기 힘들었다. 단순한 책 한 권이 아니라 아버지의 손길이자 정신 그 자체라 느꼈기 때문이다. 나는 그것으로 족했다.

후기

이 책은 나의 지난 삶을 회고하는 녹취 작업의 결과로 작성된 방대한 녹취록을 간략하게 정리한 것이기도 하다. 대강의 줄기를 잡아 비교적 간명하게 정리하고자 애쓰는 가운데 책에 싣지 못한 부분이 당연히 적지 않다. 우리 근현대사 연구를 위해 녹취록을 자료로 정리하는 작업도 추후 진행할 예정이다. 나로서는 자료와 기록을 남기는 것이 하나의 역사적 의무라는 생각을 갖고 녹취에 임했다.

책에서 많은 인물들이 길거나 짧게 거론되었다. 특히 우리 독립운동사의 주요 인물 대부분을 망라하고 있다 해도 지나치지 않다. 각주나 미주를 통해 각 인물을 간략하게나마 소개할까도 생각해 보았지만, 어렵지 않게 관련 정보를 얻을 수 있는 데다가 방대한 인물 주석이 오히려 책 읽기를 방해할지도 모른다고 판단했다. 필요하다고 판단한 경우에 한해 본문 중에 간략히 소개한 경우는 약간 있다. 이 점 독자 여러분의 양해를 구하는 바다.

책은 1990년대 중반에서 끝난다. 그 뒤 나는 백범김구선생기념사업협회와 백범기념관 일을 주로 돌봐 왔다. 공군 관련 행사나 독립운동 관련 행사에도 참석하고, 옛 사진과 기록도 정리하면서 소일해 왔다. 백범기념관을 찾는 귀빈들을 직접 맞이해 안내하기도 하고, 기념관을 찾는 어린이들과 어울리며 즐거운 시간을 갖기도 했다.

　　그런 가운데 지난 2010년 10월 말에는 중국 베이징대학에서 열린 ‘김구포럼’ 개설 행사에 참석했다. 막내딸 김미가 이사장으로 있는 김구재단과 베이징대학 국제전략연구중심이 개설한 포럼으로, 이후로도 정례 세미나를 열어 한중 관계는 물론 동아시아 국제 정치와 역사에 관한 다양한 주제를 다룰 예정이다. 당시 포럼에 앞서 중국대외우호협회(회장 뤄하오차이羅豪才·전 전국정치협상회의 부주석)가 나에게 ‘한중 우호관계 10인상’을 수여하기도 했다.

　　이렇게 한가한 듯 나름대로는 바쁘게 살아가면서 때때로 할머니와 함께 살던 안악의 산천이 떠오르곤 한다. 내가 태어난 곳은 상하이지만, 사실상의 고향이라 할 수 있는 곳이 안악이다. 함께 학교 다니던 친구들은 살아 있는지, 마을 모습은 어떻게 바뀌었을지 궁금해지기도 한다. 돌이켜 보면 한국전쟁 때 안악 상공에서 낙하산으로 편지를 뿌리며 돌아본 것이 마지막이었다. 강산이 여섯 번 바뀌는 세월이 지났으니, 아마 지금 찾아가면 어디가 어딘지 잘 모를 수도 있지 않을까 생각해 보기도 한다.

　　그렇게 안악 생각을 할 때면 민족의 분단과 전쟁을 막기 위해 분투하신 아버지 생각이 더욱 간절해진다. 당장 통일은 어렵더라도 남과 북이 화해하고 협력해 나가면서 평화를 정착시키는 날이 하루빨리 오기만을 바랄 뿐이다. 아버님이 하늘에서도 가장 안타까워하시는 일이 남북 분단과 긴장 관계이며, 가장 깊이 바라시는 일이 남북 간 화해와 협력이리라 믿어 의심치 않는다. 남북 화해 협력 시대가 본격적으로 열릴 때, 아버지의 신념과 실천이 더욱 새롭게 평가되리라는 것도 확신한다.

　　아버지가 내게 귀국을 미루고 미국에 가서 비행 조종술을 더 익히라고 명하신 뜻을 다시 한 번 깊이 되새겨 본다. 난징에서 충칭에서 일본 폭격기의 무차별 폭격을 목격하며 속으로 굳게 다짐했던 것을 다시 한 번 되새겨 본다. 그것은 해방된 조국의 하늘에서 태극기를 단 비행기를 몰며 조국의 자유를 지키라는 명령이었다. 일제의 폭압에 맞서는 투쟁에 비행기를 몰고 나서리라는 다짐이었다.

그러나 해방의 감격과 기쁨은 잠시였다. 처음 태극 마크를 단 비행기로 내 조국의 하늘 위로 자유롭게 날아올랐을 때의 벅찬 가슴은 잠시였다. 나는 동족상잔의 비극적인 전쟁에 휩싸인 조국의 하늘을 날아야 했다. 자유를 지켜내기 위한 싸움이기는 했지만 내 조국의 산하에 폭격을 해야만 했다. 갖은 고난 속에서 익힌 비행 기술을 동족과 싸우는 데 써야만 했던 이 비극은 나 개인만의 비극은 물론 아니었다. 시대가, 역사가 우리 모두를 그 길로 내몰았다.

이제 다시는 그러한 비극이 없어야 한다는 것, 그것을 위해서는 우리 모두가 시대와 역사의 주인이 되어 민족의 화해와 협력을 위해 슬기롭게 그리고 용기 있게 나서야 한다는 것. '조국의 하늘을 날다' 라는 이 책의 제목에는 그 많은 뜻, 깊은 뜻이 담겨 있다.

김신 연보

1922년 · 1세

– 9월 21일(음력 8월 1일), 중국 상하이 프랑스 조계 베이러루貝勒路 융칭팡
永慶坊에서 김구金九와 최준례崔遵禮 사이에서 2남으로(형 김인金仁) 출생
(현재 황피난루黃陂南路 350룽弄 5하오号).

1924년 · 3세

– 1월 1일, 어머니 최준례, 상하이 훙커우 폐 병원에서 사망. 프랑스 조계
충산루崇山路 공동묘지에 안장.

1925년 · 4세

– 11월, 할머니(곽낙원郭樂園)와 함께 귀국.

1927년 · 6세

– 9월, 형 인仁, 국내로 들어옴. 이후 황해 안악의 안신학교安新學校를 다
님. 4학년 때 평양으로 수학여행을 떠나 일본 육군항공대 미림 비행장을
견학하며 처음으로 비행사가 되겠다는 생각을 함.

1934년 · 13세

– 3월 19일, 안악을 떠나 평양에서 형과 합류하여 중국으로 탈출함.
– 4월, 상하이에서 기차를 타고 자싱嘉興에 도착. 아버지를 9년 만에 다시

만남. 이후 할머니와 함께 자싱에서 기차편으로 상하이를 거쳐 난징으로 이동.

1935년 · 14세

— 난징의 다중차오소학大中橋小學에 다님(관신關信으로 성명을 바꿈).

1936년 · 15세

— 장제스 50주년 생일 기념식에 보이스카우트로 참석, 비행기 편대 비행을 관람하고 명고궁明古宮 비행장에서 거행된 헌기식獻機式을 참관함.

1937년 · 16세

— 난징의 안후이중학安徽中學에 다님. 일본군의 폭격을 피해 학교가 툰시屯溪로 옮겨 감.
— 11월, 난징에서 안공근(안중근 의사의 동생) 일가와 함께 배편으로 우한武漢을 거쳐 후난 성湖南省 창사長沙로 이동함.

1938년 · 17세

— 5월 7일, 아버지 김구, 남목청楠木廳에서 이운환에게 피격.
— 7월, 임시정부와 함께 창사를 떠나 광저우廣州로 이동한 뒤 포산佛山에 머무르며 광저우와 포산 사이의 연락 업무를 수행함.
— 10월, 임시정부와 함께 광저우에서 광시 성廣西省 류저우柳州로 이동.

1939년 · 18세

— 4월, 임시정부와 함께 류저우를 출발. 할머니를 모시고 쓰촨 성四川省 충

칭重慶에 도착하여 손가화원孫家花園에 거처를 마련함. 칭무관青木關의 중앙대학中央大學 부속 고급중학에 2학년으로 입학함(이름은 김신강金申江으로 바꿈).

- 4월 26일, 충칭에서 할머니 곽낙원 여사, 인후염 악화로 별세.

1943년 · 22세

- 중앙대학 부속 고급중학을 졸업하고 쿤밍昆明에 있는 서남연합대학西南聯合大學에 입학함. 재학 중 장티푸스에 걸려 극심한 고통을 겪으며 충칭으로 옮김.

1944년 · 23세

- 대한민국임시정부 내무부內務部 민정과民政課에서 근무함.
- 윈난 성 쿤밍의 중국 공군군관학교(공군사관학교)에 입학하여 기초 훈련을 마침.

1945년 · 24세

- 쿤밍에서 인도령 라호르로 이동하여 비행 훈련을 받음.
- 3월, 형 인仁, 충칭에서 별세.
- 8월, 라호르에서 훈련을 받던 중 광복 소식을 접함.
- 12월, 라호르를 떠나 인도양, 홍해, 대서양을 거쳐 미국으로 감.

1946년 · 25세

- 미국 텍사스 주 샌안토니오의 랜돌프 비행 학교에 입학하여 훈련을 받음.

1947년 · 26세

 - 1월, 워싱턴에서 이승만 박사, 린위탕林語堂 박사 등을 만남.
 - 6월, 미국 랜돌프 비행 학교를 졸업하고 로스앤젤레스, 샌프란시스코를 거쳐 중국 상하이로 온 뒤 난징에서 수속을 마치고 중국 공군군관학교를 졸업함.
 - 9월, 조카 김효자를 데리고 배편으로 귀국.

1948년 · 27세

 - 4월 19일, 아버지를 모시고 평양으로 출발.
 - 상하이에서 이동녕, 차이석, 할머니, 어머니, 형님의 유골을 모셔옴.
 - 8월 23일, 육군항공대에 입대(육군항공대 제3중대장).
 - 12월 18일, 남대문교회에서 임윤연林胤嬿과 결혼.

1949년 · 28세

 - 6월 26일, 아버지 김구, 경교장에서 안두희의 흉탄에 맞아 서거.
 - 7월 5일, 아버지, 국민장으로 효창원에 안장.
 - 8월 23일, 경교장에서 충정로에 있는 금화장金華莊으로 이사함.
 - 10월 30일, 장남 김진 출생.

1950년 · 29세

 - 5월, 대한민국 육군참모학교 졸업.
 - 6월 25일, 한국전쟁 발발.
 - 일본 이타즈케 비행장에서 미국 비행기를 인수하여 대구 비행장에 도착. 첫 출격하여 충주 도하 작전 중인 인민군을 공격함. 이후 육군 제1군

단에 파견 배속되어 경주에 머무름.

1951년 · 30세

- 8월 1일, 제1전투비행단 제101기지전대장.
- 11월 10일, 제1전투비행단 부단장 겸 제10전투비행전대장.

1952년 · 31세

- 6월 16일, 제1전투비행단 제15비행교육전대장.

1953년 · 32세

- 미국 정보기관에서 소련 미그-15기 탈취 비밀 임무를 받음.
- 7월, 미국 공군대학 수료.
- 7월 15일, 공군 본부 작전국장.
- 9월 10일, 제10전투비행단장.

1956년 · 35세

- 9월 15일, 공군 본부 행정 참모부장.

1959년 · 38세

- 6월, 국방대학원 수료.
- 7월 25일, 공군 참모차장.

1960년 · 39세

- 8월 1일, 제6대 공군 참모총장(공군 중장).

1962년 · 41세

- 8월 1일, 공군 예편(중장).

- 10월 9일, 주 중화민국 대사 신임장 제정, 이후 대사 임무 수행.

1970년 · 49세

- 12월, 주중 대사 사임.

1971년 · 50세

- 연초에 귀국하여 5월에 용산 지역구 국회의원에 출마, 낙선.

- 11월 11일, 부인 임윤연 별세.

- 11월 24일, 교통부 장관에 임명.

1974년 · 53세

- 9월 17일, 교통부 장관 사임.

1976년 · 55세

- 유정회 국회의원.

1986년 · 65세

- 독립기념관 초대 이사장.

1988년 · 67세

- 9월, 홍콩을 거쳐 베이징에 도착, 정치협상회의 부주석 청쓰위앤程思遠
  과 만남(27일). 중국 측이 한중 수교 막후 협상 파트너로 대우함. 이후 중국 측 요인들과 만나고 지난濟南, 취푸曲阜, 시안西安, 충칭, 상하이 등을 방문한 뒤 10월에 귀국.

1994년 · 73세

— 7월 12일, 베이징 인민대회당에서 『백범일지』 중국어판 출판기념식 거행.

1999년 · 78세

— 7월, 민주평화통일자문회의 자문위원 연임 위촉.

2000년 · 79세

— 2월, 사단법인 백범김구선생기념사업협회 회장.

2002년 · 81세

— 10월, 백범기념관 관장.

주요 상훈

- 1951년 금성충무무공훈장
- 1952년 무성을지무공훈장, 공비토벌기장, 6·25종군기장, 대통령수장
- 1953년 대통령수장, 금성을지무공훈장
- 1954년 무성을지무공훈장, UN종군기장, 미동성훈장
- 1956년 무성화랑무공훈장, 무성충무무공훈장
- 1957년 미 동성훈장
- 1961년 필리핀 명예공로훈장
- 1962년 2등무공훈장, 보국훈장 국선장